区际产业转移与欠发达地区区域创新系统构建

Interregional Industry Transfer & Regional Innovation System Construction in the Underdeveloped Regions

马永红 李 欢 张 帆 王展昭 著

科学出版社

北 京

内 容 简 介

　　利用区际产业转移提高欠发达地区区域创新能力,成为缩小地区差距、促进区域经济协调发展的重要途径。本书结合区际产业转移与欠发达地区发展的现实问题,从区际产业转移与欠发达地区区域创新系统影响机理研究、区际产业转移与欠发达地区区域创新网络构建研究和区际产业转移与欠发达地区区域创新系统构建的对策建议三个方面对区际产业转移与欠发达地区区域创新系统构建进行深入探讨。

　　本书可供政策制定者、企业与产业主体,以及技术创新、区域创新系统、区域创新网络等领域的研究人员参考。

图书在版编目(CIP)数据

区际产业转移与欠发达地区区域创新系统构建 = Interregional Industry Transfer & Regional Innovation System Construction in the Underdeveloped Regions / 马永红等著. —北京:科学出版社,2019.6

ISBN 978-7-03-056228-9

Ⅰ. ①区… Ⅱ. ①马… Ⅲ. ①产业转移-关系-不发达地区-研究-中国 Ⅳ. ①F127

中国版本图书馆CIP数据核字(2017)第324155号

责任编辑:刘翠娜　崔元春 / 责任校对:王　瑞
责任印制:吴兆东 / 封面设计:正典设计

科 学 出 版 社 出版
北京东黄城根北街 16 号
邮政编码:100717
http://www.sciencep.com

北京虔诚则铭印刷科技有限公司 印刷
科学出版社发行　各地新华书店经销
*
2019 年 6 月第 一 版　开本:720×1000　1/16
2020 年 1 月第二次印刷　印张:14
字数:260 000

定价:108.00 元
(如有印装质量问题,我社负责调换)

作者简介

马永红，女，管理学博士，现为哈尔滨工程大学经济管理学院教授、博士生导师。现任哈尔滨工程大学应用经济学系基层学术组织负责人、黑龙江省重点智库——黑龙江区域创新驱动发展研究中心专家、黑龙江省人文社科重点研究基地——哈尔滨工程大学企业创新研究所副所长、哈尔滨工程大学兴海学术团队成员、国家自然科学基金委员会同行评议专家、黑龙江省管理学学会常务理事、《管理评论》审稿专家等。作为项目负责人，主持国家自然科学基金面上项目 2 项、国家软科学项目 1 项、黑龙江省社会科学基金项目 2 项、黑龙江省自然科学基金项目 2 项、黑龙江省攻关软科学项目 2 项、哈尔滨市攻关软科学项目 2 项；在《中国管理科学》《运筹与管理》《科学学研究》等国家自然科学基金委员会管理科学部认定的 A 类期刊，SSCI、SCI 及 EI 源期刊，CSSCI 源期刊上发表学术论文 40 余篇，出版合著著作 2 部，编著教材 1 部。在区域创新系统和区际产业转移研究等领域已形成了自己的研究特色。

李欢，女，管理学博士，现为杭州电子科技大学助理研究员。主要研究方向是区域创新系统和产业转移。主持浙江省统计局项目 1 项，参与多项国家自然科学基金、省社会科学基金等国家级和省部级项目的研究工作。发表论文 10 余篇，其中在国家自然科学基金委员会管理科学部认定的重要期刊发表论文 4 篇。

张帆，女，管理学博士，现为东北农业大学工程学院讲师。主要研究方向是农业科技创新管理、系统工程。主持省部级项目 1 项，参与多项国家自然科学基金、省社会科学基金等国家级和省部级项目的研究工作。发表论文 10 余篇，其中在国家自然科学基金委员会管理科学部认定的重要期刊发表论文 3 篇。

王展昭，男，管理学博士，现为河南理工大学工商管理学院讲师。主要研究方向是复杂网络与创新扩散。主持教育部人文社会科学青年基金项目 1 项、省部级项目 1 项，参与多项国家自然科学基金、省社会科学基金等国家级和省部级项目的研究工作。发表论文 20 余篇，其中在国家自然科学基金委员会管理科学部认定的重要期刊发表论文 5 篇，在 SCI、SSCI 发表论文 1 篇。

序

产业转移分为域内产业转移和区际产业转移，区际产业转移又可分为国内区际产业转移和国际区际产业转移，国内区际产业转移如我国东西部、长三角地区及珠三角地区产业转移，国际区际产业转移如欧盟、北美自由贸易区产业转移。产业转移的最终结果是在区域内形成一个完整、健全并与其所处的自然环境条件和周围经济组织互相协调的创新系统。这个系统不仅要与自然环境相协调，更重要的是还要与本土要素、技术、资源及产业布局相协调，这是本书的关键所在。

改革开放以来，东部发达地区率先承接国际产业转移并得到了快速发展，而广大中西部欠发达地区的发展却相对滞后，东西部之间的差距逐步增大，制约着我国经济的进一步发展。欠发达地区作为一类特殊区域，在提高区域创新能力、发展区域经济时面临着更多的问题和困难，如高级生产要素短缺、知识创新能力较低等。因此欠发达地区不能简单地模仿发达地区的发展模式，需根据自身的区域特色另寻发展途径。近年来，随着产业转移浪潮的进一步推进，东部发达地区在承接国际先进产业、产业转型升级快速进行的同时，许多对欠发达地区而言具有比较优势的产业需要大量转出，为欠发达地区借助产业转移实现跨越式发展带来了机遇。

虽然区际产业转移是欠发达地区缩小与发达地区的差距、促进区域经济协调发展的重要途径，但二者若缺乏有效的协同与互动，将会导致产业发展后劲不足，甚至消亡的风险。因此，从中观产业视角来看，促进区际产业转移与欠发达地区区域创新系统的互动，从而实现区域创新系统的完善显得尤为重要。另外，欠发达地区的产业承接不仅需要明晰区际产业转移与区域创新系统的互动关系，也需要解决转移企业在本地生产活动的落地问题。因此，从微观企业视角来看，欠发达地区也应将着眼点放在转移企业在欠发达地区区域创新网络的嵌入、结网和产生根植性上。综上，欠发达地区应在实现区际产业转移与欠发达地区区域创新系统高效互动的基础上，促使转移企业嵌入和根植于欠发达地区区域创新网络，进而实现欠发达地区区域创新能力的提升。

在此背景下，该书为欠发达地区正确认识及科学应对区际产业转移提供了一定的解决方案。该书是我的学生马永红教授以区际产业转移和区域创新系统为研究对象的一部学术专著。该书在对前人研究和相关理论进行梳理的基础上，结合定性与定量分析、理论与实证分析、模拟仿真分析及案例分析等多种研究方法，对欠发达地区区际产业转移与区域创新系统中的重要问题进行了深入探讨，其研究成果对欠发达地区构建基于区际产业转移的区域创新系统和创新网络具有重要的参考价值,是中国欠发达地区区域创新系统研究领域的一个亮点。

　　该书主要内容包括:区际产业转移与欠发达地区区域创新系统影响机理研究、区际产业转移与欠发达地区区域创新网络构建研究、区际产业转移与欠发达地区区域创新系统构建的对策建议。通览全书,可以发现该书整体研究逻辑严谨、脉络清晰、体系完整、内容丰富,在研究内容上强调理论结合实践,在研究方法上强调定量结合定性,以及理论系统性与理论应用性的有机统一。

　　该书不仅有助于建立欠发达地区区域创新系统理论框架,丰富和完善区际产业转移和区域创新系统领域的理论体系,也为解决欠发达地区如何利用区际产业转移实现自身发展提供了理论支撑。该书是马永红教授多年来从事区际产业转移和区域创新系统研究成果的集中体现。相信该书对于欠发达地区的政府相关部门在制定区际产业转移与区域创新系统的相关政策及各创新主体在进行创新决策时具有重要的参考作用,对区域创新系统等领域的研究者具有较高的学术参考价值。

　　遵作者之嘱,是为序。

李柏洲

2019 年 3 月

前　言

为顺应国际上的第四次产业转移浪潮，我国东部沿海地区在实现产业结构调整和升级过程中，部分在本区域失去比较优势的产业开始向欠发达地区转移，这一现象的发生为欠发达地区学习新技术、新知识，提高自身创新能力、实现跨越式发展提供了重要机遇。利用区际产业转移提高欠发达地区区域创新能力，成为缩小地区差距、促进区域经济协调发展的重要途径。转移产业在转入欠发达地区后，与承接区域产生知识、信息和资源的流动与互补，不仅能够通过创新溢出效应对区域创新系统的创新能力产生直接影响，还能通过影响区域创新系统内的企业、高校、科研院所、政府和中介机构等的创新行为对区域创新系统的网络结构产生间接影响，具有一定的复杂性。因此，研究区际产业转移对欠发达地区区域创新系统的影响具有重要的理论意义和实践意义。

基于以上研究背景，本书在归纳总结国内外区际产业转移和区域创新系统相关研究的基础上，阐述了区际产业转移的内涵、动因、特征及模式，区域创新系统的内涵、要素、功能及特征，以及区域创新网络的构成要素、基本特征，并在此基础上，构建了"影响机理-创新网络构建-对策建议"的研究框架，并对以下内容进行了深入研究。

(1) 对区际产业转移与欠发达地区区域创新系统影响机理进行了分析。首先，采用绝对份额法、产业转移指数法及区位熵法对欠发达地区承接区际产业转移的规模和类型进行测度，并采用随机前沿模型构建了区际产业转移影响下的欠发达地区区域创新系统效率评价模型。其次，按照影响因素、影响路径及影响效应的思路分析了区际产业转移对欠发达地区区域创新系统的影响机理及欠发达地区区域创新系统对区际产业转移的影响。最后，采用系统动力学模型对区际产业转移对欠发达地区区域创新系统的影响关系进行了仿真模拟，并分析了区际产业转移驱动下的欠发达地区政府的决策行为。

(2) 以"区际产业转移主体行为阶段"和"欠发达地区区域创新网络整体特征涌现阶段"两大研究为主线对基于区际产业转移的欠发达地区区域创新网络进行了深入研究。首先，进行区际产业转移对欠发达地区区域创新网络作用的理论分析，包括作用效应和作用路径。其次，构建基于区际产业转移的欠发达地区区域创新网络研究的研究框架，并对其进行解析。最后，针对目前研究的不足，依据分析"区际产业转移主体行为阶段"和"欠发达地区区域创新网络整体特征涌现阶段"两阶段逻辑顺序，确定了"基于区际产业转移的欠发达地区区域创新网络嵌入研究""转移企业与欠发达地区区域创新网络主体的结网研究""基于区际产业转移的欠发达地区区域创新网络的运行研究""基于区际产业转移的欠发达地区区域创新网络的演化研究"四个研究问题。

(3) 从区域创新系统和区域创新网络两方面,研究基于区际产业转移提升、提升欠发达地区区域创新系统创新能力和促进区域创新网络发展的对策建议。一方面,从企业层面、产业层面和政府层面提出基于区际产业转移提升欠发达地区区域创新系统创新能力的对策;另一方面,从促进转移企业的嵌入、结网及区域创新网络的运行和演化方面研究促进欠发达地区区域创新网络发展的对策建议。

马永红

2018 年 3 月

目　　录

第一部分　区际产业转移与欠发达地区区域创新系统影响机理研究

近年来，我国东南沿海发达地区的产业开始有规模地向中西部欠发达地区转移，因此承接国内区际产业转移成为欠发达地区提升创新能力的重要途径。区际转移产业与区域创新系统进行知识、信息和资源的流动与互补，能使转移产业本身与欠发达地区同时提升创新能力，如果转移产业不能与当地区域创新系统有效协同与互动，那么其将面临产业发展后劲不足乃至消亡的问题。因此，本部分主要研究区际产业转移与欠发达地区区域创新系统的现状、影响机理及影响关系，具体包括第1~第7章的内容。

第1章 绪 论

1.1 项目的研究背景、目的及意义

1.1.1 研究背景

在全球产业转移的大背景下，我国经济实力迅速提升，位于沿海及东部的发达地区在国际产业转移的浪潮中具有一定的地理优势，其在国际产业转移的推动下，经济总量遥遥领先于其他地区。因此，工业化的先发地区和经济增长极主要集中在东部沿海地区，而广人的中西部欠发达地区的经济发展相对落后，与东部沿海发达地区间形成了较大的差距。我国东部—中部—西部区域间的经济发展状况呈现出梯度化的发展格局，存在着一定的发展级差，为我国东部沿海发达地区已经发展成熟的产业向中西部欠发达地区转移提供了前提条件。随着东部沿海地区经济的发展，其对产业升级的需求变得尤为迫切，因此在要素价格提高的压力下，部分产业向中西部地区转移的速度逐渐加快，这一过程加速了我国的工业化进程，同时也促进了欠发达地区产业结构的调整及经济的发展，保证了我国经济的协调发展及一体化进程。

欠发达地区作为一类特殊区域，对于创新的需求尤为迫切，积极构建高效的、符合欠发达地区区域特色的区域创新系统，不断提高欠发达地区的创新能力，是欠发达地区摆脱落后、走出发展困境的有效途径。但欠发达地区自身的特点决定了其面临着创新主体缺位、市场需求动力不足、技术水平和产业层次低、高级生产要素短缺、软硬件基础设施建设滞后、知识创新水平低及制度创新的时滞性和边缘性等一系列问题，因此欠发达地区不能简单地以"后发优势"的概念模仿发达地区区域创新系统的发展模式，需根据自身的区域特色另寻发展途径。沿海地区的部分产业在本地区丧失了比较优势，但对于中西部等欠发达地区来说，仍然具有一定的技术优势，因此这些产业的转移成为欠发达地区通过提高创新水平来带动经济发展的重要契机。因此，众多学者开始逐渐关注区际产业转移对欠发达地区区域创新的驱动作用，并取得了一定的研究成果。

已有研究表明，区际产业转移是一个转移企业寻找有利于其发展和投资的过程，是生产要素的重新组合，其实质是技术创新。提高社会平均资本、推动产业集群的形成及技术溢出、提升资源配置效率与管理水平等对欠发达地区创新系统的培育及发展有着积极的推动作用，如产业转移的集群效应对欠发达地区创新网络形成的推动作用、先进生产要素的流入对欠发达地区创新环境的改善等。事实

上，这一观点已得到一些学者的关注和认同，但现有的研究中并没有深入解释区际产业转移的现状如何，以及其对欠发达地区区域创新系统的影响机理、影响关系和影响效率如何，且已有的研究成果并不能满足欠发达地区借助区际产业转移实现自身发展的实际需要。

基于此，本书在欠发达地区迫切的发展需要及区际产业转移加速推进的大背景下，对欠发达地区承接区际产业转移对区域创新系统的影响机理进行了分析，以"区际产业转移主体行为阶段"和"欠发达地区区域创新网络整体特征涌现阶段"为两大研究主线，对基于区际产业转移的欠发达地区区域创新网络进行了深入研究，在力图丰富区际产业转移及区域创新系统相关理论的同时，为欠发达地区利用区际产业转移推动自身经济发展提供了理论依据。

1.1.2 研究目的

(1)分析欠发达地区区际产业转移与区域创新系统的特征，运用定量测度指标与投入产出模型相结合的方法对欠发达地区区际产业转移进行测度，识别出目前向欠发达地区进行转移的产业，并归纳出这些转移产业的产业类型特征、转移规模特征及产业分布特征；对欠发达地区区域创新系统的影响效率进行测度，得出区际产业转移影响下欠发达地区区域创新系统的创新效率。

(2)剖析区际产业转移与欠发达地区区域创新系统的影响机理，总结归纳区际产业转移与欠发达地区区域创新系统相互影响要素的特征及功能，探究区际产业转移与欠发达地区区域创新系统相互影响的直接路径与间接路径，评估区际产业转移与欠发达地区区域创新系统的相互影响效应，揭示区际产业转移与欠发达地区区域创新系统的相互影响机理。

(3)揭示区际产业转移在本地区域创新网络的嵌入(embeddedness)及结网过程、运行机制和运行效应及构建基于区际产业转移的欠发达地区区域创新网络的演化模型。通过对转移企业欠发达地区区域创新网络嵌入及结网策略的分析，分别构建转移企业嵌入路径的结构方程模型及转移企业结网策略的仿真模型。揭示基于区际产业转移的欠发达地区区域创新网络在分析区域创新网络的运行机制和运行效应的基础上，深入地探究欠发达地区区域创新网络学习、创新等内在机理及创新扩散等运行效应。运用多智能体仿真的方法，构建基于区际产业转移的欠发达地区区域创新网络演化模型，并分析欠发达地区区域创新网络的演化趋势。

1.1.3 研究意义

1)理论意义

本书从区际产业转移的视角丰富和完善了区域创新系统领域的研究成果。通过实地调研和统计分析方法归纳总结区际产业转移影响下我国欠发达地区区域创新系统的运行状态。将区际产业转移理论纳入欠发达地区区域创新系统研究范畴，从影响要素、影响路径和影响效应三个层面对区际产业转移对欠发达地区区域创新系统的影响机理展开分析；从区际产业转移的主体行为及区域创新网络的整体涌现两个层面进行区域创新网络的构建研究，对区域创新系统影响要素及演化路径方面均有贡献；从区际产业转移视角丰富和完善了区域创新系统理论体系，运用系统动力学(system dynamics, SD)构建了区际产业转移对欠发达地区区域创新系统的影响关系模型，从动态角度丰富了欠发达地区区域创新系统的相关理论。

2) 实践意义

本书对欠发达地区正确认识及科学应对区际产业转移具有较强的实践意义。随着东部沿海地区的发展，我国的产业级差逐渐增加，为区际产业转移提供了条件，使其呈现出加速趋势。在此浪潮下，欠发达地区只有科学地认识和应对区际产业转移，积极地做好区际产业转移的承接工作，才能获得长远发展。本书以区际产业转移这一目前越发频繁的经济现象为切入点，运用绝对份额法、产业转移指数法及区位熵法对欠发达地区区际产业转移的规模及类型进行测度，揭示了欠发达地区区际产业转移的类型、规模及分布特征，提高了欠发达地区对区际产业转移的认识程度。

本书对基于区际产业转移的欠发达地区区域创新网络的构建具有较强的实践意义。欠发达地区作为一类特殊区域，在区域创新网络的建构方面存在着很多特殊问题，这些问题使欠发达地区区域创新网络难以有效地发展。而区际产业转移对欠发达地区区域创新网络的培育和发展有着积极的推动作用，但转移企业嵌入本地后，区域创新网络的运行机制及网络演化特征还处于探索阶段，无法有效地指导实践。本书对基于区际产业转移的欠发达地区区域创新网络的运行机制和演化特征进行研究，为欠发达地区利用区际产业转移来推动区域创新网络发展提供了理论依据。

本书对基于区际产业转移的欠发达地区区域创新系统的政策发展具有较强的实践意义。欠发达地区的特殊性决定了其不能直接模仿发达地区区域创新系统的发展模式，需根据自身的特点另寻途径。本书揭示了区际产业转移对欠发达地区区域创新系统的影响机理、影响关系及影响效率，有利于欠发达地区在顺利承接区际产业转移的同时实现自身的发展，并促进了基于区际产业转移的欠发达地区发展对策的理论建设。

1.2 相关文献综述

1.2.1 区域创新系统的研究

区域创新系统的概念来源于对创新的研究，20 世纪 80 年代末 90 年代初，国家创新体系理论[1-3]受到学术界和政府部门的广泛关注，创新研究真正发展成为"系统范式"。之后众多学者重新界定了创新系统的边界，将国家层面细化到区域层面，区域创新系统的概念随之出现[4-6]。区域创新系统理论发展至今，虽然只有二十多年的时间，但经过国内外学者的不懈努力，已取得了丰富的研究成果，主要集中在以下几个方面。

1) 区域创新系统内涵研究

一般认为英国卡迪夫大学的库克(Cooke)教授最早对区域创新系统进行定义，其认为区域创新系统是在一定的地理区间内生产并支持创新的组织体系，这个体系由相互关联并且能够分工合作的生产企业、教育机构、中介组织等组成[7]。在此基础上，国内外学者基于不同的研究领域和研究目的，从不同角度对区域创新系统进行定义。例如，Asheim 和 Isaksen[8]强调区域特征及集群特征，将区域创新系统定义为集群内一系列的主导产业、各类企业、支撑产业、高校、科研院所、中介机构及制度结构的集合；Doloreux 等[9]认为区域创新系统既是域化的网络型创新系统，也是细分的国家创新系统；刘强等[10]强调"主体构成"，将区域创新系统定义为在特定的区域范围内由相互联系的企业、高校、科研院所、中介机构和政府等创新主体构成的空间组织结构体系；Su 和 Chen[11]从"网络"视角将区域创新系统定义为由参与技术发展和扩散的产业集群及支持系统相互作用的创新网络系统；Doloreux[12]、陈凯华等[13]从"功能"视角将区域创新系统内的各种要素按功能相近程度进行组合，为创新系统的比较提供了系统水平的解释因素。各位学者从多个方面对区域创新系统的概念进行了丰富、多样化的界定，为区域创新系统理论的研究开拓了丰富的视野。

2) 区域创新系统结构研究

国内外学者大都遵循着综合考虑"系统性"和"创新过程"的思路，对区域创新系统的结构进行了多样化的解构，如 Autio[14]将区域创新系统分为四个部分，包括知识开发子系统、知识生产子系统、知识应用子系统及知识扩散子系统；Carayannis[15]认为区域创新网络及区域创新环境是区域创新系统重要的构成要素；张慧颖和吴红翠[16]从创新的价值增值角度出发，采用过程观将区域创新系统划分为创新投入子系统、创新产出子系统、创新扩散子系统和创新支持子系统；陈蕾和张军涛[17]从创新过程的视角，将区域创新系统分为技术创新子系统、知识创新子系统、环境支撑子系统和创新扩散子系统；王利军和胡树华[18]提出了"三结构"模型；张小峰和孙启贵[19]在共生理论视角下，将区域创新系统划分为创新单元的共生体。此外，王景荣和徐荣荣[20]认为区域创新系统的组织结构是一种由无序向有序的自组织演化过程；刘明广[21]借鉴耗散结构的基本理论与思想，分析了珠三角区域创新系统的耗散结构特征并给出了平衡点的稳定性条件。

3) 区域创新系统建设研究

国内外学者从多个角度探讨了区域创新系统构建的思路，如 Choi 提出结构和网络管理合并成为以绩效为导向的市场化治理的区域创新系统构建模式；杨忠泰[22]从国家创新体系的整体层面进行考虑，从区域角度提出了我国西部地区区域创新系统的建设路径；Porter[23]、Cooke[24]将区域创新系统的构建与区域经济体相联系；赵树宽等[25]、郑小碧和陆立军[26]提出了基于产业集群的区域创新系统的构建思路；邱国栋和马鹤丹[27]针对区域创新系统的结构特征提出了以"孵化器+风险企业+风险投资"为主体的区域创新系统新构架和多层次开放式的区域创新体系等；此外，曲忠一和朴恩哲[28]基于哈尔滨区域创新系统的集群建设，提出要以体制创新为条件，解决阻碍集群创新的体制和政策问题，以及以产业集群发展为导向，调整区域公共研发机构、教育与培训机构的发展重点的构建思路；黄田斌[29]从人才和教育、基础设施建设、环境优化、政府调控、产业升级等方面提出深圳创新系统的建设思路。

4) 区域创新能力影响因素研究

对区域创新能力影响因素的研究主要集中在外商直接投资(FDI)的技术溢出、区域环境、产业知识基础、产业集聚、大学和企业、区域智力资本和研发合作等几个方面。例如，Gerstlberger[30]对奥地利、德国和美国部分区域创新系统进行案例研究，结果表明私人与公共之间的传播网络是区域创新系统制度设计和政策理念发展的重要推动者，区域创新系统的组织支撑结构、规则和政策是区域创新系统可持续发展的保障。Kubeczko 等[31]的研究认为跨部门互动和完善的制度体系可以提高系统创新速度。Buesa 等[32]基于西班牙区域创新系统的实际数据，采用因子分析法对区域研发体系创新能力的影响因素进行分析，结果表明创新环境、大学、公共管理部门和民营企业是影响区域创新能力的四个主要影响因素。高雅群[33]认为知识溢出效应能够对处于萌芽期、成长期、成熟期这三个阶段的区域创新系统创新效率产生显著且正向的影响；但对处于衰退阶段的区域创新系统，知识溢出效应则会对其自主创新行为产生阻碍。苏屹和李柏洲[34]发现系统开放程度、技术市场成熟度、系统协作水平、知识产权保护意识、市场化程度等对区域创新系统创新效率具有正向的促进作用。Hyungseok[35]通过案例分析得出社会资本在区域创新系统中起着非常重要的作用。Antonio[36]通过调查问卷分析得出韩国的区域创新活动、知识密集性和价值链信息强度对区域创新能力有重要影响。唐书林等[37]引入了合作创新和标准化协同对协同创新贡献率的概念，通过分析监管部门激励与创新主体努力，投入建立了双重线性分离契约模型。牛夏然[38]认为区域获取竞争优势的根本在于拥有高素质人才的多寡。

5) 区域创新能力的空间分布特征研究

国内外学者从多个角度探讨了区域创新系统的空间分布特征。例如，Debresson[39]认为在创新的区域分布过程中，能够形成一些创新能力很强的点，这些点通过极化作用发展为创新极，但同时创新极的形成也使周边地区出现了创新空洞化的特征；吴贵生等[40]发现创新活动比经济活动范围更加集中，且我国的创新能力主要集于沿海科技带、中央科技极及内陆科技圈等少数地区，呈现出高度聚集的状态；张玉明和李凯[41]认为我国创新能力呈现出非随机性分布且具有空间依赖性的特征，并采用莫兰 I 数(Moran I)和基尼系数对这一特征进行了检验；白俊红和李靖[42]运用空间计量分析技术，建立基于超越对数生产函数的静态与动态空间面板计量模型，对 1998～2007 年中国 30 个省区(除西藏、台湾、香港、澳门)区域创新的空间相关性及集聚性进行了研究；魏守华[43]对我国创新能力的聚集特征进行了实证分析，发现我国区域创新能力明显向东部经济发展水平较高的地区集聚；张东东[44]基于知识溢出及地理有界性，通过知识生产函数模型与空间计量模型相结合的方法，定量分析了我国各省份区域创新活动的空间分布特征；孙建和吴利萍[45]建立了区域技术创新投入对国家宏观经济发展的传导模型及宏观计量经济协整模型；周雪蓉和涂建军[46]通过空间计量方法将我国长三角地区的创新区际溢出效应，从时间和空间两个维度进行了解析。

6) 区域创新系统效率研究

当前对区域创新系统效率方面的研究主要集中于对各个地区资源配置效率的评价及对区域创新系统投入产出效率的评价。例如，Cooke[47]从创新子系统、知识子系统和学习子系统三个部分对区域创新系统的创新效率进行了考察；Faggian 等[48]从人力资本视角构建了区域创新系统创新效率的评价体系，发现区域间人力资本的转移规模及高校毕业生数量均能对区域创新系统的创新效率产生影响；李习保[49]、白俊红等[50]利用随机前沿模型和 DEA-Tobit 两步法对我国省际区域创新效率的环境影响因素进行了分析；苏屹等[51]基于随机前沿模型对我国 31 个省份(除香港、澳门、台湾)创新系统创新效率进行分析，得出我国区域创新系统普遍存在非效率现象；周洪文和宋丽萍[52]通过对各省份的创新活动数据进行分析，得出了地区间差异和区域创新要素聚集的制度原因；刘明广[53]采用 Malmquist 指数评价模型及 β 绝对收敛法，对我国各区域的创新效率及收敛性进行了评价。

7) 区域创新系统政策研究

国内外学者对区域创新系统政策的研究主要集中于政策的制定方法、政策的制定原则和政策体系的构建。国外研究可以分为两种：一种是为政府制定相关政策提供指导的规范性研究，如 Cooke[54]通过对区域创新系统政策制定过程进行分析，认为在区域创新系统发展的不同阶段，区域政府应给予不同类型的政策支持。

另一种是针对不同的区域创新系统提出不同的区域政策，如 Kaiser 和 Prange[55]通过对葡萄牙区域创新系统的发展状况进行分析，提出政府应鼓励企业进行研发活动、吸收国际技术溢出，加强创新主体间的联系密度，培养企业家的创新意识等区域创新系统的发展对策。

在国内研究中，众多学者对区域创新系统政策的研究集中于区域创新系统的进入壁垒、区域内动态资源配置及政府对区域创新系统发展过程进行调控的必要性及能够在其中起到的作用。例如，张屹[56]基于生命周期理论，对不同发展阶段的区域创新特征予以分析，得出了相应阶段地方政府的角色和职能；戴诗茜等[57]从创新产业发展、创新和创业资金扶持、人才吸纳三个角度分析了昆明区域创新系统的政策环境建设状况并提出了相应的优化对策；尚倩[58]以浙江为例做实证分析，通过因子分析，判断区域创新系统发展阶段和系统失灵类型，确定了动态定位系统中的当前障碍和潜在障碍。

1.2.2　产业转移的研究

国外对产业转移的研究较早，可以追溯到 20 世纪 30 年代，但其针对性不强，研究成果散见于各种经济学著作，形成了如雁行形态发展论[59]、产品生命周期[60]、边际产业扩张[61]和所有权优势—区位优势—内部化优势(OLI)范式[62]等产业转移经典理论。这些理论从宏观和微观两个层面解释了国际产业转移产生的动因和模式。国内对于产业转移的研究起步较晚，卢根鑫[63]从马克思主义经济学视角研究了产业转移问题，之后有学者和专家从内涵、动因、模式、效应等不同层面对产业转移的相关理论进行了补充与拓展，研究成果主要集中于以下几个方面。

1)产业转移内涵研究

国内外学者从不同的研究目的与视角出发，对产业转移的概念做了丰富且多样化的界定。例如，Akamatsu[64]认为随着经济的发展，发展中国家通常处于进口、国内生产和出口三个不同的阶段，处于出口阶段的相对发达的地区会将资本和技术转移到处于进口阶段的相对落后的地区，这一过程被称为产业转移。在此之后，Kojima[61]认为随着发达国家的经济发展及产业升级，会出现部分边际产业，即比较劣势的产业，发达地区应将这些边际产业转移到能将该产业的比较劣势转化为比较优势的地区，这一过程能够同时提升转出区域与转入区域的福利水平，也就是边际产业理论。王勋[65]从比较优势的视角对产业转移进行了定义，认为产业转移是部分在发达地区丧失比较优势的产业将部分或全部的生产过程转移到欠发达地区的过程。刘红光等[66]对产业转移的概念进行了狭义和广义的划分，从狭义的角度来看，产业转移是指位于发达地区的企业将部分或全部生产功能转移到其他欠发达地区的过程；从广义的角度来看，产业转移是由于产业在区域间的竞争优势发生了变化，通过区位重新选择，在一定时期内产业规模在空间中此消彼长的过程，是产业的发展规模在空间中重构的结果。综合国内外学者对产业转移内涵的表述，可知产业转移是指由资源供给或产品需求条件[67]的变化引起的产业在国家之间或一国内部的转移活动，不仅包括企业部分或全部生产功能在地理位置上的迁移，还包括产业区位的变化[68-70]，主要表现为生产份额[71]在区域间的此消彼长及生产要素[72]、资本和技术[73]等在区域间的流动，是一个具有时间和空间维度[74]的动态经济行为和过程[63]，是国家或地区产业结构调整和升级的重要途径。

2) 产业转移动因研究

众多学者普遍认为产业转移的发生应归因于区域间比较优势的变化，如Kojima[75]认为比较成本是对外投资及产业转移产生的原因；Arthur[76]从经济视角出发，认为劳动力成本是产业转移产生的动因；Dowling 和 Chean[77]在东亚八个国家和地区实际数据的基础上，对产业转移的发生和各产业比较优势的差异之间的关联进行了实证分析，认为比较优势正在由亚洲新兴工业化国家向东南亚国家联盟转移；Ozawa[78]认为产业转移发生的动因是比较优势的再生。Okubo[79]根据日本工业企业面板数据，通过分析得出产业转移的主要动因是企业的平均生产率降低的结论。

近年来，我国对产业转移的动因做出了进一步的深化研究。例如，陈建军[80]将我国现阶段区际产业转移的动因归结为产业结构调整、企业成长需求、扩张产品市场和生产要素的边际收益最大化；余慧倩[81]认为产业势差是产业转移最根本的动因，能够通过科技进步形成，同时也能够为国际产业转移的发生提供条件；杨本建和毛艳华[82]通过对广东产业转移承接园区进行实证研究，得出产业政策既能成为产业转移的"推力"，也能成为产业转移的"拉力"的结论；宋哲[83]将产业转移归因于产业级差、成本压力、产品市场、产业竞争、要素流动等几个方面；傅强和魏琪[84]认为全球价值链的持续深化主导了本轮国际产业转移；刘红光等[85]从不同的产业转移动因入手，在对不同类型产业在区域间的转移机理进行分析的基础上，将产业转移分为原料指向型、成本驱动型、投资拉动型、集聚依赖型四种类型。

3) 产业转移模式研究

众多学者从国际产业转移和区际产业转移两个层面对产业转移的模式展开了丰富的研究。国际产业转移是国家间的产业转移。例如，石奇[86]认为国际产业转移以生产职能转移、分销职能转移及物流服务职能转移三种模式为主；李海舰和聂辉华[87]认为国际产业转移主要存在"脑袋产业转移"和"躯体产业转移"两种趋势；Zedtwitz 和 Gassmann[88]针对工序型国际产业转移在当代的发展，提出网络型国际产业转移模式；王建平和刘彬[89]认为国际产业转移包括外商直接投资、服务外包、战略联盟三种模式；Chen[90]通过对新加坡工业企业的实际数据进行分析，进一步验证了国际产业转移的相关模式。

区际产业转移是我国各区域间的产业转移,该方面的研究基本都是在国际产业转移理论的基础上,根据我国国情进行的有针对性的研究,如刘友金等[91]认为企业的抱团迁徙是区际产业转移的主导模式,并提出了产业集群式转移一般演进过程的 DLSN 模型;唐根年等[92]认为我国工业化发展进程和创新水平呈现出典型的雁阵模式,东、中、西部地区间具有较大的梯度性差异;郭丽娟和邹洋[93]从产业的空间结构视角,将产业转移划分为龙头企业带动模式、链式转移模式、跨区域协同创新模式和经济区内部空间差异化承接模式。

4)产业转移影响因素研究

国内外学者从宏观和微观、区际与国际、移出地与移入地等不同视角对产业转移的影响因素展开了丰富的研究。例如,Chen[90]通过对新加坡工业企业实际数据的分析,认为知识产权保护能够对产业转移产生显著影响;陶权和黄汉民[94]认为技术壁垒能够对国际产业转移和创新效率产生影响;彭志胜[95]针对东部核心地区的产业转移,利用多元线性回归方法验证了本地市场、产品价格指数、工资差异等因素同时对产业转移存在影响;李存芳等[96]以"风险度感知"和"满意度感知"为中介变量,分析得出决策偏好、法治环境、资源禀赋、区位成本、经济区位、政策引力、民众素质能对我国可耗竭资源型企业的产业转移产生显著影响;陈飞[97]在研究西部地区承接产业转移的影响因素时发现政府政策、市场发育程度、资源环境三个方面是吸引产业向西部地区转移的主要因素。

5)产业转移效应研究

国内外学者一般将产业转移对承接地(发展中国家或地区)的影响效应与转出地(发达国家或地区)的影响效应分开分析,研究表明产业转移既存在正向效应,也存在负向效应。正向效应主要表现为推动区域的产业结构升级、技术溢出、提升资源配置效率与管理水平及提高社会平均资本的有机构成、加速国民生产总值的提高等。例如,Markusen 和 Venables[98]从承接地区的视角对产业转移效应进行研究,认为产业转移能够通过前向关联效应和后向关联效应优化承接产业的内部结构;Ozawa[99]从比较优势理论的视角对产业转移效应展开研究,认为产业转移能为承接地区带来贸易增长效应和经济增长效应;Mckeon 等[100]认为,一些经济规模较小的国家能够通过接受跨国公司实现产业结构的快速升级,使其转变成为现代经济国家;曾琦[101]根据湖南城镇化的面板数据,探索性地分析了产业转移形成的城镇化效应,并对产业转移形成的城镇化效应的大小进行了检验。产业转移的负向效应主要表现为产业空心化、技术依赖、污染转移等。例如,Aitken 和Harrison[102]通过实证数据检验得出国际产业转移能够对委内瑞拉一些企业的生产率产生显著的负向作用;成学真和王超[103]认为,区际产业转移对西部就业同时具有正向效应和负向效应，正向效应包括"联系效应"和"直接吸纳效应"，负向效应包括"替代效应""挤出效应""冲击效应"；关爱萍和陈超[104]认为产业转移的技术溢出效应不利于工业经济增长由粗放转向集约。此外，还有部分学者认为产业转移的本地效应并不显著，如常静和赵凌云[105]认为区际产业转移并没有在中部地区产生技术进步效应及环境优化效应。

6) 产业转移定量测算研究

国内外学者一般采用投入产出模型或多指标测度的方法对产业转移进行定量测算。例如，Savona 和 Schiattarella[106]根据区位熵原理，对意大利相关产业承接国际产业的状况及对产业发展产生的作用进行了实证检验；张公嵬[107]综合运用绝对份额法、区位熵法及赫芬达尔指数法，对我国区际产业转移的规模进行了测度；刘红光和范晓梅[108]根据投入产出模型测度了 1997~2007 年我国区际产业转移的发展状况；唐根年等[109]将物理学中的重心测定方法引入对区际产业转移的定量测度中，得出了 28 个制造业产业重心的变迁轨迹。

1.2.3　区域创新网络的研究

区域创新网络是指一定区域内由各组织和机构(企业、政府、高校和科研院所、金融机构等)组成的，以产品或工艺创新及产业化为目标，以知识共享为基础，在交互式作用中形成的正式或非正式的关系链条。网络中各主体共同参与创新活动，实现创新的开发和扩散。近年来，国内外学者针对区域创新网络的研究主要集中于以下几个方面。

1) 区域创新网络内涵的研究

Freeman[110]在 1991 年提出创新网络的概念。他认为创新网络是网络内的创新主体以应对系统性创新为目的的一种新型合作形式，也是一种基本制度安排。网络架构的基础是网络的连接机制，即创新网络中企业间的创新合作关系。Cooke等[111]认为区域创新网络起源于演化经济学，指出单纯的企业之间的互动较难完成复杂的系统式创新，一定区域范围内的企业还需和政府、科研院所、高校、金融机构等主体进行合作创新，并经历长期复杂的合作，形成较为稳定的合作创新关系，最后形成区域创新网络。Braczyk 等[112]对区域创新网络的概念进行了进一步的阐述。他认为区域创新网络是企业经历在社会互动中不断更新、不断改革的成果，企业的发展轨道不再局限于企业自身，涉及与研究所、教育部门等之间的频繁互动。随后，Cooke 和 Morgan[6]及盖文启和王缉慈[113]均认为区域创新网络是在一定区域范围内，与企业、高校、科研院所及政府等各主体之间，在建立长期正式或非正式的稳定合作交流关系的基础上形成的相对稳定的系统。王德禄和张丰超[114]认为区域创新网络是一定的经济区域内各创新主体之间以创新为目的的稳定的联系网络。

在界定了区域创新网络创新主体的基础上，众多学者对区域创新网络进行了进一步的研究。Kauffeld-Monz[115]认为区域创新网络指的是网络中的独立节点，即无合作关系的主体开始互动寻求合作，并与合作方逐步形成稳定的创新合作关系。张玉明和刘德胜[116]认为区域创新网络是由创新主体共同参与、相互合作形成的一种具有资源配置和创新能力的组织形式。周立军[117]认为区域创新网络是在一定地理范围内以创新为目标的创新主体建立的合作网络关系的总和。陈悦等[118]对此进行深化，考虑到知识发现、知识源公开及技术创新三方面，将其定义为基于互联网的区域"发现—创新"体系。

2) 区域创新网络结构的研究

国内外学者对区域创新网络结构的研究多以复杂网络和社会网络为基础，对区域创新网络的结构特点进行分析。网络结构分析一般从微观角度入手，在剖析网络的内在结构组成的基础上，研究区域创新网络结构与网络功能的互动，从而揭示区域创新网络存在的深层次问题。区域创新网络结构一般从简单基础结构及复杂特殊结构两方面进行研究，后续也有学者从其他角度对区域创新网络结构进行研究。

简单基础结构包括网络规模、节点可达性、节点距离等。胡祖光和章丹[119]认为当结构嵌入性具有重要价值时，创新网络的网络规模会更大，整个网络更加具有小世界网络特征。高霞和陈凯华[120]通过专利数据研究，发现我国信息通信技术创新网络的规模呈增长趋势，网络兼具小世界和无标度特性。林秋月等[121]基于利用式—探索式创新分析框架，研究了不同创新模式偏向下的网络结构特征，认为创新活动越倾向于探索式创新，区域创新网络的路径越短，节点可达性越高。对于区域创新网络，复杂特殊结构研究主要包括中心性、聚集性等。Krätke[122]对德国地区专利合作网络进行实证分析后发现，网络密度、网络凝聚性、网络中心势等指标对区域创新网络结构均有不同程度的影响。Eisingerich 等[123]的研究表明网络强度和网络开放度是支撑高绩效区域集群的基础。花磊和王文平[124]从动态角度研究了处于不同生命周期的创新网络具有不同的结构特征，其中以较高的平均集聚系数为特征的规则网络在导入期具有较高的集体创新效率；以较高的小世界系数为特征的网络在成长期具有较高的创新效率；以较短的最短路径长度为特征的随机网络在成熟期具有较高的创新效率。

另外，还有不少学者从其他角度对网络结构进行研究。Cowan 等[125]从组织邻近性的角度进行研究，认为组织邻近性对创新网络的生成具有重要的作用，邻近性越高，网络结构紧密性越强。Broekel 等[126]从研发费用角度探讨了研发费用对创新网络中节点重要性的影响，通过实证分析发现，研发基金持有率越高，企业在创新网络中所处的位置越重要。Criatina 从社会资本的角度进行研究，认为社会资本是驱动创新网络形成的内在要素[127]。van Rijnsoever 等[128]从知识共享与扩散角度探讨了技术多样性对创新网络结构的影响，通过实证调查发现，网络中的知识共享与扩散抑制了节点技术多样性的获取，进而影响网络结构的形成。单海燕和王文平[129]也从知识流动的角度构建了知识整合下的创新网络模型，分析得出当组织间互补程度及知识整合效率很高时，创新网络具有的平均路径长度较短且平均聚类系数也较小，此时的创新网络具有随机网络特征；当知识整合效率与组织之间的互补程度很低时，创新网络具有的平均路径长度较长且平均聚类系数也较高，此时的创新网络具有规则网络特征；当组织之间的互补程度与创新主体间知识整合的效率大小适度时，创新网络具有小世界网络的特征。蔡猷花等[130]也从知识整合的角度，引入知识互补因素及社会资本因素，探讨知识整合作用下创新网络结构的产生和变化规律，通过仿真分析得出企业之间的结网意愿受到内部知识整合能力和外部知识整合能力的共同作用，以及由于组织间的知识整合及合作创新，创新网络与企业知识水平是协同演化的结论。

3) 区域创新网络绩效的研究

于明洁等[131]表明网络类型（连接机制）、网络开放性及网络结构特征对创新绩效的提高存在不同程度的影响。从网络连接机制视角来看，王月琴和许治[132]认为相对于随机网络来说，无标度网络极大地提高了网络内企业技术的学习效率。Choi等[133]认为无标度网络结构可以促进网络成员的学习效率，进而提升创新网络绩效。曹霞和刘国巍[134]认为度择优连接机制更有利于提升无标度网络的平均创新绩效，网络连接机制与网络平均绩效呈现对数增长分布轨道。

研究表明，网络开放性也对创新绩效有着显著的影响作用。McFadyen 和 Cannella[135]指出，跨网络关系等网络开放性对集群创新绩效有提升作用。在此基础上，Eisingerich 等[123]研究得出随着集群内环境不确定性的增加，网络开放度对集群创新绩效的积极影响作用也会随之增长。王松和盛亚[136]通过实证分析得出，技术环境不确定性越高，网络开放度对集群创新绩效的影响越显著；市场竞争环境不确定性越高，网络合作度对集群创新绩效的影响越重要；市场与技术环境都稳定时，网络合作度对集群绩效的影响非常显著，而网络合作度与网络开放度相关性不显著。张古鹏[137]通过研究指出，区域创新网络的小世界性与区域创新网络的创新绩效呈倒 U 形关系，即呈先增长后降低的关系，但这种关系只在特定阶段显现，一般在特定开放度下，当创新网络演化到特定的演化阶段时才会显现。在开放度较低的创新网络中，在创新集群的初期建立阶段，区域创新网络的小世界性对创新绩效影响显著，其与创新绩效呈现先增长后降低的关系，但这种关系在创新集群的后期集群衰落和解散阶段表现不显著；而高度开放的网络则恰好相反。在网络演化的其他阶段，区域创新网络的小世界性对创新网络的创新绩效没有显著的影响关系。此外，李玲[138]从企业间联合依赖和不对称依赖的角度进行研究，认为这两种依赖程度会影响到企业在合作过程中的开放度，同时也会影响企业的创新绩效。Ginting[139]认为网络开放度较高的集群可促进其对网络资源的获取，并对创新产出的影响较为显著。

不同的网络结构特征反映出网络不同的内在结构组成，众多学者分别从网络密度、网络规模、网络强度、节点距离及网络位置等方面研究了不同的网络结构特征对创新绩效的影响。Kastella 等[140]认为网络密度即企业形成合作联系的数量与企业的创新绩效呈正相关。Egbetokun[141]通过对发展中国家创新网络的研究指出资源稀缺性导致创新绩效较低，网络规模的大小对创新绩效有显著影响，网络规模越大，中小型企业所获取的资源越多，创新绩效越高。Eisingerich 等[123]对不同国家的产业集群进行实证考察，认为网络强度对创新绩效的促进作用会随着环境不确定性的增大而增强。赵炎等[142]认为企业节点之间距离越近，对创新绩效的影响越显著，地理邻近性能够正向调节网络密度对创新绩效的影响。范群林等[143]认为结构洞特征对企业创新绩效不存在显著的正向关系。Graf 和 Krüger[144]认为组织在网络中的"守门人"位置与其创新产出之间呈正 U 形关系。Corsaro 等[145]认为处于中心位置的企业拥有较大的权力，能控制更多的信息和资源。Jönsson 等[146]以 Skane 食品网络为例，具体分析了如何在成熟产业中通过建立创新网络和对创新网络进行治理，从而提升创新绩效。陈伟等[147]通过对东北三省装备制造业创新网络的实证研究得出，度中心性和结构洞对网络成员创新绩效有正向促进作用，而中介中心性并没有有效地促进创新产出；网络密度对中介作用具有很大影响，并且创新能力较弱的成员倾向于与创新能力较强的成员组建网络密度较大的技术创新联盟。张红宇等[148]基于博弈理论框架提出了交互学习与信任演化的关系模型，并认为当交互学习和信任演化协同效果一致时，将会显著提升区域创新网络的知识转移效率与运行绩效。

4) 区域创新网络演化的研究

区域创新网络演化是一个长期过程，是在核心企业的主导下，不同创新主体进行结网互动的过程。Fleming 和 Frenken[149]认为核心实力主体的加入会使创新网络由松散式网络向集中式网络发展。田钢和张永安[150]建立环境—行为模型，指出区域创新网络是创新主体为了适应环境变化不断调整自身行为规则而涌现的结果。刘锦英[151]认为，区域创新网络的演化需要创新主体根据创新进程不断调整网络的行动参与者。针对创新网络演化，众多学者从不同视角对其进行分析研究。

首先，有学者运用社会网络分析法及复杂网络分析法从连接机制、现实网络实证分析等视角，对创新网络拓扑结构的演化进行研究。Woo[152]通过对高技术创新网络动态演化情况的分析研究，认为不同联结机制对创新网络的演化具有不同的影响。Taeho 认为随着时间推移和网络演化，网络中的技术也日趋成熟化[152]。Ebadi 和 Schiffauerova[153]通过对加拿大自然科学与工程领域的学者每个月在期刊上发表的文章，建立了学者之间的创新网络，并对其演化过程进行分析，得出区域创新网络的结构最终将演化为平均路径长度较短、凝聚力较强的小世界网络形态的结论。汪良兵[154]在研究区域创新网络的自组织特征分析的基础上，对区域创新网络协同演化状态进行了实证研究。刘云等[155]利用国际合作项目数据检索与挖掘，描述了合作网络的总体特征，并利用基尼系数、中心性及数据可视化等方法分析了合作网络的演化特征。刘国巍[156]基于生命周期和拓扑结构双重视角，分析创新网络的时空演化特征，认为网络演化需经过混沌形成、无序扩张和有序发展三个阶段。陈文婕等[157]根据全球低碳汽车技术创新的专利数据，认为低碳汽车合作创新网络中行动者之间连接松散，信息的传播效率较慢，网络演化路径呈现网络密集度逐渐增大、逐渐突显出核心组织的趋势。

其次，有学者针对区域创新网络演化的影响因素进行了研究。Balland[158]认为地理邻近性、组织邻近性及制度邻近性对创新网络形成和演化有积极影响，而认知邻近性会对其产生负面影响。程跃等[159]研究了环境不确定性对创新网络演化的影响，认为不同类型的网络最终将演化成"完全突破型""市场突破型""技术突破型"三条发展路径。吕一博等[160]考察了个体组织惯性对创新网络演化的影响，认为组织关系会提升创新网络的可持续发展能力，增强网络的集聚优势，同时会削弱创新网络演化的小世界现象、加剧派系分化程度，但也会促进派系内交互效率的提升，进而提升集群整体的网络效率。喻科[161]认为不同网络关系的主体与网络组织动态能力的相互匹配共同推动着创新网络的演化。

再次，有学者从知识流动视角对区域创新网络演化进行了研究。党兴华和贾卫峰[162]认为创新主体之间的合作创新网络就是知识匹配交互的过程，这种过程会导致创新网络核心节点的出现，使网络结构向集中化、中心化的方向演进。吕一博等[163]将区域创新网络视为个体知识搜索行为驱动的知识扩散、转移和创造的系统，并对其演化特征进行研究，认为不同类型的知识搜索行为会导致不同的区域创新网络绩效，并决定其演化轨迹。

最后，有学者基于行为博弈视角，结合网络的拓扑结构特征，对区域创新网络的演进趋势进行分析。曹霞和刘国巍[164]构建了产学研合作创新网络的两阶段博弈演化算法，通过仿真分析发现，网络平均节点度呈 U 形分布，节点数量呈 L 形分布。Apicella 等[165]运用"囚徒困境""雪堆模型"等经典博弈模型研究了创新网络的演化特征。Alvarez-Martínez 等[166]运用复杂网络中的博弈理论，结合仿真分析探究了创新网络的演化情况。此外，叶斌和陈丽玉[167]基于竞争与合作的视角对创新网络中不同创新主体间的共生演化进行分析，指出共生演化的结果取决于共生作用系数的取值，当创新主体处于互惠共生情境时，创新主体都互相从中受益；当创新主体处于恶性竞争情境时，共生作用系数较大的主体逐渐衰亡，另一方则能继续生存发展。曹霞和张路蓬[168]结合复杂网络理论与演化博弈理论，认为创新网络的规模及利益分配均影响创新网络合作密度的稳定演化，合作利益的合理分配会对合作密度演化稳定的速度产生影响，机会利益的诱惑会导致创新网络合作密度产生波动，小规模创新网络合作密度也会逐渐退化。

1.2.4 国内外研究现状评述

综上所述，国内外学者在区域创新系统及产业转移领域已经取得了具有重要意义的研究成果，但在区域创新系统及产业转移的研究对象、研究内容及研究方法方面还有待进一步的丰富和完善，尤其是对区域创新系统与区际产业转移互动关系的研究更是一个刚起步的新领域，对该领域中的许多问题还有待进行全面和深入的研究。

1) 对欠发达地区区域创新系统的研究需要进一步加强

国内外学者对区域创新系统的研究主要集中于区域创新系统的概念、结构、功能、运行机制和政策等基本理论方面，并取得了丰富的研究成果。但是国内外学者的研究成果多集中于对发达地区区域创新系统的研究，而针对欠发达地区的研究较少，且没有在区域创新系统与区域经济体的互动方面形成一定的理论体系。在区际产业转移的驱动作用下，欠发达地区的区域创新系统具有一定的特殊性，但现有的研究成果及形成的理论对欠发达地区如何应对区际产业转移的指导作用和针对性较弱。因此，对区域创新系统实践层面的研究需要进一步加强，而且对欠发达地区区域创新系统的研究也需要加强。

2) 产业转移研究的对象、方法及内容需进一步丰富和完善

国内外学者对产业转移的内涵、产业转移的模式、产业转移的影响因素及产业转移的效应等做了大量开创性的研究，但对产业转移的研究重心主要在沿海承接国际产业转移方面，针对区际产业转移的研究比较少；对产业转移的研究方法多为定性分析，定量分析的文献不多；此外，关于产业转移效应的研究，国内外学者大都遵循以分析"经济效应"为中心的思路模式，对产业转移在创新方面的影响研究不足；关于产业转移动因的研究多集中于分析产业转移企业层面及产业层面的动因，对于区域层面的动因关注不够。因此，产业转移研究的对象、方法及内容都需要进一步地丰富和完善。

3) 有待建立区际产业转移对欠发达地区区域创新系统影响的系统性研究框架

目前直接将区际产业转移与欠发达地区区域创新系统联系起来研究的文献非常少，大多数文献是从产业转移效应的研究领域及区域创新系统与区域经济体关系的研究领域中间接地获知此方面的信息，但这些信息都指明一点，即区际产业转移对欠发达地区区域创新系统的培育和发展有着积极的推动作用，同时欠发达地区区域创新系统的完善和发展能进一步促进区际产业转移，但其内部的机理还

处于探索性阶段，其研究框架还未形成。因此有必要研究区际产业转移与欠发达地区区域创新系统的影响机理，探究区际产业转移与欠发达地区区域创新系统的影响要素、影响路径及影响效应，建立区际产业转移与欠发达地区区域创新系统影响机理的研究框架。

1.3   项目的研究内容及研究方法

1.3.1   研究内容

本书共分为三大部分，第一部分重点研究区际产业转移与欠发达地区区域创新系统影响机理，包括第 1～第 7 章。第二部分重点研究区际产业转移与欠发达地区区域创新网络构建，包括第 8 章～第 11 章。第三部分从区域创新系统和区域创新网络两部分提出了区际产业转移与欠发达地区区域创新系统构建的对策建议，包括第 12 章和第 13 章。具体内容如下所述。

第 1 章绪论。本章首先说明了项目的研究背景、目的及理论与实践意义，归纳和总结了产业转移、区域创新系统及区域创新网络的国内外研究现状；其次阐述了项目的研究内容及研究方法；最后指出了项目的创新之处。

第 2 章理论基础。本章结合有关文献，首先对区际产业转移的内涵、特征、动因及模式等进行解析；其次对欠发达地区区域创新系统的内涵、要素、特征及功能进行解析；再次对区域创新网络的构成要素、基本特征、区域创新网络结构特征对创新的影响及区域创新网络的系统特征进行解析；最后在此基础上提出了本书的概念模型。

第 3 章欠发达地区承接区际产业转移现状分析。本章采用产业转移指数法及区位熵法，根据 2005～2014 年 27 个产业的面板数据测度欠发达地区承接区际产业转移的规模和类型，在此基础上，从产业转移差距、创新要素要求、产业竞争、生态环境四个层面剖析欠发达地区承接区际产业中存在的问题。

第 4 章欠发达地区区域创新系统创新效率分析。本章基于随机前沿分析(SFA)方法对欠发达地区区域创新系统的影响效率进行测度，分析了区际产业转移影响下的欠发达地区区域创新系统的影响效率，并对外商直接投资、技术市场成熟度、市场开放程度、创新主体协作水平、产权保护意识及政府支持力度等影响因素进行了估计。

第 5 章区际产业转移对欠发达地区区域创新系统的影响机理研究。本章根据"影响因素—影响路径—影响效应"的分析思路，将区际产业转移对欠发达地区区域创新系统的影响因素分为主体转移因素、资源转移因素及环境转移因素，在此基础上从区域创新网络的视角来探究区际产业转移对欠发达地区区域创新系统的影响路径，并采用结构方程模型对影响路径进行实证研究，根据分析结果，得出区际产业转移对欠发达地区区域创新系统的影响效应。

第 6 章欠发达地区区域创新系统对区际产业转移的影响机理研究。本章根据"影响因素—影响路径—影响效应"的分析思路，将欠发达地区区域创新系统对区际产业转移的影响因素分为生产成本、经济环境、创新水平及政策环境，将影响路径分为企业投资区位指向路径、主导产业转移规律路径及区域空间演进路径，并得出欠发达地区区域创新系统对区际产业转移的静态影响效应和动态影响效应。

第 7 章区际产业转移对欠发达地区区域创新系统的影响关系研究。本章探讨了区际产业转移与欠发达地区区域创新系统相互影响的反馈机制，结合系统动力学研究方法，剖析了区际产业转移对欠发达地区区域创新系统的影响环境、影响动力和影响过程，仿真分析了区际产业转移技术水平对欠发达地区区域创新系统创新能力的影响和区际产业转移驱动下的欠发达地区政府的决策行为。

第 8 章基于区际产业转移的欠发达地区区域创新网络嵌入研究。本章从微观动态角度分析转移企业根植于区域创新网络的先决条件，即基于区际产业转移的欠发达地区区域创新网络嵌入研究。首先，分析了基于区际产业转移的欠发达地区区域创新网络嵌入关系维度；其次，分析了基于区际产业转移的欠发达地区区域创新网络嵌入动力，明确其嵌入动力的内涵和构成要素；最后，在分析动力要素及嵌入过程的基础上，运用扎根理论方法对转移企业的嵌入过程进行了分析。

第 9 章转移企业与欠发达地区区域创新网络主体的结网研究。本章首先研究了转移企业与欠发达地区区域创新网络主体结网的影响因素，以及结网的构成要素。其次基于环境不确定性视角，从环境不确定性与网络位置两个维度定义了转移企业的结网策略，即知识宽度导向、知识深度导向和融合式导向三种结网策略。并在此基础上，运用多智能体仿真的方法，构建转移企业与欠发达地区企业结网合作创新的动态仿真模型，建立仿真模型规则，分别为初始状态、转移企业进入规则、转移企业结网规则及合作创新过程，并确定度量网络结构及知识水平的变量。最后，利用复杂网络理论，对环境差异性条件下转移企业结网策略对区域创新网络结构及知识水平的影响进行分析探讨。

第 10 章基于区际产业转移的欠发达地区区域创新网络的运行研究。本章首先从利益驱动、市场驱动、政府推动及环境支持四个角度分析基于区际产业转移的欠发达地区区域创新网络的运行动力。在此基础上，从资源共享机制、信任机制、学习机制和协调与合作机制四个方面研究基于区际产业转移的欠发达地区区域创新网络的运行机制。其次，对基于区际产业转移的欠发达地区区域创新网络的运行效应进行理论解析，并运用多智能体仿真的方法建立运行效应的仿真模型，对仿真结果进行分析，从而对基于区际产业转移的欠发达地区区域创新网络的运行效应进行分析探讨。

第 11 章基于区际产业转移的欠发达地区区域创新网络的演化研究。本章首先阐述基于区际产业转移的欠发达地区区域创新网络演化的分析基础，即演化的内涵、动力因素和影响因素。其次，运用多智能体仿真的方法，构建基于区际产业转移的欠发达地区区域创新网络演化仿真模型，设置模型的仿真规则，描述模型的变量。最后，在此基础上，利用复杂网络理论，分析基于区际产业转移的欠发达地区区域创新网络的演化趋势，并对仿真结果进行讨论。

第 12 章基于区际产业转移促进欠发达地区区域创新网络发展的对策建议。本章根据对基于区际产业转移的欠发达地区区域创新网络的分析，从促进转移企业嵌入欠发达地区区域创新网络、促进转移企业与欠发达地区区域创新网络主体结网、促进区域创新网络运行和区域创新网络演化等方面提出建议。

第 13 章基于区际产业转移提升欠发达地区区域创新系统创新能力的对策。本章在区际产业转移对欠发达地区区域创新系统的影响特征的基础上，结合欠发达地区区域创新系统的发展需求，从微观(企业)、中观(产业)、宏观(政府)三个层面提出提升欠发达地区区域创新系统创新能力的对策。

1.3.2　研究方法

本书将多种研究方法相结合，对相关具体问题进行有针对性的分析和探讨。主要研究方法包括三大类。

1)理论研究法

本书的研究涉及产业转移理论、区域创新系统理论、区域创新网络理论、比较优势理论、经济地理学理论、运筹学理论、复杂网络理论、动态系统建模理论等。在掌握这些方法和工具的基础上，搭建本书的研究体系，同时通过对所搜集的文献和资料进行综合、归纳和分析，得出相应的研究结论。

2)实证分析法

本书以欠发达地区工业企业为背景展开研究，实证研究方法主要体现在第一部分，采用赫芬达尔指数、区位熵和绝对份额三个定量测度指标及投入产出模型方法对欠发达地区区际产业转移进行测度；采用 Froniter4.1 对欠发达地区区域创新系统创新效率的变动趋势及区域间的差异性进行实证分析；采用结构方程模型检验区际产业转移与欠发达地区区域创新系统之间的影响路径关系。

3)仿真模拟法

本书的仿真模拟法主要体现在第二部分，该部分构建了区际产业转移结网策略的仿真模型及欠发达地区区域创新网络演化的仿真模型，分析了转移企业结网策略对欠发达地区区域创新网络的影响及区域创新网络的演化趋势，基于相关理论构建了基本模型，并对模型进行了推导与证明。本书对模型推导或证明的结论，均利用多智能体仿真等计算机仿真工具进行检验。

1.4　项目的创新之处

1)运用多指标与投入产出模型相结合的方法测度欠发达地区区际产业转移

区别于现有区际产业转移测度方法的单一性,本书运用赫芬达尔指数、区位熵及绝对份额三种目前主流的区际产业转移相对测度指标综合测度欠发达地区的区际产业转移情况,对欠发达地区区际产业转移的绝对程度进行测度,进而识别向欠发达地区进行区际转移的具体产业及区际产业转移中存在的问题。

2)阐述区际产业转移与欠发达地区区域创新系统的影响机理

相较于现有的文献仅对区际产业转移或区域创新系统进行独立研究的特点,本书在对欠发达地区区际产业转移与区域创新系统特点分析的基础上,剖析区际产业转移与欠发达地区区域创新系统相互影响要素的特征及功能,探究区际产业转移与欠发达地区区域创新系统相互影响的直接路径及间接路径,评估区际产业转移与欠发达地区区域创新系统相互影响的效应,揭示区际产业转移与欠发达地区区域创新系统的影响机理。

3)建立了基于区际产业转移的欠发达地区区域创新网络研究的理论模型

区别于现有区际产业转移与区域创新网络的研究,本书从区际产业转移的转入视角研究欠发达地区区域创新网络,从分析转移企业嵌入机理、结网策略入手,揭示了网络的运行机理、效应及其演化趋势,建立了基于区际产业转移的欠发达地区区域创新网络研究的理论模型。与以往的研究成果相比,本书将区际产业转移与区域创新网络的相关研究进一步拓展到转入地视角下,将欠发达地区作为研究对象,一方面在研究区域创新网络方面进一步丰富了模型的完整性,另一方面对欠发达地区的指导性更强,为后续的欠发达地区区域创新网络发展的对策建议提供了理论基础。

4)分析基于区际产业转移的本地区区域创新网络嵌入机理与结网策略

与以往的对产业转移的研究重心主要在沿海承接国际产业转移方面不同,本书将研究视角集中在区际产业转移上,探究区际产业转移如何根植于本地区区域创新网络。本书在研究嵌入动力要素及过程的基础上,基于调查问卷数据,用扎根理论方法对基于区际产业转移的欠发达地区区域创新网络嵌入过程进行检验和分析,并通过多智能体仿真的方法对转移企业结网过程进行仿真分析。与以往的研究成果相比,本书用定性分析与定量分析结合的方式对基于区际产业转移的欠发达地区区域创新网络嵌入和结网进行分析,使区际产业转移研究的对象和内容更加丰富和完善,有助于更加有效地破解区际产业转移根植性的困局。

5) 揭示基于区际产业转移的欠发达地区区域创新网络的运行机制及效应

在充分借鉴以往关于区域创新网络运行研究的基础上,结合转移企业的嵌入及结网特征,运用社会网络理论和复杂网络理论深入剖析了欠发达地区区域创新网络的动力机制,并在此基础上,分别剖析网络主体间的信息共享、学习、创新机制和扩散机制,还运用多智能体仿真的方法研究了基于区际产业转移的欠发达地区区域创新网络的运行效应。与以往研究成果相比,本书综合考虑了转移企业的进入会对区域创新网络的信息共享、学习、创新和扩散机制所产生的影响及一定的效应,有利于完善基于区际产业转移的欠发达地区区域创新网络的建设。

6) 揭示基于区际产业转移的欠发达地区区域创新网络的演化趋势

以往对于区域创新网络的演化趋势的研究中,多数学者默认网络转移企业为创业企业或与本地网络以前有较多联系的转移企业,而忽略了产业转移是欠发达地区转移企业的重要组成部分的事实。本书结合转移企业的结网策略,运用多智能体仿真的方法,模拟仿真基于区际产业转移的欠发达地区区域创新网络的演化过程,从而揭示欠发达地区区域创新网络每一阶段的演化特征,有助于进一步挖掘欠发达地区创新网络的未来演化趋势,为后面从宏观视角为欠发达地区区域创新网络的发展提出相关对策建议做铺垫。

第2章 理论基础

2.1 区际产业转移的理论基础

2.1.1 区际产业转移内涵

区际产业转移是指某一区域经过一段时间的发展形成了相对于其他区域的综合比较优势,从而使不同区域之间的各种要素(包括资源与制度等)处于不均衡分布状态,进而导致某些产业从某一区域转移到另一区域的经济演化过程。转移企业或企业群在转入某一区域后,通过建立本地生产网络与地方发生各种经济、社会和文化上的联系,实现了知识、信息等资源的传播和共享,促进了创新成果的扩散并能够对创新网络产生影响[169]。从行业关系角度,可将区际产业转移分解为水平维度和垂直维度,水平维度是指转入企业与本地企业产生竞争及合作联系,能够通过人员流动带来创新扩散及对本地的示范作用;垂直维度是指转入企业与本地企业建立的上下游链接关系,包括设定技术标准、提供技术指导及为后续生产环节提供高质量的中间产品等行为。

2.1.2 区际产业转移的动因

本书对产业转移的几大基本理论进行整理,并结合几次产业转移的现状和规律,将区际产业转移的动因归纳为以下几个部分。

1) 产业级差

区际产业转移产生的基础是产业间的级差。产业结构会出现由低到高的升级过程,这一过程也是主导产业变迁的过程。不同区域间的经济和技术的发展并不平衡,主导产业也有所不同。发达地区的产业结构梯度较高,形成了以技术密集型产业为主的产业结构,而欠发达地区的产业结构梯度较低,主导产业以劳动密集型为主。经济发展的过程也是主导产业变迁的过程,因此,产业级差的存在促使一些在发达地区丧失比较优势的产业向欠发达地区转移。

2) 要素流动

区际产业转移的必要条件是资本、技术等生产要素能够在区域间进行流动。区际产业转移的实质是资本为了利用价格较为低廉的劳动力及其他生产要素获得更高额的利润而进行的跨区域投资行为,这一行为同时也改变了承接区域的产业空间布局。各区域在资源要素储备水平及经济发展状况上存在较大差距,为生产要素在区域间的流动提供了条件。此外，在垄断的市场结构下，某些行业为保持高额的利润，设置了进入壁垒，这就阻碍了要素资源的流动。因此，自由竞争的市场结构也是区际产业转移的重要条件。只有在生产要素能够自由流动的竞争的市场结构中，区际产业转移才能够发生[170]。

3) 产业利益差

区际产业转移的驱动力是区域间的产业利益差异。在开放的经济条件下，产业内的企业会根据在不同地区的收益水平决定转移行为和方向。企业的收益水平因各个区域间的要素禀赋、制度及市场能力情况的不同而存在差异，即产业利益差的存在会影响产业内企业的获利能力。产业利益差促使发达地区的企业为了追求高于转出区域的经济收益水平，而将部分生产环节或整个企业转移到劳动力及自然资源充裕的欠发达地区，降低生产成本，利用自身技术和经营上的优势，实现企业利润最大化。

4) 成本压力

在发达地区，部分产业出现了产业聚集及过度发展的现象，导致产业内企业劳动力成本、土地成本等生产要素供不应求，价格上涨，加上基础设施供应有限，企业的运营成本也随之增加，成本上升产生的压力迫使企业转向经营成本及生产成本较低的地区，产生区际产业转移[171]。

5) 企业成长需求

区际产业转移在一定程度上是出于某些企业对成长的需要。以民营和私营为主的中小型企业对生产要素的价格变化敏感性较强，在我国的区际产业转移过程中最为活跃，成了区际产业转移过程中的转移主体。劳动力及土地等生产要素价格的提高能够使中小型企业的运营成本产生明显波动，为了降低生产成本、占领市场及获取更高的收益，沉没成本较小的中小型企业会转移到欠发达地区并进行嵌入生产，通过丰富的原材料供给，降低企业的生产成本并开拓新的市场，为企业的成长提供发展空间[172]。

2.1.3　区际产业转移的特征

区际产业转移具有层次复杂性、关联畅通性、形式多样性及阶段发展性等重要特征[173,174]。层次复杂性表现为区际产业转移存在于宏观、中观和微观层面上的不同经济主体之间的关系；关联畅通性表现为发生在不同经济地域之间的转移受产业政策和政治体制等外部因素制约的程度；形式多样性表现为多种形式的产业转移会在同一时期内同时进行；阶段发展性表现为转移产业呈现出劳动密集型—资本密集型—技术密集型—混合型的阶段性特征[175]。

2.1.4　区际产业转移模式

1) 资源开发型模式

资源开发型区际产业转移模式是指部分产业为了利用欠发达地区的要素资源、降低生产成本而发生的转移。这一模式的区际产业转移与承接地区的资源条件有紧密联系，如西部地区主要承接的产业为与自然资源禀赋相关的石油开采及有色金属冶炼业，而西南地区主要承接水利、能源及通信业等。

2) 成本导向型模式

成本导向型区际产业转移模式是指位于发达地区的资源密集型及劳动密集型产业等由于资源成本压力及盈利空间的压缩，向原材料成本较低的欠发达地区转移的过程。这种转移模式以企业成本的大小为导向，欠发达地区以较低的原材料成本及丰富的人力资源对转移企业产生吸引力。

3) 市场拓展型模式

市场拓展型区际产业转移模式是指产业为了在其他地区开发扩展新市场，提高自身的市场占有率而进行的转移。该模式以企业的市场需求为导向，通过转移，相关产业缩短了生产区域和销售区域间的距离，降低了运输成本，并能通过更便捷地掌握消费者的需求信息，为消费者提供更好的服务及产品，拓展企业的产品市场，提高企业的知名度。

4) 集群吸引型模式

集群吸引型区际产业转移模式是指发达地区已具有一定规模的产业集群，根据其形成的集群优势及规模效益，对各个生产环节按专业分工的不同而产生吸引力。这一模式有利于提高集群内的要素共享，促进企业间形成关联性和内聚力，通过合作创新及生产，降低企业的运营成本，形成良好的发展氛围，提高区域对产业转移的吸引力[176]。

2.2　区域创新系统的理论基础

2.2.1　区域创新系统内涵

本书将区域创新系统定义为在一定的区域范围，以企业、高校与科研院所、中介机构及政府为创新主体要素，以创新设施、人力资源、资本及企业资源为创新资源要素，以制度、政策、市场及文化为创新环境要素共同构成的，以支持并产生创新为目的的区域性、动态性及系统性的系统。在系统运行过程中，创新主体间通过交流与合作形成空间网络体系，通过与外部环境的相互作用实现创新功能，且能够对区域内的经济、文化等产生重要影响。

2.2.2 区域创新系统要素

1) 创新主体要素

区域创新系统的创新主体要素是指系统内能直接或间接进行创新的机构或组织，包括区域内参与创新的企业、高校、科研院所、中介机构及政府。企业是区域创新系统技术创新最核心的主体，能够进行系统内创新要素的投入及创新产出的利益分配，涵盖了多方面的创新内容；高校能够培养创新人才，并创造、传播、扩散新知识与新技术；科研院所起着研发新知识、新技术及进行科研管理创新的作用；中介机构能够为区域内的创新主体提供获取信息、融资及进行成果转化的渠道，辅助企业、高校和科研院所等创新主体进行创新，促进区域内新知识和新技术的传播与扩散；政府通过制定相关的激励、保护、协调和约束政策，支持、辅助并推动区域创新系统内的创新，并营造出适合创新的区域环境。

2) 创新资源要素

创新资源要素是指区域创新系统中的创新主体进行创新所需要的资源，包括创新设施、人力资源、资本及企业资源。创新设施是区域创新的前提条件，由基础设施、知识设施、信息设施、补充性资产和辅助设施等构成，为区域创新系统的运行提供硬件支撑；人力资源分为高级人力资源、中级人力资源和初级人力资源，不同发展阶段的区域创新系统对人力资源的需求也有所不同，与地区经济结构相匹配的人力结构能够更有效地带动区域创新；资本是区域创新系统运行的保障，为区域创新系统内各创新主体进行创新提供动力源泉。

3) 创新环境要素

创新环境要素是区域创新系统进行创新活动的空间保障，是区域创新系统健康运行的前提，是区域创新活动顺利进行的保障，同时也能对区域创新系统的发展模式产生影响。创新环境要素分为硬环境要素和软环境要素：硬环境要素主要是指与区域创新活动有关的自然环境及区域内的硬件设施；软环境要素由人的行为产生，包括区域内的政策、制度、文化、市场及法律等。

2.2.3 区域创新系统功能

1) 推动区域经济发展

随着创新在经济发展中的地位的逐渐提高，区域经济出现了依托区域创新而发展的新趋势，区域创新系统为区域经济的发展提供了一个新的增长点：①区域创新系统的运行提高了区域的创新能力，整合并优化了区域内的资源；②区域创新系统能够培育对区域经济发展具有重要意义的高技术产业、新兴产业等高科技产业园区；③企业能够通过区域创新系统获得丰富的信息资源，通过吸收创新溢出及进行合作创新等形式提高自主创新能力；④新技术及新知识在区域创新系统内部各创新主体间传播与扩散、吸收与再创新，为区域经济带来了更强的增长效应。

2) 优化区域创新资源配置

区域内的创新资源包括人力资源、资本资源及物质资源等。区域创新系统能在兼顾经济发展要求的情况下，按照一定的组织结构，对区域内的资源分布进行调整，并通过连接创新主体及构建创新网络等方式提高资源的利用效率，优化区域的创新资源配置。

3) 促进区域产业结构升级

区域创新系统能够促使区域内的经济结构由以劳动密集型产业为主向以技术密集型产业、知识密集型产业为主发展。随着产业结构的升级，区域内的产业对知识及技术的需求也随之增加。区域创新系统能够使新知识及新技术在各创新主体间进行传播、扩散，并形成合作创新机制，为区域创新提供了动力，实现了个体创新向集群创新、企业创新向产业创新的转变，带动了整个区域产业结构的升级。

4) 形成区域竞争优势

区域创新系统能够提高区域内创新资源的利用效率及区域的创新能力，形成以科技和知识为驱动力的经济发展模式。此外，企业能够通过区域创新系统形成技术含量高、产品附加值高的新产品，为企业及产业开拓新市场，并提高区域在全国范围甚至国际市场中的竞争优势。

5) 实现产业空间聚集与辐射

区域创新系统的空间聚集效应是指区域创新系统能够通过自身的发展，在整个区域内形成适合创新的氛围，为产业的聚集及发展提供条件。此外，创新能力较强的区域创新系统的形成对邻近区域的创新发展有显著的带动作用，即区域创新系统能够产生创新辐射效应。

2.2.4 区域创新系统特征

1) 区域性特征

区域性是区域创新系统的基本特征。区域创新系统涉及的范围介于国家和企业之间，是从中观层面进行研究的创新系统，其运行目标、层次结构及系统功能等都具有明显的区域性特征。此外，由于不同地区的发展状况、经济、文化、资源等不同，区域创新系统进行创新的出发点、创新内容、创新路径及内部结构也都有所不同。区域创新系统的区域性特征决定了其必须以现有的经济与社会基础为条件进行建设，其发展目标应与区域的经济发展目标相适应，通过区域创新系统的发展带动区域经济的发展。

2) 动态性特征

动态性是区域创新系统的固有特征。由于区域中人力、资本、信息及知识等创新资源会不断地发生变化，区域创新系统中参与创新的主体及主体所处的创新环境也在不断变化，区域创新系统的发展及运行过程都具有很强的动态性特征，体现为系统内部变化的动态性及系统外部变化的动态性两个部分。系统内部变化的动态性体现在创新主体的变化及系统内部创新环境的变化。系统内的企业、高校、科研院所及中介机构都有重组、新兴及衰退的可能，系统内还会出现企业及科研院所的进出，导致创新主体数量及质量产生动态变化。同时，由于政策、文化、制度等的变化更新，为创新提供支撑的创新环境也处于动态变化过程中。此外，系统的外部环境也会发生变化，如区域内市场结构的变化及区域外技术水平的变化等，这些因素的动态变化过程都使区域创新系统具有动态性的发展特征。

3) 系统性特征

区域创新系统的系统性特征表现为客观性、整体性、自组织性及开放性。从系统性的角度来看，区域创新系统是以创新为目的的系统。客观性体现在区域创新系统的构成要素，包括企业、高校、科研院所、中介机构及政府等，其普遍存在于每一个区域创新系统中，且在每一个区域创新系统中，各个要素都能够通过相互作用及相互影响形成网络节点，并按照一定的规则形成网状系统结构且运行状况被一定的外部环境约束；整体性体现在区域创新系统具有较强的完整性，是一个由各个基本要素按照一定的规则构建起来的完整的有机结构；自组织性体现在区域创新系统能够根据自身的调节功能和适应功能，在不同的环境变化下，保持自身组织结构的稳定性的能力；开放性体现为区域创新系统边界的开放性，系统和环境可以自由进行物质输入、输出的特征。

2.3　区域创新网络的理论基础

2.3.1　区域创新网络的构成要素

1) 区域创新网络的节点

区域创新网络实际上是区域创新系统的抽象结构，即区域创新网络可视为一个由各个节点组成的大系统，其网络节点主要包括企业、高校、科研院所、政府、中介机构和金融机构六个方面。其中，企业、高校与科研院所是区域创新网络中的直接合作创新主体，它们之间的合作创新关系是区域创新网络中的核心构成部分。

企业是指各个专业化的原材料或半成品供应商，成品的生产制造商、分包商、销售代理商及各种形式的企业服务商等，既包括数量众多的中小型企业，也包括为数不多的大企业。根据企业主体论的观点，无论何种形式的创新最终都需要通过企业才能实现商品化、产品化,因此企业是创新过程的主体。企业主体论也强调企业主体作用的发挥依赖于其他网络主体的配合,企业需要外向整合各种创新资源从而实现协同创新,因此以企业为中心节点的各种网络连接也是研究区域创新网络的重点和出发点。

作为创新知识的供给方和传播方,高校与科研院所为创新行动提供智力支持。其主要通过教育、培训和成果转化等方式参与区域主体的合作创新活动,有效地促进知识、信息、技术等的扩散及市场价值的实现。与此同时,高校与科研院所还承担着企业孵化器的功能,不断孵化新企业,进而促进区域的发展。高校、科研院所和企业的互动机制包括科技成果转化、创新人才培养、合作研发和信息咨询等。区域中能否拥有高水平的高校与科研院所,以及高校与科研院所能否充分发挥行为主体在参与网络创新活动过程中的作用,是决定区域创新网络创新功能能否提高的关键因素。

政府是区域创新网络中的基本节点,但不是创新活动的直接创新主体。政府在区域创新网络的各行为主体中起着桥梁作用,使区域内的知识和信息可以更有效地进行传递和扩散,具体表现在以下几个方面:积极营造区域发展的创新环境、促进区域创新网络的形成与运行、有效地规范地方市场行为、挖掘区域内部潜在的创新资源及促进区域内技术信息的流动。

中介机构包括区域内存在的各种行业协会、技术服务中心、创业服务中心等中介组织,也包括律师事务所、法律咨询中心、会计师事务所等特殊形式的组织机构。作为区域内市场的中介,这些组织部门既有市场灵活性的特征,又有公共服务性的特点,其不仅能够达到有效协调并且规范企业的市场行为的目的,促进资源的合理配置,而且能够不断帮助政府部门和市场激活资源,影响创新活动的产生和增值过程的完成,进而增强区域创新能力。

金融机构是区域创新网络中资金和信息的提供者。一方面,金融机构可以为企业的日常经营活动和创新活动提供资金支持,如银行、基金、风险投资等机构均会直接影响技术创新的每个环节。另一方面,金融机构利用自身在金融市场吸收、获取的信息,为企业创新的各个环节提供信息咨询服务。充足的资金保障和信息支持对推动企业的成功创新有着显著的影响。因此,金融机构是区域创新网络中的重要节点,对区域内企业的发展和运营起着重要作用。

2) 区域创新网络的关系链条

在区域创新网络中,关系链条是指企业、高校、科研院所、政府、金融机构与中介机构等节点之间在创新过程中通过技术研发、生产等形成的多重联结。关系链条不仅能够作为信息和知识传播扩散的重要途径,还是技术和知识能够实现扩散、创造价值、实现价值增值的关键。关系链条可根据链条功能和网络交流途径分成不同类型。

根据链条功能分类，关系链条可以分为三类。首先，作为创新主体的企业会在区域创新的各个环节建立起各种关系链条，企业与企业之间也会建立各种关系链条，同时企业与高校、科研院所及企业与中介机构或者企业与政府之间也会因创新合作而建立各种关系链条。每种关系链条都代表创新主体之间的合作关系，且每种关系链条都具有特定的功能，如技术创新联盟和协同创新联盟的目的就是实现创新资源的互补，在一定程度上，可以通过创新资源的共享和信息交流，大大地提高创新技术产品化、市场化的周期，降低主体创新的风险和成本。其次，政府作为区域创新网络中的重要节点，也积极地与企业、高校、科研院所等节点建立各种网络关系，从而对区域创新活动具有积极的推动作用。由于各个区域经济水平不同，政府与不同区域内的创新主体之间的连接关系也存在一定的差异。具体来说，发达地区的政府部门主要通过间接的方式与网络节点进行联系，其主要承担为创新活动提供服务的角色，一般不会主动干扰创新主体的创新活动。但在欠发达地区，政府对区域创新活动起主导作用，其往往选择通过直接建立联结的方式制定政策，参与创新活动。最后，中介机构与金融机构通过技术研发、生产等各个环节中的知识、信息等资源的流动和扩散，与企业、高校和科研院所等建立起各种关系链条。作为连接创新主体的桥梁，中介机构与金融机构不仅需要与技术提供方建立关系链条，同时也需要与技术需求方建立良好的关系链条，一边为企业、高校、科研院所提供技术需求信息，一边将企业、高校和科研院所的技术需求信息传递到市场中去，实现产学研结合，加快科技成果的转移转化。

根据网络交流途径的差异分类，可以将区域创新网络关系链条划分为正式关系和非正式关系[177]。其中，正式关系是指网络主体在技术研发、生产、销售等多个创新环节中，基于市场和经济合作契约关系所形成的一种正式的合作创新关系，其合作关系依赖法律进行约束。非正式关系则是指基于网络主体的亲缘、地缘等社会联系而存在的具有人格化的松散契约安排，其合作关系依赖人与人之间的道德和信任约束。

3) 区域创新网络的子网络

区域创新网络实质上是由网络中的各个节点基于创新而建立起来的各个子网络组成。根据网络功能的差异可以将区域创新网络关系划分为技术研发子网络、技术创新服务子网络和市场交易子网络等。技术研发子网络是指企业以技术研发为目的，与政府、企业、高校等机构或组织之间建立起来的子网络体系；技术创新服务子网络是指企业与中介机构、银行、基金等机构建立起来的网络体系；市场交易子网络是指企业与供应商之间建立起来的原材料供应、产品生产及销售网络体系。除此之外，还存在着部分由创新主体建立起来的社会关系子网络，如个人关系子网络和公共关系子网络。

2.3.2 区域创新网络的基本特征

1) 结构维度特征

从结构维度特征的角度，可将区域创新网络的基本特征划分为网络规模和网络开放性两个方面。

(1) 网络规模。网络规模是指在技术创新过程中，核心企业在区域中所构成关系范围的广度和组成数目。网络规模越强大，企业在网络中可获取的创新资源越丰富，获取创新资源的有效途径和可利用的企业数目也越多。在区域创新网络中，网络规模主要是指网络成员的数量，即网络中企业、高校、科研院所、中介机构和金融机构等创新主体的数量，反映了网络节点的整体规模。企业是区域创新网络的主体，不仅进行日常的经营活动，同时也参与各项创新活动，并承担着将技术商业化的重担。企业数量的多少在一定程度上可以反映出区域创新网络的规模。高校、科研院所、中介机构及金融机构等创新主体均直接或间接地参与区域内的创新活动，为创新活动提供资金、人才、信息等创新资源，保障企业创新活动顺利进行。因此，众多学者普遍认为网络规模这个反映区域创新网络结构特征的重要变量可通过企业、高校、科研院所、中介机构和金融机构等网络节点的数量和质量进行表征。

(2) 网络开放性。网络开放性主要是指网络内部与外部进行信息交换、资源获取及交流合作能力的强弱。在区域创新网络中，网络开放性主要指网络内部主体相互开放，各主体在网络中获取内外部知识、信息、技术和其他互补性资源，从而对市场需求变化的处理和反应更加灵敏，同时网络内部主体也通过开放性网络获取远距离的创新资源，并不断与外部建立新的网络关系。网络开放性程度一般表现在以下两个方面：一是区际产业转移、外商直接投资等行为，是区域对外开放合作的重要渠道，可以为区域创新网络带来技术、知识、信息等方面的创新资源，能够使区域创新主体将这些资源用于创新活动。二是区域创新主体直接购买外部区域技术，为网络购入技术源，同时创新主体还可以对购买技术进行进一步的吸收、集成和再次创新，从而不断提升区域创新网络的创新能力。

2) 关系维度特征

关系维度是网络的根本属性，是指以互动为目的的节点之间的相关联系。从关系维度特征的角度来看，区域创新网络的基本特征主要表现为网络链接。在区域创新网络中，网络链接主要是指以创新为目的、以信任为基础的创新主体之间建立的互动联系，是知识、技术、信息等创新资源传递的重要渠道。网络的关系维度特征主要通过网络关系强度来反映，而网络关系强度是指网络中各个创新主体之间联系的频率和紧密程度。企业、高校、科研院所、政府、中介机构及金融机构等创新主体之间的合作是衡量区域创新网络联系强度的重要内容,具体而言主要表现在以下几个方面:①政府对创新活动的支持。政府是创新活动中的重要领导者和参与者,可通过项目合作及课题合作的方式直接参与各类区域创新活动,同时政府也可大力扶持企业、高校、科研院所等创新主体进行创新活动。②高校、科研院所等研发主体在区域创新网络中起着重要的作用,是知识的生产者和创造者。高校和企业之间的项目和课题合作及科研人员到企业挂职等均是区域创新网络中的重要合作方式。③中介机构及金融机构对创新活动的辅助。随着技术创新系统性和复杂性日益增强,区域创新主体对创新资源的需求量越来越大。中介机构和金融机构不仅能直接向创新主体提供其所需的技术资源、金融资源,同时也是信息的集中地和发散地,为创新主体提供相应的信息支持。因此,中介机构和金融机构在区域创新活动中建立的关系主要起辅助作用。

2.3.3　区域创新网络结构特征对创新的影响

1) 网络规模对创新的影响

网络规模是区域创新网络结构特征的重要维度,对区域创新活动的各个环节均有重要影响。主要表现在以下几个方面:第一,网络规模的扩大将意味着区域创新网络中进入更多的创新资源,创新网络中知识存量也会随之增大,从而促进创新资源的互补,实现网络中创新资源的有效融合,促进创新效率的提升。第二,网络规模的扩大也能增加网络中技术、知识、信息等创新资源的传播渠道,可进一步吸引企业、高校、科研院所和中介机构等其他节点继续加入,反过来又可以不断扩大网络规模,实现网络规模扩大的有序循环。第三,网络规模的扩大能提高节点之间建立合作关系的概率,增加创新活动,加快创新资源在区域创新网络中的流动速度。第四,网络规模的扩大可增加网络知识的异质性,异质性知识在节点之间的流动可促进企业、高校和科研院所等节点的知识接收、编码和重组能力的提升。第五,网络规模的扩大代表着增加了节点在区域创新网络中的聚集程度。创新资源的聚集会进一步促进创新活动的开展,从而提高区域创新能力。

2) 网络开放性对创新的影响

随着创新活动的系统性和复杂性的增强,多渠道、多形式的跨区域交流合作为技术创新带来了更多的机遇。区域创新网络的网络开放性主要是指参与主体之间相互开放,便于创新主体在宽泛的范围内获取知识、信息、技术和其他创新资源。区域创新网络的开放性程度越高,创新主体越能与更多类型的网络资源发生联系,越容易从外界吸收知识、技术、信息等创新资源,且能够获取的资源种类越多,资源差异性越大,从而增强创新活力,推动区域创新网络的升级和演化[123]。

区域创新网络与进行区际产业转移的企业、外商等之间的交流合作,可以视为创新主体获取区域外部创新资源的重要方式。无论是区际产业转移、外商直接投资，还是直接购买外部区域技术，都能为学习发达国家和地区的先进技术提供途径。在引进先进知识、技术的基础上，对知识、技术进行消化、吸收、重组和再创新，将有助于提升企业、产业和区域的创新能力，从而降低发达地区与欠发达地区、发达国家与欠发达国家之间的经济差距，实现区域的跨越式发展[178]。因此，区域创新网络的网络开放性不仅可以使网络获得更多的创新资源，还有助于促进创新主体之间的沟通交流。

3) 网络链接对创新的影响

网络链接主要是指各个创新主体以创新为目的建立的互动联系和合作关系。稳定、频繁互动的网络关系对开展创新活动具有积极影响，主要表现在以下几个方面：首先，在区域创新网络中，建立网络链接的基础是长期合作产生的信任，这种信任能够降低创新主体之间的机会主义行为，使其能够更加专注地关注双方的共同目标，进而在合作中表现出更高的主动性和积极性。其次，各个创新主体之间频繁的互动和稳定的合作关系会加快新知识和技术在网络中的转移和流动，这不仅使区域创新网络中的知识存量得以增长，也减少了知识外溢的风险，进而使创新主体更愿意互动合作、共享隐性知识等重要资源，实现知识的整合和集成，提高区域的创新效率。再次，创新主体会在网络中建立起稳定和高效的互动关系。每个创新主体之间频繁的互动和稳定的合作关系可以使其对信息进行及时的筛选、修正和更新，提高信息核对的效率，降低各个创新主体获取和更新信息的成本。最后，各个创新主体之间频繁的互动和稳定的合作关系是创新主体之间的黏合剂，也是信息、知识、技术等创新资源在区域创新网络中流动的重要渠道。可见，区域创新网络能为企业、高校、科研院所、政府、中介机构和金融机构等提供相互交流的平台和界面，各个创新主体在区域创新网络中通过互动和合作互利互惠，建立起基于信任机制的网络链接，对创新活动和提高区域创新能力均具有积极的影响。

2.3.4　区域创新网络的系统特性

1) 区域创新网络的涌现性

涌现性源自复杂适应系统(complex adaptive system，CAS)理论。复杂适应系统理论把系统的成员看作能够随着环境及与其他主体的交互作用而不断进化的主体，其特点是在"学习"的基础上"成长"，并具有积极性和主动性。复杂适应系统理论认为主体的积极性和主动性及主体与环境反复的、相互的交互作用，是系统发展和进化的基本动因。宏观变化和个体分化都可以从个体的行为规律中找到根源。系统中孤立的个体按照某种行为方式构成系统后，会产生系统整体所不具有的属性、特征、功能等。系统科学把适应性主体通过非线性相互作用出现的系统孤立部分及其总和所不具有的特性，称为涌现性(emergent property)。涌现是一种低层次到高层次的过渡，是在微观主体进化的基础上，宏观系统在特性上发生的突变，同时涌现也是一个从旧质中产生新质的过程。区域创新网络是对涌现性现象的很好的解释，区域创新网络是由企业、政府、高校、科研院所、中介机构和金融机构组成的网络组织，区域创新网络的整体竞争优势大于各个创新主体的总和，因此涌现性为区域创新网络的竞争优势提供了新的研究视角。

2) 区域创新网络的开放性

区域创新网络是一个开放的耗散结构系统，具有典型的耗散结构特征，呈现出非线性特点。它并不封闭，与环境有着密切的联系，能与外部环境不断地进行各种资源的交换和互动，并能不断地向更好地适应环境的方向发展变化。在经济信息化和经济全球化的背景下，区域创新网络的开放性特征越加突出，如承接区际产业转移、承接FDI、产学研一体化、知识传播网络化、人才流动跨区域化等。作为一个系统，区域创新网络要时刻保持系统的开放性和自组织性，与外界进行物质、信息、知识、技术和能量的交换，从区域外部获取资金、人才、知识等创新资源，形成一个持续开放的系统。

3) 区域创新网络的动态性

动态性是区域创新网络的系统特性之一。区域创新网络既是一个开放系统，又是一个科学技术发展、市场需求及经济外部环境条件等多种因素相互作用的动态过程。区域创新网络内信息、知识、人才、资金、政策等要素流动频繁，网络主体在网络中相互关联、相互作用、各司其职、互利互惠，不断从自身和外部环境获取反馈信息，以实现向更高的创新水平发展的目标。在动态性作用下，区域创新网络会逐渐产生新的有序状态。

4) 区域创新网络的演化性

演化是一种不可逆性的特殊运动形式，是复杂系统运动的基本特征。演化是指事物从一种多样性统一形式转变为另一种多样性统一形式的具体过程，是从一种复杂状态到另一种复杂状态的过渡[179]。区域创新网络本身也是一个不断演化的系统过程，是技术与整个社会经济发展的必然规律。当区域创新网络受到外界环境等因素的变化扰动时，就会偏离原来的轨道和状态，若区域创新网络能够自己恢复到原来的状态，则称它是稳定的，也就是在一次涨落中完成了一次演进，从一次新的混沌到新的有序。区域创新网络中的创新主体只有在不断演化的进程中，探索规律、利用规律、驾驭规律，适应区域创新网络演化进程中的新环境，获得和提高区域创新的能力，才能避免区域衰败的风险。

5) 区域创新网络的复杂性

区域创新网络具有一定的复杂性，主要表现在两个方面：一方面，表现为网络主体直接链接关系的多样性。由于各个网络主体特性的不同，其状态的转化也是非线性的，这导致网络主体之间的链接关系不仅是多样化的，也是非线性的。另一方面，表现为网络主体之间反馈机制的复杂性。网络主体在合作创新过程中的任何变化都会引起一系列的变化，通过网络主体之间的反馈机制，这些变化的影响范围和影响效果会进一步扩大。

2.4 概 念 模 型

2.4.1 区际产业转移影响下的欠发达地区区域创新系统运行过程

欠发达地区是指人均收入较低、经济发展速度缓慢，且创新能力及技术水平相对较低的区域，其在生产力水平、科技创新能力、资本、人力资源及地理位置等方面较发达地区存在一定的劣势。我国在漫长的发展过程中，部分区域受历史、区位、观念等条件的限制和不平衡战略的影响，经济发展进程较为滞后，在经济和社会发展水平方面与其他区域产生了较大的差距，但这些区域的某些资源储备较为丰富，在经济和技术发展方面具有较大潜力，创新活动的进行能够为其在新一轮的经济增长中实现高速发展提供可能[180,181]。基于以上分析，本书综合考虑各地区的经济及技术水平，将华北地区的三个省区(河北、山西、内蒙古)、东北地区的两个省份(吉林、黑龙江)、华东地区的两个省份(安徽、江西)、中南地区的四个省区(河南、湖北、湖南、广西)、西南地区的五个省(区、市)(重庆、四川、贵州、云南、西藏)、西北地区的五个省区(陕西、甘肃、青海、宁夏、新疆)，共21个省区作为欠发达地区进行研究[182]。

根据前面对区域创新系统内涵、要素、功能及特征的分析，本节将从区域创新系统的边界、各主体间的关系结构、创新网络及运行效果四个方面对欠发达地区区域创新系统的运行过程进行分析，如图 2.1 所示。

1) 区域创新系统的边界

区域创新系统的边界分为地理边界和行政边界，其中地理边界主要受区域所在的区位条件的影响，行政边界主要受政府治理机制的影响。随着信息技术和交通设施的发展，地理边界的影响不断减弱，行政边界成为阻碍创新资源跨区域流动的主要因素。欠发达地区区域创新系统的边界由地理边界和行政边界共同构成，但边界障碍在逐渐减少，对外界要素具有较强的开放性。同时，行政边界对资源要素的进入具有一定的选择性，在一定程度上维持了欠发达地区区域创新系统的稳定性。

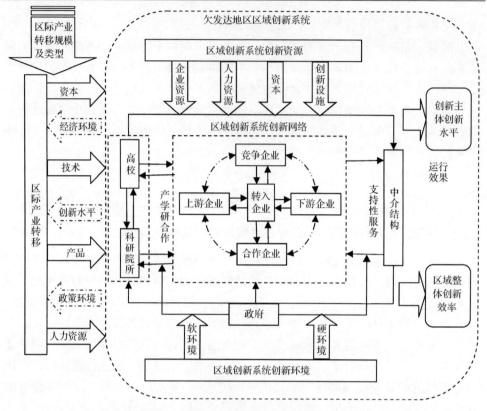

图 2.1　欠发达地区区域创新系统运行过程

2) 区域创新系统各主体间的关系结构

欠发达地区区域创新系统中创新主体的创新行为之间会产生相互影响，而关系链条是网络中各节点通过直接或间接联系所形成的信息、知识传递的关键渠道，因此本书用关系链条来体现各个创新主体之间的关联关系。企业、高校和科研院所是区域创新网络中新知识及新技术的载体，政府和中介机构是区域创新网络中新知识、新技术产生及流动的保障。创新网络的关系链条有显性和隐性之分。显性关系链条是指创新主体间依托于资金、服务、文件等物品的实体渠道，可进行新知识和新技术的正式交流，能够通过系统中创新主体对知识及技术的转化吸收能力，实现知识及技术在系统中的流动。隐性关系链条是指通过人与人之间的交流等非正式交流方式获得新知识及新技术的方式，以实现知识资本化的联系。在创新系统中，显性与隐性链条相互作用形成了创新网络的空间结构，实现了区域内创新主体之间人力资源、资本等要素的流动，促进了区域内新知识及新技术的转化与吸收。

在欠发达地区承接产业转移之后，具有新知识和新技术的转入企业通过加入本地生产网络的方式与本地企业及机构建立显性及隐性关系链条，使创新发生扩散和溢出。新知识和新技术首先作用于转入企业的上下游及相关的本地企业，在转入企业的带动下，实现新知识及新技术的市场化与产业化；其次创新溢出进一步作用于位于欠发达地区的高校及科研院所，通过识别发现新知识及新技术，实现知识和技术的集成化与再创新。转入企业带来的创新溢出通过产业化与集成化这一循环过程，会带动欠发达地区创新的积极性，提高其创新水平。

在产业转移的驱动下，欠发达地区区域创新系统各主体间形成了"内核"与"外层"的关系结构。本地企业围绕转入企业，形成了区域创新网络的内核，高校、科研院所、中介机构、政府等构成区域创新网络的外核，内核作为创新的核心主体，体现了系统的创新能力，外核为内核的创新活动提供了资源及保障，对区域外的企业产生吸引力，决定了区域创新系统的发展速度与潜力。

3) 区域创新系统创新网络

Imai 和 Baba[183]最早提出了创新网络的定义，认为创新网络就是各创新主体间通过创新合作而形成的具有一定制度性的链接关系。之后，Guckelberger 等[184]提出创新网络是指在某一特定范围内，共同进行新产品的研发、生产和销售，并产生创新扩散与享受创新溢出的创新主体的集合，这些创新主体间具有协同关系，能够通过正式的合约关系或非正式的口头协议等方式建立互惠灵活的科学、技术及市场关系，并可对网络整体的创新能力产生影响[185,186]。根据以上学者的研究，本书将欠发达地区区域创新网络定义为：在属于欠发达地区范畴的某一特定区域内，企业、高校、科研院所、中介机构及政府等创新主体以实现创新为目的而建立的相对稳定的正式或非正式联系的总和。

4) 区域创新系统运行效果

根据区际产业转移对区域创新系统产生的影响效果，本书将欠发达地区区域创新系统运行效果分为微观层面创新主体创新能力的提高和宏观层面系统运行效率的提高两个部分。从微观层面来看，区域创新系统的运行效果体现在创新主体创新能力的提升上，新技术、新知识通过创新网络在区域创新系统的创新主体间流动，并通过创新网络结构使单个创新主体对新技术及新知识的获取成本、方式、速度及整合效率产生影响，进而反映出区域创新系统的创新水平。从宏观层面来看，区域创新系统的运行效果考察的是在一定的创新软环境及硬环境下，系统整体消耗的创新资源与带来的创新产出所决定的系统效率问题。

2.4.2　区际产业转移与欠发达地区区域创新系统构建的概念模型

总体来说，本书将区域创新系统视为一个复杂系统，区际产业转移的进入代表着系统中输入了不同特征、不同属性的主体，主体的进入会对区域创新系统产生一系列影响,这些影响是区域创新系统处理和接纳区际产业转移的基础。同时,区域创新系统通过其自身具有的复杂适应性特征,对这些变化进行适应性处理,主要体现在其核心部分,即区域创新网络的构建。通过以上处理和构建,区域创新系统变得更加有序,从而可实现区域创新系统的升级。

因此,本书以"前提分析""基础研究""核心构建""政策制定"为框架对区际产业转移与欠发达地区区域创新系统构建的影响机理、构建路径及政策体系进行深入研究,其概念模型图如图2.2所示。

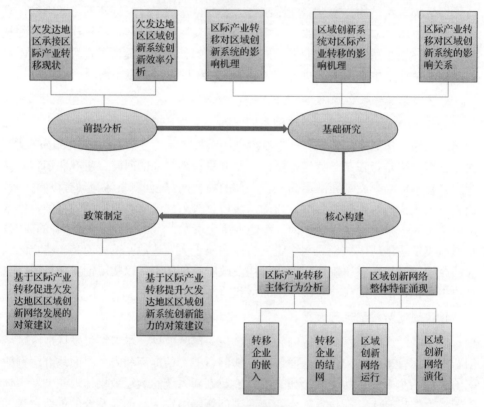

图 2.2　概念模型图

2.4.3　概念模型的解析

1) 前提分析阶段

前提分析阶段主要围绕"欠发达地区承接区际产业转移现状""欠发达地区区域创新系统创新效率现状"两大主线对欠发达地区区际产业转移及区域创新系统的特征进行研究。

2) 基础研究阶段

基础研究阶段主要围绕"区际产业转移对区域创新系统的影响机理""区域创新系统对区际产业转移的影响机理""区际产业转移对区域创新系统的影响关系"三大主线对区际产业转移与欠发达地区区域创新系统的影响机理进行研究。

3) 核心构建阶段

核心构建阶段主要围绕"区际产业转移主体行为分析""区域创新网络整体特征涌现"两大主线对基于区际产业转移的欠发达地区区域创新网络构建进行深入研究。

4) 政策制定阶段

政策制定阶段主要围绕"基于区际产业转移提升欠发达地区区域创新系统创新能力""基于区际产业转移促进欠发达地区区域创新网络发展"两部分提出基于区际产业转移的欠发达地区区域创新系统构建的对策建议。

2.5 本 章 小 结

本章分析了区际产业转移、区域创新系统及区域创新网络的相关理论并构建了本书的概念模型。首先介绍了区际产业转移的理论基础,包括区际产业转移内涵、动因、特征及模式;区域创新系统的理论基础包括区域创新系统内涵、要素、功能及特征;区域创新网络的理论基础包括区域创新网络的构成要素、基本特征、结构特征对创新的影响及系统特征。其次在剖析区际产业转移影响下的欠发达地区区域创新系统运行过程的基础上,提出了"前提分析—基础研究—核心构建—政策制定"的概念模型。

第3章 欠发达地区承接区际产业转移现状分析

3.1 欠发达地区承接区际产业转移的规模和类型

3.1.1 欠发达地区承接区际产业转移的测度方法

1) 绝对份额法

绝对份额是一个相对值，用来衡量企业或产业对市场的控制能力，一般用某一产业或企业在市场中所占的比重来体现。随着产业市场绝对份额的增加，产业将在该地区内形成一定的规模，产生一定的规模效应，将会提高该区域内该产业的竞争优势。已有部分学者通过绝对份额指标来反映区际产业转移的过程。例如，范剑勇[187]在测度产业转移趋势时，通过区域间产业产值占总产值比重的变化情况反映产业在区域间转移的过程。冯根福等[188]采用产业增加值的绝对份额指标，对该方法进行改进和创新，用来测度区际产业转移趋势。通过以上研究成果，本书选择用产业的产值指标来计算产业的绝对份额，用某一产业产值占全国总产值的变化来反映区际产业转移的趋势，其计算公式如下：

$$L = \frac{Q_{ij}}{Q_j} \tag{3.1}$$

式中，i 为地区；j 为产业；Q_j 为 j 产业的销售额；Q_{ij} 为 i 地区 j 产业的销售额；L 为测度结果，体现了 j 产业在 i 地区的绝对份额。

2) 产业转移指数法

产业转移指数是指区域内某一特定产业的发展速度与其在全国范围内的发展速度的比值。当一个区域内某一产业的发展速度明显高于其在全国范围内的发展速度时，表明该产业出现了区际产业转移；当一个区域内某一产业的发展速度明显低于其在全国范围内的发展速度时，表明这一产业转移到了其他区域。魏博通[189]通过产业转移指数法测度了江西的产业转移指数，利用企业数量、固定资产净值及从业人数等指标反映了该省份主要承接的产业类型。根据总结前人的研究成果，本书将产业转移指数的计算公式定义如下：

$$I = \frac{A_{ijt_1} - A_{ijt_0}}{A_{it_1} - A_{it_0}} \cdot \frac{A_{it_0}}{A_{ijt_0}} \tag{3.2}$$

式中，A 为所选的测度指标，能够反映企业数量、固定资产净值及从业人数等；i 为地区；j 为产业；t_1 和 t_0 分别为观测年份和基期；A_{ijt_1} 为观测年份 i 地区第 j 产业的指标值；A_{ijt_0} 为基期 i 地区第 j 产业的指标值；A_{it_1} 为观测年份 i 地区的指标值；A_{it_0} 为基期 i 地区的指标值；I 为产业转移指数，当 I 大于 1 时，表示 j 产业向 i 地区进行了转移。

3) 区位熵法

区位熵用来衡量某一区域内的空间要素分布状况，用地区内某一产业的产值在该地区总产值中所占的比重与该产业在国内总产值中所占的比重的比值来计算。在研究区域产业转移时，区位熵指标能够反映主导产业的专业化程度，其计算公式如下所示：

$$Q_{ij} = \frac{q_{ij} / q_j}{q_i / q_c} \tag{3.3}$$

式中，q_{ij} 为 j 地区 i 产业的产值或工业销售收入；q_j 为 j 地区的工业总产值或工业销售收入；q_i 为 i 产业的全国工业总产值或全国工业总销售收入；q_c 为全国工业总产值或全国工业总销售收入。

3.1.2　欠发达地区承接区际产业转移的规模和类型测度

1) 数据来源

本节所采用的数据均来自《中国工业经济统计年鉴》，根据年鉴中对产业分组的划分办法，选择 27 种工业产业作为本书的研究对象。对 2005～2014 年 27 个产业的面板数据进行划分，以三年为一个时间跨度区间，对 2005 年、2008 年、2011 年和 2014 年的产值等数据进行测度，作为区际产业转移是否发生的参考标准。

2) 测度过程

根据式 (3.1) 中的绝对份额计算方法，对 27 个工业产业的销售产值数据进行计算，得到 27 个产业 2005～2014 年的产业绝对份额，其中 2005 年、2008 年、2011 年及 2014 年的绝对份额及变化趋势见表 3.1。

在冯根福等的研究成果的基础上，本书用产业绝对份额差值变化来反映区际产业转移规模。若某一产业在欠发达地区的销售值和该产业在全国范围内的销售值占比与基期的销售值占比相比出现了上升趋势，则该产业从发达地区向欠发达地区进行了转移，若没有上升或有所下降，则该产业没有转移。根据以上思路，在表 3.1 的基础上，计算得到了 2005～2014 年 26 个产业的转移规模，见表 3.2。

表3.1　分行业产业绝对份额变化情况

行业分类	发达地区					欠发达地区				
	2005年	2008年	2011年	2014年	趋势	2005年	2008年	2011年	2014年	趋势
煤炭开采和洗选业	0.223	0.183	0.178	0.207	↓↓↑	0.777	0.817	0.822	0.793	↑↑↓
石油天然气开采业	0.293	0.230	0.322	0.301	↓↑↓	0.708	0.770	0.678	0.699	↑↓↑
黑色金属矿采选业	0.224	0.178	0.175	0.304	↓↓↑	0.776	0.822	0.826	0.696	↑↑↓
有色金属矿采选业	0.306	0.220	0.205	0.245	↓↓↑	0.694	0.780	0.795	0.755	↑↑↓
非金属矿采选业	0.495	0.422	0.296	0.358	↓↓↑	0.505	0.578	0.705	0.642	↑↑↓
农副食品加工业	0.533	0.471	0.384	0.447	↓↓↑	0.467	0.529	0.616	0.553	↑↑↓
食品制造业	0.547	0.500	0.459	0.477	↓↓↑	0.453	0.500	0.541	0.523	↑↑↓
饮料制造业	0.512	0.424	0.360	0.345	↓↓↓	0.488	0.576	0.641	0.655	↑↑↑
烟草制造品业	0.328	0.349	0.353	0.352	↑↑↓	0.672	0.651	0.647	0.648	↓↓↑
纺织业	0.812	0.787	0.726	0.698	↓↓↓	0.188	0.214	0.274	0.302	↑↑↑
纺织服装、鞋、帽制造业	0.893	0.837	0.749	0.738	↓↓↓	0.107	0.163	0.251	0.262	↑↑↑
造纸及纸制品业	0.726	0.693	0.613	0.635	↓↓↑	0.274	0.307	0.388	0.365	↑↑↓
石油加工、炼焦及核燃料加工业	0.461	0.451	0.472	0.592	↓↑↑	0.539	0.550	0.528	0.408	↑↓↓
化学原料及化学制品制造业	0.651	0.637	0.604	0.643	↓↓↑	0.349	0.363	0.397	0.357	↑↑↓
医药制造业	0.546	0.508	0.476	0.517	↓↓↑	0.454	0.492	0.524	0.483	↑↑↓
化学纤维制造业	0.805	0.853	0.868	0.888	↑↑↑	0.195	0.147	0.132	0.112	↓↓↓
非金属矿物制品业	0.587	0.514	0.418	0.455	↓↓↑	0.413	0.486	0.582	0.545	↑↑↓
黑色金属冶炼及压延加工业	0.439	0.414	0.385	0.469	↑↑↑	0.562	0.586	0.616	0.531	↓↑↓
有色金属冶炼及压延加工业	0.433	0.407	0.376	0.425	↓↓↑	0.567	0.593	0.624	0.575	↑↑↓
金属制品业	0.802	0.745	0.652	0.663	↓↓↑	0.198	0.255	0.348	0.337	↑↑↓
通用设备制造业	0.727	0.678	0.595	0.697	↓↓↑	0.273	0.322	0.405	0.303	↑↑↓
专用设备制造业	0.638	0.587	0.520	0.591	↓↓↑	0.362	0.413	0.480	0.409	↑↑↓
交通运输设备制造业	0.550	0.555	0.536	0.627	↑↓↑	0.450	0.445	0.464	0.373	↑↑↓
电气机械及器材制造业	0.816	0.768	0.709	0.701	↓↓↓	0.184	0.232	0.291	0.299	↑↑↑
通信设备、计算机及其他电子设备制造业	0.940	0.925	0.864	0.781	↓↓↓	0.060	0.075	0.136	0.219	↑↑↑
仪器仪表及文化办公用机械制造业	0.877	0.828	0.806	0.798	↓↓↓	0.123	0.172	0.194	0.202	↑↑↑
电力、热力的生产和供应业	0.490	0.492	0.472	0.512	↑↓↑	0.510	0.508	0.528	0.488	↓↑↓

注：数据来源于2006年、2009年、2012年及2015年的《中国工业经济统计年鉴》；表中"↓"表示产业销售值所占比重下降，"↑"表示产业销售值所占比重上升。

表 3.2　2005～2014 年欠发达地区承接区际产业的转移规模　　　（单位：%）

2005～2008 年欠发达地区承接产业		2008～2011 年欠发达地区承接产业		2011～2014 年欠发达地区承接产业	
产业名称	转移规模	产业名称	转移规模	产业名称	转移规模
煤炭开采和洗选业	4.06	煤炭开采和洗选业	0.48		
石油天然气开采业	6.24			石油天然气开采业	2.13
黑色金属矿采选业	4.58	黑色金属矿采选业	0.34		
有色金属矿采选业	8.56	有色金属矿采选业	1.50		
非金属矿采选业	7.32	非金属矿采选业	12.64		
农副食品加工业	6.19	农副食品加工业	8.72		
食品制造业	4.68	食品制造业	4.11		
饮料制造业	8.80	饮料制造业	6.45	饮料制造业	1.43
				烟草制造品业	0.05
纺织业	2.51	纺织业	6.04	纺织业	2.76
纺织服装、鞋、帽制造业	5.59	纺织服装、鞋、帽制造业	8.73	纺织服装、鞋、帽制造业	1.12
造纸及纸制品业	3.30	造纸及纸制品业	8.02		
石油加工、炼焦及核燃料加工业	1.07				
化学原料及化学制品制造业	1.34	化学原料及化学制品制造业	3.39		
医药制造业	3.77	医药制造业	3.20		
非金属矿物制品业	7.31	非金属矿物制品业	9.62		
黑色金属冶炼及压延加工业	2.43	黑色金属冶炼及压延加工业	2.97		
有色金属冶炼及压延加工业	2.61	有色金属冶炼及压延加工业	3.16		
金属制品业	5.72	金属制品业	9.27		
通用设备制造业	4.84	通用设备制造业	8.32		
专用设备制造业	5.13	专用设备制造业	6.69		
		交通运输设备制造业	1.89		
电气机械及器材制造业	4.85	电气机械及器材制造业	5.90	电气机械及器材制造业	0.76
通信设备、计算机及其他电子设备制造业	1.52	通信设备、计算机及其他电子设备制造业	6.10	通信设备、计算机及其他电子设备制造业	8.30
仪器仪表及文化办公用机械制造业	4.82	仪器仪表及文化办公用机械制造业	2.23	仪器仪表及文化办公用机械制造业	0.84
		电力、热力的生产和供应业	1.95		

3.1.3　欠发达地区承接区际产业转移的类型和规模分析

1) 欠发达地区承接区际产业转移的类型分析

通过表 3.1 可以看出，在 2005～2014 年，欠发达地区承接区际产业转移的类型主要包括饮料制造业，纺织业，纺织服装、鞋、帽制造业，电气机械及器材制造业，通信设备、计算机及其他电子设备制造业，仪器仪表及文化办公用机械制造业。且所有的产业在 2005～2014 年，均出现了转移的现象。

2005～2008 年，发达地区向欠发达地区进行转移的产业有 23 个，具体包括煤炭开采和洗选业，石油天然气开采业，黑色金属矿采选业，有色金属矿采选业，非金属矿采选业，农副食品加工业，食品制造业，通信设备、计算机及其他电子设备制造业，仪器仪表及文化办公用机械制造业等。可以看出 2005～2008 年，区际产业转移仍然以劳动密集型产业和资本密集型产业转移为主，但也出现了技术密集型产业的转移，如通用设备制造业和通信设备、计算机及其他电子设备制造业。

2008～2011 年，发达地区向欠发达地区产业转移的产业也有 23 个，与 2005～2008 年相比，产业类型变化不大，但转移规模有所不同。石油天然气开采业和石油加工、炼焦及核燃料加工业没有发生转移，且煤炭开采和洗选业、黑色金属矿采选业、有色金属矿采选业、食品制造业等的转移规模有所下降。但技术密集型产业，如通用设备制造业、专用设备制造业、电气机械及器材制造业和通信设备、计算机及其他电子设备制造业等产业的转移规模均有所提升。

2011～2014 年，发达地区向欠发达地区产业转移的产业类型减少，仅有 8 个，包括石油天然气开采业，饮料制造业，烟草制造品业，纺织业，纺织服装、鞋、帽制造业，电气机械及器材制造业，通信设备、计算机及其他电子设备制造业，仪器仪表及文化办公用机械制造业，承接类型基本转为以技术密集型产业为主。这一过程遵循了产业转移的梯度原则，即产业转移首先发生在劳动密集型产业，其次为资本密集型产业，最后才是技术密集型产业，三者在时间上存在先后顺序，与我国发生的产业转移趋势相吻合。

2) 欠发达地区承接产业转移的规模分析

通过表 3.2 的计算结果可以得出以下结论。

2005～2008 年，石油天然气开采业、有色金属矿采选业、非金属矿采选业、农副食品加工业等产业的转移规模超过了 6%。技术密集型产业如专用设备制造业、电气机械及器材制造业、仪器仪表及文化办公用机械制造业等产业的转移规模超过了 4%，说明技术密集型产业转移有了一定规模的增长。但通信设备、计算机及其他电子设备制造业转移规模仅为 1.52%，产业转移规模较小。

2008～2011 年，煤炭开采和洗选业，黑色金属矿采选业，有色金属矿采选业，交通运输设备制造业及电力、热力的生产和供应业仅发生了小规模转移，转移规模都低于 2%。通用设备制造业，专用设备制造业，电气机械及器材制造业和通信设备、计算机及其他电子设备制造业出现了大规模转移，产业转移规模都超过了5%，说明发达地区技术密集型产业的转移规模正在逐步增加。

2011～2014 年，区际产业转移的整体规模有所下降，石油天然气开采业，饮料制造业，烟草制造品业，纺织业，纺织服装、鞋、帽制造业，电气机械及器材制造业，仪器仪表及文化办公用机械制造业的产业转移规模均低于 3%，而且大多数产业都没有发生转移，但通信设备、计算机及其他电子设备制造业的产业转移规模持续上升，增长为 8.30%。从产业转移规模来看，发生区际产业转移的产业类型已基本转变为技术密集型产业。

3）欠发达地区各省份主要承接的产业分析

根据式(3.2)，以 2005～2014 年 27 个工业产业的企业数量、固定资产净值和从业人数为指标，测算 27 个产业的企业转移指数 $I_{企}$、投资转移指数 $I_{投}$ 和就业转移指数 $I_{就}$。如果某产业的企业转移指数 $I_{企}$、投资转移指数 $I_{投}$、就业转移指数 $I_{就}$ 同时大于 1，那么说明该地区该产业的固定资产净值、企业数量和从业人数的增长都高于全国水平，意味着该地区承接了该产业的区际产业转移。如果在计算企业转移指数 $I_{企}$ 和就业转移指数 $I_{就}$ 过程中出现了负数情况，那么可以理解为该产业在全国范围内出现了企业兼并重组及劳动生产率提高的现象。但如果投资规模出现了增长，那么意味着该地区重点承接了该产业。

为了清楚地了解欠发达地区各省份主要承接的产业，本书根据式(3.3)计算了欠发达地区各省份 27 个工业产业的区位熵，去除区位熵大于 1 的地区优势产业，通过企业转移指数 $I_{企}$、投资转移指数 $I_{投}$、就业转移指数 $I_{就}$ 综合分析欠发达地区各省区在 2011～2014 年主要承接产业，见表 3.3。

表 3.3　欠发达地区各省区在 2011～2014 年主要承接产业

省区	主要承接产业
河北	石油加工、炼焦及核燃料加工业，金属制品业，专用设备制造业，交通运输设备制造业
山西	石油天然气开采业
内蒙古	农副食品加工业、非金属矿物制品业、金属制品业
吉林	有色金属矿采选业、烟草制造品业、造纸及纸制品业、金属制品业
黑龙江	非金属矿物制品业、专用设备制造业
安徽	纺织服装、鞋、帽制造业，造纸及纸制品业，化学原料及化学制品制造业，金属制品业，通用设备制造业，通信设备、计算机及其他电子设备制造业
江西	电气机械及器材制造业，通信设备、计算机及其他电子设备制造业
河南	纺织服装、鞋、帽制造业，交通运输设备制造业，通信设备、计算机及其他电子设备制造业，仪器仪表及文化办公用机械制造业

续表

省区	主要承接产业
湖北	专用设备制造业，电气机械及器材制造业，通信设备、计算机及其他电子设备制造业
湖南	纺织服装、鞋、帽制造业，金属制品业，通用设备制造业，通信设备、计算机及其他电子设备制造业
广西	石油加工、炼焦及核燃料加工业，电气机械及器材制造业
重庆	纺织服装、鞋、帽制造业，黑色金属冶炼及压延加工业，通信设备、计算机及其他电子设备制造业
四川	饮料制造业，纺织服装、鞋、帽制造业
贵州	煤炭开采和洗选业、饮料制造业
陕西	农副食品加工业、非金属矿物制品业、仪器仪表及文化办公用机械制造业
甘肃	石油天然气开采业
青海	饮料制造业
宁夏	石油天然气开采业、黑色金属矿采选业、纺织业
新疆	饮料制造业、化学纤维制造业、非金属矿物制品业

3.2 欠发达地区承接区际产业转移中存在的问题

3.2.1 转移产业差距问题

从欠发达地区承接区际产业转移的类型来看，其正在逐渐由劳动密集型、资源密集型产业向资本密集型产业转变，并逐步发展为技术密集型产业，变化趋势与梯度发展的原则相吻合，说明欠发达地区承接区际产业转移整体上呈现出良性发展的状态。在区际产业转移过程中，具有地理临近性的地区在承接区际产业转移的类型上具有同质性和相似性的特点，如湖北、湖南与江西都承接了通信设备、计算机及其他电子设备制造业，内蒙古与吉林都承接了金属制品业，安徽、四川与河南都承接了纺织服装、鞋、帽制造业，内蒙古与陕西都承接了农副产品加工业等。但从欠发达地区的整体情况来看，各地区吸引区际产业转移的规模及类型并不均衡，且存在较大差距。资源密集型产业更倾向于向自然资源密集的中部欠发达地区进行产业转移，如山西、甘肃、宁夏等省份；劳动密集型产业更倾向于向劳动力较为充足的地区转移，如河南、重庆、湖南等省份；技术密集型产业更倾向于向科技创新能力相对较高的中部地区进行转移，如湖北和湖南等省份。由于欠发达地区的发展程度、资源状况及地理位置等方面存在较大的差异，欠发达地区承接区际产业转移的规模及类型也存在较大差距。产业转移规模和类型的不同会对承接地区的区域创新系统产生不同的效果，对区域创新系统创新能力的促进作用依次为：技术密集型产业＞资本密集型产业＞劳动密集型产业及资源密集型产业，根据梯度发展原则，欠发达地区需要根据自身特征，采取有针对性的承接策略。

3.2.2　创新要素需求问题

随着区际产业转移类型逐渐从劳动密集型产业向知识密集及技术密集的新兴战略型、高新技术型及高端服务型产业转变，区际产业转移对创新能力的带动作用也随之增强，但同时新的产业类型对承接地区的劳动力质量也提出了较高的要求，带动初级和中级劳动力就业的能力有所趋缓。这使人口以大量初级劳动力为主的欠发达地区产生了较大的就业压力，因此欠发达地区如何使产业与人力资源协调发展已成为区域承接区际产业转移面临的突出问题。另外，随着区际产业转移类型的转变，会产生资源、市场、资金等方面的需要，这就对欠发达地区实现资源的合理配置和生产要素的流动提出了较高的要求，而欠发达地区要素市场的发展在短期内很难实现这一突破性的转变。目前部分欠发达地区为了实现政府财政收入的短期目标而盲目招商，使引进的产业无法高效利用本地的各种资源，无法实现与区域经济的共同发展。此外，本地生产性服务业严重缺失，导致转移来的产业在生产过程中缺少有效的辅助，造成了这类企业效率低下、通信信息服务延迟、融资成本较高等问题，使得转移来的产业很难适应本地环境及顺利融入本地的生产关系中，无法培育出在本地发展的植根性。

3.2.3　产业竞争问题

欠发达地区的本地产业会在承接区际产业转移的过程中受到影响。一般来说，如果转入产业与欠发达地区的本地产业关联度较高，那么转入企业能够利用欠发达地区的生产资源和要素进行生产，或为欠发达地区的企业提供上游产品，通过生产上的联系与本地企业间形成合作关系网络，推动产业发展及结构升级，提高承接地区居民的就业率及收入水平。但是如果转移产业与欠发达地区的本地产业关联度较低，那么转移产业很难高效地带动当地相关产业的发展，甚至因无法获得有效的生产要素而难以生存。如果转移企业所属的产业类型已经在欠发达地区内形成了较大的生产规模，也会存在市场冲突及资源争夺等情况，而过度竞争使承接区域的经济出现恶性循环。此外，与本地企业相比，转入企业具有市场占有率较高，品牌意识较强，技术水平高等优势，在与本地企业的竞争过程中，容易出现争夺本地企业的要素资源，推动要素价格的增长，并抢占产品的市场空间问题，这些将导致本土产业发展缓慢，甚至直接被淘汰。此外，转入企业具有较高的技术效率及规模效率，能够提供价格较低的产品和服务，将进一步压低本地企业的盈利空间。因此，欠发达地区在选择承接转移产业时，应避免承接会与本地企业产生过度竞争的产业，并尽量克服承接产业对本地带来的市场及竞争矛盾，在承接区际产业转移的同时，要兼顾本地企业的发展。

3.2.4　生态环境问题

2005～2011 年，欠发达地区承接区际产业转移的类型主要包括煤炭开采和洗选业，石油天然气开采业，黑色金属矿采选业，有色金属矿采选业，非金属矿采选业，农副食品加工业，饮料制造业，食品制造业，造纸及纸制品业，化学原料及化学制品制造业，石油加工、炼焦及核燃料加工业，医药制造业，黑色金属冶炼及压延加工业，非金属矿物制品业，有色金属冶炼及压延加工业和金属制品业等，其中大多数行业对环境污染较大、对生态环境破坏力较强。在 2011～2014 年，欠发达地区承接区际产业转移的整体情况表明，承接产业虽然转向以技术密集型产业为主，但对于东北及西北等地区来说，所承接的产业仍然包括部分污染程度较高的行业。这是由于随着发达地区对环境重视程度的提高，污染程度较高的行业在原生地区面临较大的环境成本，被迫转向环境成本较低的区域。欠发达地区发展速度慢，对经济发展的需求相对较为强烈，因此对环境的重视程度不高，加上其对转移来的产业的自主选择性不高，通常会选择这类发达地区淘汰的污染型产业作为本地经济的支撑。这一发展方向在付出了巨大的环境代价的同时，也违背了可持续发展原则，是十分不可取的。因此欠发达地区必须兼顾和处理好生态环境与产业转移二者之间的矛盾。目前，欠发达地区随着投资环境的改善及环境保护意识的增强，吸引了更多技术密集型产业的转入，这对欠发达地区的生态环境起到了正向的优化作用。

3.3　本 章 小 结

本章对欠发达地区承接区际产业转移的规模及类型进行了测度，发现欠发达地区承接区际产业转移的整体规模虽然有所下降，但是承接类型逐渐由劳动密集型产业向技术密集型产业转变，与区际产业转移发展的良性趋势相吻合；得出了欠发达地区承接区际产业转移中存在的问题，认为在承接区际产业转移的过程中，不同区域受产业转移差距、创新要素需求、产业竞争及生态环境等影响。

第4章　欠发达地区区域创新系统创新效率分析

4.1　欠发达地区区域创新系统效率评价模型构建

4.1.1　分析思路

生产效率是指实际产出与潜在最大产出之间的差异程度。实际产出与潜在最大产出之间的差异程度越小，生产效率越高；实际产出与潜在最大产出之间的差异程度越大，生产效率越低。生产可能性曲线由各个潜在的最大产出组合而成，决策单元离生产可能性曲线越近，生产效率越高，反之则生产效率值越低。在对某一决策单元的生产效率进行评价时，资源的投入量及利用率决定了该决策单元的最大产出。如果决策单元的实际产出与潜在最大产出相等，那么该生产单元有效率，反之则无效率。

通常用前沿生产函数作为衡量生产效率的分析方法，其能够通过函数关系比较生产决策单元的实际产出与潜在最大产出之间的差距，能在技术条件一定的前提下，动态地反映生产要素组合投入和产出之间关系的变化。根据生产函数的形式是否固定，可将前沿生产函数分为参数分析方法和非参数分析方法两类。数据包络分析(DEA)是典型的非参数分析方法，其模型形式较为固定，避免了主观因素的影响，对于测量多投入及多产出的生产关系具有较强的优势，但 DEA 方法将所有效率小于生产前沿的部分都归结为技术效率产生的影响，且部分数据的异常会对该方法的分析过程产生较大的影响，导致用该方法测量出的效率水平低于实际水平。相较于 DEA 方法完全忽略了随机因素对效率产生的影响，Hasenauer 等[190]和 Meeusen[191]提出的 SFA 方法是典型的参数分析方法，该方法假定生产前沿是随机的，并将分析中出现的误差分为技术无效误差和随机误差两个部分，通过引入解释变量对技术无效产生的误差项的影响程度进行定量分析并解释。在 SFA 方法中，效率分析模型需要根据理论基础及实际生产情况对模型进行估算及检验，并在此基础上，进一步分析生产效率的影响因素。

已有部分学者采用 SFA 方法对系统的创新效率进行评价，并取得了丰富的研究成果。例如，Helvoigt 和 Adams[192]采用 SFA 方法，对美国西北部地区锯木业 1968~2002 年的生产效率进行计算，通过对技术无效率项进行回归分析，得出了技术进步是该地区锯木业生产效率的重要影响因素；Griliches[193]对专利特征进行分析，认为专利数量能够很好地反映区域内的创新产出成果，因此在 SFA 方法的基础上，采用专利数量作为产出指标、科技投入作为投入指标对系统的研发效率进行了测度；王锐淇等[194]采用 SFA 方法测度了我国省域创新效率的变化趋势，并综合使用 Malmquist 指数方法分析了创新效率的外生和内生影响因素；朱承亮等[195]构建了节能减排约束下我国西部地区的生产效率，并对其影响因素进行了分析；张信东等[196]通过 SFA 及 DEA 方法，对我国大中型工业企业细分行业的创新效率进行了比较；曹霞和于娟[197]先通过投影寻踪法对创新产出指标进行了归一化处理，之后采用 SFA 方法，测度了各地区的创新效率变化情况；张永安和耿喆[198]采用 SFA 方法，基于复杂适应系统的刺激反应机理对北京中关村的创新绩效进行了评价，并分析了北京区域政策对创新效率产生的影响。以上分析模型均建立在柯布-道格拉斯(C-D)生产函数或超越对数生产函数的基础之上，通过众多学者的分析，得到了如下类似的结论：中国区域创新效率整体水平不高，且地区间存在明显差异。研究视角不同，学者所选择的区域或系统运行效率的影响因素也有所不同，根据不同的研究目的及视角，将不同的影响因素纳入生产函数模型中，得到了较为丰富的研究成果。

根据前面的分析，欠发达地区区域创新系统在进行创新活动时，区际产业转移能够对其产生较为显著的影响，同时欠发达地区区域创新系统的创新过程也面临着很多能够对其创新效率产生影响的随机因素，这些影响因素也应被纳入分析范畴。在方法选择上，DEA 方法需要先计算生产效率，然后再基于 Tobit 模型进一步分析影响因素对创新效率的影响，该方法忽略了影响因素的随机性，而 SFA 方法可以直接将创新效率的影响因素纳入生产模型中，更为方便，测量结果的准确性也更高。因此，根据欠发达地区区域创新系统创新效率的特征，选择随机前沿分析模型对其创新效率及影响因素进行评价。

本章在衡量欠发达地区区域创新系统创新效率的基础上，从外商直接投资、技术市场成熟度、市场开放程度、创新主体协作水平、知识产权保护意识、科技投入强度及政府支持力度等方面构建随机前沿分析效率函数模型，对基于区际产业转移的欠发达地区区域创新系统的创新效率进行了深入、系统的分析。

4.1.2　模型构建

本节首先介绍随机前沿分析的基本思路与建模过程，其次结合实际研究问题，构建出基于面板数据的欠发达地区区域创新系统创新效率测度的随机前沿模型，并对创新效率的影响因素进行研究。

20 世纪 70 年代末，Meeusen 和 Broeck 提出了随机前沿分析理论，其一般形式定义如下：

$$y_{it} = f(\mathbf{x}_{it}, \beta) \exp(v_{it} - u_{it}) \tag{4.1}$$

式中，y_{it} 为第 i 个区域创新系统在 t 时期的实际产出（i=1,2,3,···,n；t=1,2,3,···,T）；

x_{it} 为投入要素的组合向量；β 为估计参数；$f(x_{it}, \beta)$ 为 x 投入组合所能得到的最大产出，即处于生产可能性边界上的确定前沿产出；误差项中，v_{it} 为随机扰动的影响；u_{it} 为技术非效率项。如果技术非效率项 u_{it} 服从非负断尾正态分布，那么技术效率可以用决策单元的实际产出期望与潜在产出期望的比值来表示，如下所示：

$$\text{TE}_{it} = \frac{E[f(x_{it}) \exp(v_{it} - u_{it})]}{E[f(x_{it}) \exp(v_{it}) | u_{it} = 0]} = \exp(-u_{it}) \tag{4.2}$$

式中，TE_{it} 为决策单元的投入产出效率。当 $u_{it} > 0$ 时，决策单元的投入产出效率值为 $0 < \text{TE}_{it} < 1$，决策单元位于生产前沿面 $y_{it} = f(x_{it}, t) \exp(v_{it} - u_{it})$ 的下方；当 $u_{it} = 0$ 时，决策单元的投入产出效率值 $\text{TE}_{it} = 1$，决策单元位于生产前沿面上，此时技术有效。为方便运算，对式 (4.1) 两边取对数，得到如下结果：

$$\ln y_{it} = \ln f(x_{it}, \beta) + v_{it} - u_{it} \tag{4.3}$$

通过对参数 β 进行估计，解释各研究对象之间创新投入产出效率差异的影响因素。参数估计方法与两个随机变量的假设有关，可使用两阶段估计法。在第一个阶段，首先假定 u_{it} 服从某种特定的分布函数形式，并使用式 (4.1) 估计出各研究对象的产出效率；其次，在第二阶段，将产出效率作为被解释变量，将产出效率的影响因素作为解释变量，进行回归分析，但这种估计方法存在 u_{it} 假定不一致的缺陷。因此 Battese 和 Coelli[199] 引入了技术非效率项对模型进行了补充，技术非效率项的函数表达式如下所示：

$$u_{it} = \delta_0 + z_{it} \delta_k + w_{it} \tag{4.4}$$

式中，δ_0 为常数项；z_{it} 为造成技术无效率的影响因素；δ_k 为影响因素的系数向量；w_{it} 为随机误差项。当 $\delta_k > 0$ 时，表示影响因素 z_{it} 能够对效率产生负向影响；当 $\delta_0 < 0$ 时，表示影响因素 z_{it} 能够对效率产生正向影响。Battese 和 Coelli[199] 通过将方差参数设定为 $\gamma = \sigma_u^2 / (\sigma_v^2 + \sigma_u^2)$ 检验随机变量 v_{it} 和 u_{it} 中技术非效率项 u_{it} 所占的份额，来求解参数估计的结果，γ 的取值范围为 $0 \sim 1$。若 $\gamma = 0$，则表示可观测到的实际产出与随机前沿产出之间的距离来自于随机不可控的扰动因素，此时应使用最小二乘法 (OLS) 对其进行估计。但是当 γ 的取值较大且接近于 1 时，则表示可观测的实际产出与随机前沿产出之间的距离更多来自于技术非效率项，此时使用 SFA 方法进行估计更加合适。

随机前沿生产函数的两种主要形式为 C-D 生产函数与超越对数生产函数，一般表达形式如下所示：

$$\ln y_{it} = \beta_0 + \sum_i \beta_i \ln x_{ijt} + v_{it} - u_{it} \tag{4.5}$$

$$\ln y_{it} = \beta_0 + \sum_i \beta_i \ln x_{ijt} + \sum_i \sum_j \beta_{ij} \ln x_{jit} + v_{it} - u_{it} \qquad (4.6)$$

式(4.5)是 C-D 生产函数的表达形式，式(4.6)是超越对数生产函数的表达形式。其中 i 和 j 为第 i 和第 j 个投入要素(或变量)，β 为待估参数。

如式(4.5)和式(4.6)所示，C-D 生产函数的表达形式比较简单，但在使用时要做出中性技术进步和产出弹性固定的前提假设。而超越对数生产函数的表达形式较为复杂，但在研究生产函数中投入要素的相互影响时具有较强的优势，同时，因为其假设条件被放宽，能够有效地避免因函数形式设置错误而产生的结果偏差。因此，综合以上两种函数形式的优缺点，本书选用超越对数生产函数来构建欠发达地区区域创新系统创新效率的随机前沿模型。

4.2　评价体系的构架及数据获取

4.2.1　数据来源

本节在综合考虑数据的公开性及连续性的基础上，选取《中国统计年鉴》(2005～2015 年)及《中国科技统计年鉴》(2005～2015 年)的相关省际数据，并根据前面对欠发达地区的定义及区域划分，对发达地区及欠发达地区的数据进行了区分。

4.2.2　变量的选取

1. 投入变量

在现有的研究成果中，部分学者普遍认为研发经费支出和研发人员是区域创新系统重要的投入要素，如 Battese 和 Coelli[199]、杨青峰[200]、方大春等[201]、刘恩初和李健英[202]；还有部分学者选择科技活动经费内部支出总额、科技活动人员数作为投入变量。因此，在测度欠发达地区区域创新系统创新效率时，本书将区际产业转移、研发经费支出与研发人员全时当量纳入了投入要素的考虑范围。

1) 区际产业转移(I)

区际产业转移定义为产业从某一区域转移到另一区域的一种经济演化过程，基于数据的可获得性及在模型中的适用性，本节用区域工业类企业投资的增加额对其进行表征。由于在生产函数中，投入变量应为正值，需要提前对数据进行处理，消除增加额为负的年份。

2) 研发经费支出(K)

研发经费支出是指在统计年度内用于实验发展的经费支出。根据《全国科技经费投入统计公报》中对研发经费支出的解释，研发经费支出的范围包含用于基础研究及应用研究的人员劳务费用支出、原材料采购费用支出、固定资产购建费用支出、管理费支出等。

3) 研发人员投入(L)

研发人员投入是指从事研究与实验发展的劳动者在劳动中实际工作的有效时间，一般以研发人员全时当量来对其进行衡量，即按照每份全时工作岗位的年平均工时数对统计行业或地区内所有研发人员的总工时数进行折合。

2. 产出变量(Y)

选择新产品产值作为区域创新系统的产出变量。对于创新绩效的产出变量，国外部分学者认为，专利能够涵盖绝大多数的技术领域，其在不同的国家或区域内具有较强的同质性，因此大多数学者采用"专利申请数""专利授予数"对其进行衡量。我国学者既有选择专利数据作为创新产出的衡量标准，如张永安和邬龙[203]对战略性新兴产业创新系统技术效率的研究、周姣和赵敏[204]对高新技术产业开发区创新效率的研究及刘和东[205]对省域研发效率的研究等；也有根据研究的需要，选择新产品销售收入、技术市场成交额等指标衡量创新系统的产出变量，如苏屹等[51]对我国省份区域创新系统的研究。我国的专利保护政策对专利申请量及授权量的影响较大。在生产活动中，有部分新的技术成果并没有申请专利，也有不少已申请专利的技术并未实现市场化，因此专利申请量或授权量并不能全面反映区域内的创新成果。另外专利创新成果转化为经济产出的能力衡量也较为困难。因此，将专利作为区域创新系统创新效率的产出具有一定的局限性。此外，中国存在科技创新与投入生产相脱节的问题，如创新实现产业化的能力不足、科技转化率低于其他地区，而新产品产值能反映工艺流程创新、产品创新、管理创新带来的实际经济价值，因此将新产品产值作为欠发达地区区域创新系统的产出变量更为科学、合理。

3. 影响区域创新系统创新效率的解释变量

针对不同的研究视角和研究目的，各位学者会选择不同的影响因素进行研究。例如，苏屹和李柏洲为了研究我国各省份区域创新绩效的非效率情况，分别从系统开放程度、技术市场成熟度、创新主体协作水平、知识产权保护意识、市场化程度等方面进行了分析；曹霞和刘国巍[134]在研究创新对区域创新绩效的驱动作用时，从经济水平、对外开放程度、政府资助、教育重视程度、知识产权保护意识及信息化水平等方面分析了创新效率提升的有利因素。因此，在现有研究成果的基础上，选择以下六个指标作为区域创新系统创新效率的影响因素。

1) 外商直接投资

外商直接投资指外国企业和经济组织或个人在我国境内开办外商独资企业，与我国境内的企业或经济组织共同举办中外合资经营企业、合作经营企业或合作投资开发资源。与区际产业转移对区域创新系统创新效率的作用过程类似，外商直接投资能够通过外企或外资的流入促进区域创新系统创新效率的提升。外资企业通过在承接地区进行科研、销售等生产活动嵌入本地生产网络中，与本地的创新主体产生生产上的联系，通过创新溢出对欠发达地区区域创新系统创新效率产生影响；同时，外商直接投资对本地企业、高校、科研院所、中介机构、政府等区域内的创新主体及创新环境产生多方面的影响，改善了区域创新网络结构，进而通过网络结构优化效应对欠发达地区区域创新系统创新效率产生影响。

2) 技术市场成熟度(technology)

技术市场成熟度是指技术知识在区域间通过转让、移植、吸收、交流和推广等方式进行转移的过程，用技术市场中的合同成交额来衡量。技术市场中的合同成交额越高，系统间的技术流动程度就越高。发达、成熟的技术市场能够推动科技研发成果的产品化和产业化，进而影响区域创新系统创新效率。因此，技术市场成熟度是区域创新系统创新效率的重要影响因素之一。

3) 系统开放程度(open)

系统开放程度指某一区域创新系统允许区域外部劳动、资本、企业家等生产资料进入该系统的程度，用区域技术引进额占地区生产总值的比例来衡量。系统开放程度能够描述系统内创新主体利用外部知识和资源进行创新的程度，能够带来显著的社会效益。此外，区域创新系统的开放程度越高，区域内的创新主体对创新资源的搜索能力和吸收能力越强。因此，系统开放程度对区域创新系统创新效率有重要影响。

4) 创新主体协作水平(collaboration)

创新主体协作水平体现了区域内各个创新主体间的协调性，用各创新主体之间的资金流动金额与地区生产总值的比例来衡量。创新主体间的资金流动包括各地区科研机构对其他研究机构、高校、企业的支出，工业企业研发经费对科研机构、高校的支出及高校对科研机构及企业的支出。区域创新系统的功能之一是通过加强创新主体之间的联系来提高资源的利用效率，而创新主体协作水平是体现创新主体间联系的重要指标，因此较高的创新主体协作水平能够对创新效率产生一定程度的影响。

5) 知识产权保护意识(awareness)

知识产权保护意识是指公众及权利人对知识产权的了解、重视程度及是否有依法维护知识产权的意识，采用专利申请量与从事科技研发工作人数的比例进行衡量。对承接区际产业转移的欠发达地区来说，技术水平较高的转入企业拥有一定的垄断利润，但其他的同类企业会对其先进的技术进行模仿和学习，分割其垄断市场，从而对转移企业创新的积极性产生影响。知识产权及专利能够有效地维持技术壁垒，在一定程度上阻止技术的流出，保护创新主体的创新收益。知识产权保护意识能够反映区域内的创新环境及文化，也能体现区域内对创新行为的认可程度，系统内部较强的知识产权保护意识是企业保持有效竞争力的保障，是创新效率的重要影响因素。

6）政府支持力度（government）

政府支持力度指政府通过财政拨款和税收优惠等政策工具对区域内创新活动的支持程度，用科技活动总经费中政府资金的比重来衡量。国内外学者在政府对区域创新系统创新效率的影响方面展开了丰富的研究，如 Hussinger 认为政府对创新活动的支持降低了创新的成本及风险；Czarnitzki 和 Licht[206]也得出了类似的结论，认为政府参与创新过程提高了创新主体的积极性，对创新绩效起到了积极作用；余泳泽[207]对政府政策支持与研发效率的相关性进行了研究，认为政府支持并没有使研发效率提高；原毅军等[208]认为政府对技术创新成果的保护及在研发经费控制等方面的政策支持力度对我国装备制造业的效率有显著影响。因此政府支持力度是创新效率的重要影响因素。

参照郑照宁和刘德顺[209]、郝枫[210]的研究成果，基于超越对数函数的两种投入要素的随机前沿函数设置如下：

$$\ln Y_{it} = \beta_0 + \beta_1 \ln K_{it} + \beta_2 \ln L_{it} + \beta_3 (\ln K_{it})^2 + \beta_4 (\ln L_{it})^2 + \beta_5 \ln K_{it} \ln L_{it} + v_{it} - u_{it} \tag{4.7}$$

式中，Y_{it} 为第 i 个地区第 t 年的新产品销售收入；K_{it} 为第 i 个地区第 t 年的研发经费支出；L_{it} 为第 i 个地区第 t 年的研发人员全时当量；$\beta_0 \sim \beta_5$ 为待估参数；v_{it} 为随机扰动的影响；u_{it} 为技术非效率项。

在此基础上，参考郑照宁和刘德顺[209]及郝枫[210]对三种投入要素的超越对数生产函数的随机前沿模型，将区际产业转移对欠发达地区区域创新系统影响效率的超越对数生产函数的随机前沿模型设置如下：

$$\ln Y_{it} = \beta_0 + \beta_1 \ln I_{it} + \beta_2 \ln K_{it} + \beta_3 \ln L_{it} + \beta_4 (\ln I_{it})^2 + \beta_5 (\ln K_{it})^2 + \beta_6 (\ln L_{it})^2 \\ + \beta_7 \ln I_{it} \ln K_{it} + \beta_8 \ln I_{it} \ln L_{it} + \beta_9 \ln K_{it} \ln L_{it} + v_{it} - u_{it} \tag{4.8}$$

式中，Y_{it} 为第 i 个地区第 t 年的新产品销售收入；I_{it} 为第 i 个地区第 t 年的区际产业转移规模；K_{it} 为第 i 个地区第 t 年的研发经费支出；L_{it} 为第 i 个地区第 t 年的研发人员全时当量；$\beta_0 \sim \beta_9$ 为待估参数；v_{it} 为随机扰动的影响；u_{it} 为技术非效率项。

将各个影响因素代入式（4.8）的技术非效率项，表达式如下所示：

$$u_{it} = \delta_0 + \delta_1 \text{FDI} + \delta_2 \text{technology} + \delta_3 \text{open} + \delta_4 \text{collaboration} + \delta_5 \text{awareness} \\ + \delta_6 \text{government} + w_{it} \tag{4.9}$$

式中，u_{it} 为技术非效率项；FDI 为外商直接投资；technology 为技术市场成熟度；open 为系统开放程度；collaboration 为创新主体协作水平；awareness 为知识产权保护意识；government 为政府支持力度；$\delta_1 \sim \delta_6$ 为各影响因素的待估参数。

4.2.3　样本描述性统计

随机前沿模型中采用的投入变量、产出变量及各项影响因素指标数据的统计性描述见表 4.1。

表 4.1　样本的统计性描述

变量	观测值数量	均值	标准差	最小值	最大值
新产品销售收入/亿元	310	2444	3810	0.8	23541
区际产业转移规模/亿元	210	8.7	57.6	0.19	2939
研发经费支出/亿元	310	221	303	0.34	1653
研发人员全时当量/万人年	310	7.74	9.18	0.06	50.7
外商直接投资/亿元	210	724.43	1153.08	3.31	6663.76
技术市场成熟度/%	210	1.02	2.02	0	14.71
市场开放程度/%	210	4.82	5.85	0.13	25.91
创新主体协作水平/%	210	0.29	0.06	0	0.42
知识产权保护意识/(项/百人)	210	0.39	0.15	0.03	0.86
政府支持力度/%	210	24.89	15.64	7.27	88.11

由表 4.1 可知，各地区在各指标数据间的差异化程度较大，对创新产出来说，新产品销售收入的最大值和最小值之间相差将近 29425 倍，而投入指标中的区际产业转移规模也分别有数万倍的差距。在影响因素中，差距较小的为政府支持力度，最小值与最大值相差 12 倍；差距较大的为技术市场成熟度及创新主体协作水平，其最小值均为 0。

4.3　区际产业转移对欠发达地区区域创新系统影响效率的测度及分析

本节在测度基于区际产业转移的欠发达地区区域创新系统创新效率之前，首先针对全国数据，将欠发达地区区域创新系统创新效率在全国范围内进行比较；其次采用基于区际产业转移的欠发达地区区域创新系统创新效率的测度模型，将影响因素纳入模型中，对基于区际产业转移的欠发达地区区域创新系统创新效率进行估计；最后对欠发达地区区域创新系统创新效率的时变特征进行分析。

4.3.1　区域创新系统创新效率总体评价

根据不考虑区际产业转移的超越对数生产函数的随机前沿模型，采用 Froniter 4.1 对 2005~2014 年全国各地区的省域数据进行分析，输出结果见表 4.2 和表 4.3。

表 4.2　未考虑影响因素的中国区域创新系统创新效率估计结果

	变量	估计系数	标准差	T 值
β_0	常数项	12.1205***	1.9560	6.1966
β_1	LnK	2.4272***	0.5639	2.9131
β_2	LnL	1.6426***	0.7618	−3.1863
β_3	$(\ln K)^2$	0.5330***	0.1695	−3.1444
β_4	$(\ln L)^2$	0.7195***	0.2536	−2.8370
β_5	$\ln K \times \ln L$	−1.2988***	0.4113	3.1575
	σ^2	4.8171	6.1700	0.7807
	γ	0.8775***	0.0328	19.8039
log 函数值		−149.1051		
单边 LR 检验		256.0784		

***表示在 1%水平下显著。

表 4.3　2005～2014 年各地区区域创新系统平均效率情况

欠发达地区						发达地区		
省区	创新效率	排名	省区	创新效率	排名	省区	创新效率	排名
河北	0.5224	18	重庆	0.8576	5	北京	0.9348	1
山西	0.4883	19	四川	0.4328	21	天津	0.9162	2
内蒙古	0.4351	20	贵州	0.4289	22	辽宁	0.6606	10
吉林	0.6586	11	云南	0.3308	25	上海	0.9077	3
黑龙江	0.2686	27	西藏	0.0273	31	江苏	0.6279	13
安徽	0.6335	12	陕西	0.2010	29	浙江	0.8387	6
江西	0.5440	16	甘肃	0.3936	23	福建	0.7694	8
河南	0.6159	14	青海	0.0898	30	山东	0.7340	9
湖北	0.5351	17	宁夏	0.3301	26	广东	0.8843	4
湖南	0.7898	7	新疆	0.2134	28	海南	0.3689	24
广西	0.5594	15						
均值				0.4455		均值	0.7643	

从表 4.2 中可以看出 $\gamma=0.8577$，处于 0～1，且在 1%水平下显著，表明实际产出与随机前沿产出之间 85.77%的差距是由技术非效率项引起的，有必要采用随机前沿模型对其进行分析。log 函数值为−149.1051，说明采用极大似然法对函数进行估计的效果较好。单边 LR 检验值为 256.0784，说明未考虑影响因素的区域创新系统创新效率估计的随机前沿函数整体有效。从估计系数可以看出，研发经费支出的产出弹性系数为 1.6426，研发人员全时当量的产出弹性系数为 2.4272，表

明对全国的总体情况来说，研发经费支出对创新产出的促进效果更强。但是研发经费支出与研发人员全时当量交叉项的系数为负，表明这两者的相互作用减弱了两者各自对新产品销售收入的正向作用。

从表 4.3 可以看出，2005~2014 年，我国各地区区域创新系统创新效率的平均值为 0.5483，其中欠发达地区创新效率的平均值为 0.4455，发达地区创新效率的平均值为 0.7643。从各区域的整体状况来看，创新效率平均水平不高，尚有较大的提升空间。从欠发达地区与发达地区分区域创新效率的平均值来看，两者间存在较大的差距。处于发达地区创新效率最高的省份的创新效率约是处于欠发达地区创新效率最低的省份的 34 倍。创新效率超过 0.9 的省份有北京(0.9348)、天津(0.9162)及上海(0.9077)，全都位于发达地区；创新效率超过 0.8 的省份有浙江(0.8387)、广东(0.8843)、重庆(0.8576)，一半以上位于发达地区；创新效率低于 0.5 的省区有 13 个，除海南之外，全都位于欠发达地区，分别为山西(0.4883)、内蒙古(0.4351)、四川(0.4328)、贵州(0.4289)、甘肃(0.3936)、云南(0.3308)、宁夏(0.3301)、黑龙江(0.2686)、新疆(0.2134)、陕西(0.2010)、青海(0.0898)、西藏(0.0273)。

4.3.2　基于区际产业转移的欠发达地区区域创新系统创新效率测度

在对欠发达地区区域创新系统创新效率进行测度时，采用包含影响因素的随机前沿函数，输出结果见表 4.4。其中 $\gamma=0.9987$，处于 0~1，且在 1%的水平下显著，表明实际产出与随机前沿产出之间 99.87%的差距是由技术非效率项引起的，采用随机前沿分析是合理的。log 函数值为–121.3762，说明采用极大似然法能够取得较好的估计效果，单边 LR 检验值为 97.3023，说明考虑影响因素的欠发达地区区域创新系统创新效率估计的随机前沿函数整体有效。

表 4.4　考虑影响因素的欠发达地区区域创新系统创新效率估计结果

	变量	估计系数	标准差	T 值
β_0	常数项	-11.3393^{***}	3.4792	-3.2592
β_1	$\ln I$	0.8301^{***}	0.1646	-5.0424
β_2	$\ln K$	1.8047^{***}	0.8194	3.4228
β_3	$\ln L$	1.5684^{***}	1.3110	1.9964
β_4	$(\ln I)^2$	0.0053^{**}	0.0099	1.5345
β_5	$(\ln K)^2$	1.2488^{***}	0.2575	-4.8500
β_6	$(\ln L)^2$	2.0449^{***}	0.3411	-5.9944
β_7	$\ln I\times\ln K$	1.1110^{***}	0.0959	3.2550
β_8	$\ln I\times\ln L$	0.2261	0.0695	-1.1571

续表

	变量	估计系数	标准差	T 值
β_9	$\ln K \times \ln L$	−0.9116***	0.6071	4.9604
δ_0	常数项	1.9256***	0.2503	7.6943
δ_1	外商直接投资	−0.0019***	0.0004	−4.3933
δ_2	技术市场成熟度	−0.0804*	0.0983	1.3180
δ_3	市场开放程度	−0.0196**	0.0549	−1.6379
δ_4	创新主体协作水平	−0.2186***	0.5513	−2.3983
δ_5	知识产权保护意识	−1.6716***	0.4285	−3.9007
δ_6	政府支持力度	−0.0165***	0.0035	4.7187
	σ^2	0.2038	0.0275	7.4005
	γ	0.9987***	0.0012	28.0379
	log 函数值	−121.3762		
	单边 LR 检验	97.3023***		

***、**、*分别表示在 1%、5%和 10%水平下显著。

1）效率估计及比较

从单一要素的估计系数可以看出，区际产业转移规模、研发经费支出和研发人员全时当量都通过了显著性检验，区际产业转移规模的 T 值为−5.0424，估计系数为 0.8301，在 1%水平下显著，表明区际产业转移对欠发达地区区域创新系统创新产出有显著作用，且影响效率为 0.8301。研发经费支出的估计系数为 1.8047，研发人员全时当量的估计系数为 1.5684。

从交叉要素的估计系数来看，在 $\beta_4 \sim \beta_9$ 中，区际产业转移规模与研发经费支出交叉项的估计系数最高，为 1.1110，表明欠发达地区在承接区际产业转移的同时，也应该加强对研发经费的投入。β_8 表示的区际产业转移规模与研发人员全时当量交叉项的估计系数没有通过显著性检验，说明区际产业转移规模与研发人员全时当量的交叉作用与欠发达地区区域创新系统创新产出的相关性较弱。

2）影响因素分析

从影响因素的估计系数来看，外商直接投资、技术市场成熟度、市场开放程度、创新主体协作水平、知识产权保护意识及政府支持力度均通过了显著性检验，具体分析如下。

（1）外商直接投资的估计系数为−0.0019，小于 0，在 1%水平下显著。表明外商直接投资与基于区际产业转移的欠发达地区区域创新系统创新效率呈正相关关系，外商直接投资每提高 1%，创新效率提高 0.0019%。

（2）技术市场成熟度的估计系数为−0.0804，小于 0，在 10%水平下显著。表明技术市场成熟度与基于区际产业转移的欠发达地区区域创新系统创新效率呈正相关关系，技术市场成熟度每提高 1%，创新效率提高 0.0804%。

(3)市场开放程度的估计系数为–0.0196，小于 0，在 5%水平下显著。表明市场开放程度与基于区际产业转移的欠发达地区区域创新系统创新效率呈正相关关系，市场开放程度每提高 1%，创新效率提高 0.0196%。

(4)创新主体协作水平的估计系数为–0.2186，小于 0，在 1%水平下显著。表明创新主体协作水平与基于区际产业转移的欠发达地区区域创新系统创新效率之间存在显著的正相关关系，创新主体协作水平每提高 1%，创新效率提高 0.2186%。

(5)知识产权保护意识的估计系数为–0.6716，小于 0，在 1%水平下显著。表明知识产权保护意识与基于区际产业转移的欠发达地区区域创新系统创新效率之间存在显著的正相关关系，知识产权保护意识每提高 1%，创新效率提高 0.6716%。

(6)政府支持力度的估计系数为–0.0165，小于 0，在 1%水平下显著。表明政府支持力度与基于区际产业转移的欠发达地区区域创新系统创新效率之间存在显著的正相关关系，政府支持力度每提高 1%，创新效率提高 0.0165%。

4.3.3　欠发达地区区域创新系统创新效率时变特征分析

从欠发达地区区域创新系统创新效率发展趋势来看(表 4.5)，2005～2014 年绝大多数欠发达地区创新效率呈现出上升趋势。在 21 个欠发达地区中，创新效率涨幅最大的省份是安徽，10 年间创新效率由 0.42 增长到了 0.93，涨幅为 51%，其次是江西、湖北、湖南和新疆，这四个省份创新效率的涨幅均在 40%以上。创新效率涨幅较大，且在 20%～40%的省份有河北、吉林、河南、重庆、四川、甘肃。创新效率有一定幅度的增长，涨幅在 0～20%的省份包括山西、广西、贵州、云南、陕西和宁夏。此外，有部分省区如内蒙古、黑龙江、西藏及青海的创新效率出现了下降趋势，但降幅不大。

表 4.5　2005～2014 年欠发达地区区域创新系统创新效率

省区	2005 年	2006 年	2007 年	2008 年	2009 年	2010 年	2011 年	2012 年	2013 年	2014 年	均值	涨幅/%
河北	0.37	0.39	0.43	0.49	0.48	0.48	0.57	0.69	0.71	0.72	0.53	35
山西	0.50	0.56	0.48	0.49	0.44	0.42	0.49	0.52	0.57	0.53	0.50	3
内蒙古	0.50	0.44	0.40	0.42	0.40	0.48	0.49	0.48	0.46	0.45	0.45	–5
吉林	0.45	0.61	0.57	0.68	0.80	0.72	0.87	0.76	0.62	0.65	0.67	20
黑龙江	0.30	0.28	0.31	0.28	0.28	0.28	0.27	0.27	0.28	0.27	0.28	–3
安徽	0.42	0.44	0.47	0.52	0.58	0.66	0.81	0.81	0.86	0.93	0.65	51
江西	0.39	0.43	0.45	0.47	0.42	0.50	0.55	0.70	0.76	0.87	0.55	48

续表

省区	2005 年	2006 年	2007 年	2008 年	2009 年	2010 年	2011 年	2012 年	2013 年	2014 年	均值	涨幅/%
河南	0.54	0.52	0.53	0.57	0.58	0.55	0.61	0.59	0.85	0.87	0.62	33
湖北	0.38	0.31	0.42	0.50	0.46	0.51	0.60	0.68	0.80	0.88	0.55	50
湖南	0.51	0.53	0.63	0.64	0.70	0.72	0.88	0.89	0.90	0.91	0.73	40
广西	0.61	0.54	0.61	0.52	0.55	0.52	0.56	0.56	0.69	0.62	0.58	1
重庆	0.65	0.64	0.74	0.79	0.82	0.83	0.86	0.89	0.97	0.91	0.81	26
四川	0.29	0.34	0.35	0.47	0.49	0.40	0.56	0.51	0.55	0.56	0.45	27
贵州	0.34	0.41	0.43	0.40	0.39	0.45	0.54	0.46	0.40	0.42	0.42	8
云南	0.15	0.22	0.31	0.28	0.24	0.22	0.27	0.29	0.30	0.32	0.26	17
西藏	0.05	0.05	0.06	0.23	0.06	0.06	0.03	0.04	0.05	0.05	0.07	0
陕西	0.16	0.17	0.18	0.22	0.22	0.26	0.29	0.26	0.27	0.30	0.23	14
甘肃	0.28	0.33	0.36	0.34	0.33	0.38	0.48	0.50	0.52	0.55	0.41	27
青海	0.07	0.19	0.17	0.20	0.14	0.05	0.03	0.03	0.06	0.04	0.11	−3
宁夏	0.26	0.28	0.24	0.31	0.30	0.33	0.37	0.43	0.61	0.41	0.35	15
新疆	0.09	0.11	0.16	0.23	0.12	0.22	0.21	0.24	0.34	0.51	0.22	42

注：因为考虑到创新效率是 0～1 的一个比率数值，所以涨幅的计算方式为 2014 年数据减去 2005 的数据。

　　分地区来看，创新效率的均值从高到低依次为中南地区、华东地区、华北地区、东北地区、西南地区及西北地区，中南地区的欠发达省份创新效率均值最高，为 0.62，基本接近于发达地区，西北地区的欠发达省份创新效率均值最低，仅为 0.26。创新效率涨幅均值从高到低依次为华东地区、中南地区、西北地区、西南地区、华北地区及东北地区，华东地区创新效率涨幅最大，为 49.5%，东北地区创新效率涨幅最小，为 8.5%，详见表 4.6 及图 4.1。

表 4.6　分地区欠发达地区区域创新系统创新效率比较

地区	包含省区	效率均值	涨幅均值/%
华北地区	河北、山西、内蒙古	0.49	11.0
东北地区	吉林、黑龙江	0.48	8.5
华东地区	安徽、江西	0.60	49.5
中南地区	河南、湖北、湖南、广西	0.62	31.0
西南地区	重庆、四川、贵州、云南、西藏	0.40	15.6
西北地区	陕西、甘肃、青海、宁夏、新疆	0.26	19.0

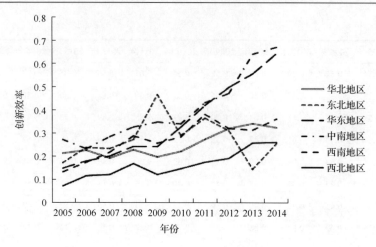

图 4.1　2005～2014 年欠发达地区区域创新系统创新效率变动趋势

4.3.4　结果分析

本章采用 SFA 方法，根据我国各地区区域创新系统及区际产业转移的相关数据，对 2005～2014 年各区域创新系统创新效率的整体分布情况进行了测度，并分析了创新效率及其影响因素，得到以下三点主要结论。

（1）区际产业转移规模对欠发达地区区域创新系统的影响效率为 0.8301，区际产业转移水平每提高 1%，区域创新系统创新效率提高 0.8301%。虽然其生产弹性弱于研发经费支出和研发人员全时当量，但是其对欠发达地区区域创新系统的创新产出仍有重要作用，从交叉项来看，区际产业转移规模与研发经费支出的交互作用能对创新产出产生显著且较强的影响。此外，欠发达地区区域创新系统创新投入效用距离最大化仍然有很大的发展空间，其中研发经费支出对其影响最大，研发人员全时当量及区际产业转移规模也对其有着重要影响。也就是说，欠发达地区要提高区域创新效率的首要目标还是要提高研发经费的投入，在承接区际产业转移时，加强研发经费支出，才能使区际产业转移带来的创新更好地被吸收和利用。

（2）从全国范围内区域创新系统创新效率的总体评价结果来看，随机前沿模型对各地区区域创新系统创新效率的测度结果与地区的实际创新实力及发展情况相吻合。虽然发达地区区域创新系统创新效率水平较高，但全国范围区域创新系统创新效率的均值仅为 0.5483，其中欠发达地区为 0.4455，与发达地区的 0.7643 仍有较大差距，存在很大的提升空间。因此，对于全国范围内的创新生产来说，要想在加强创新资源投入的同时，提高对创新资源的利用率，那么更要推动欠发达地区的发展，以此来推动全国范围内创新能力的增长。从欠发达地区区域创新系统创新效率的时变特征来看，位于不同地区的创新效率存在较大的差异，位于中南地区及华东地区的创新效率较高，而西南地区及西北地区的创新效率较低。因此，要激励欠发达地区进行自主创新，引导区域根据自身的发展优势对创新资源进行合理配置，鼓励欠发达地区主动承接区际产业转移，提高创新资源的利用效率，在区际产业转移的良性作用下，实现发达地区与欠发达地区协调发展。

（3）外商直接投资、技术市场成熟度、创新主体协作水平、知识产权保护意识及政府支持力度在区际产业转移对欠发达地区区域创新系统的影响过程中，均能产生显著的促进作用，这一结果与欠发达地区的实际发展状况相吻合。其中，知识产权保护意识对创新效率的促进作用最强，其次作用程度从大到小依次为创新主体协作水平、技术市场成熟度、市场开放程度及政府支持力度，外商直接投资对创新效率的促进作用较弱，这是因为在一定程度上外商直接投资的技术水平过高，所以欠发达地区在吸收创新溢出时存在一定的技术壁垒。因此，要想进一步提高欠发达地区区域创新系统的创新水平，提高区际产业转移对创新产出的影响效率，欠发达地区应加强制订区域内的知识产权保护政策，维护科技与经济主体创新行为带来的利益，同时鼓励区域内的创新合作行为，在加大科技投入的同时，注重提高创新资源的利用效率。

4.4　本　章　小　结

本章对基于区际产业转移的欠发达地区区域创新系统创新效率的分析思路进行了阐述，在此基础上构建了基于区际产业转移的欠发达地区区域创新系统创新效率的评价模型，通过 Froniter4.1 对创新投入及创新产出要素的相关数据及欠发达地区影响因素进行分析，结果表明区际产业转移规模对欠发达地区区域创新系统的影响效率为 0.8301，该影响作用能够通过与研发经费支出的交互作用而加强。此外，我国欠发达地区对区际产业转移等的投入利用率在逐年提高且仍具有较大的发展空间。

第5章 区际产业转移对欠发达地区区域创新系统的影响机理研究

5.1 区际产业转移对欠发达地区区域创新系统的影响因素

5.1.1 主体转移因素

区际产业转移的主体转移因素是企业。区际产业转移为欠发达地区带来的资源转移要素如资本、技术、产品和劳动力资源等均以企业为载体。在区际产业转移初期,转移企业首先在承接区域成立代表处,考察产品市场并处理一些政府及公共关系事务。其次,根据市场规模及资源状况制定生产计划,确定投资方向及转移规模,投入生产要素进行产品的生产和销售。再次,随着转入企业规模的扩大及生产需求的增强,对所处行业的上下游产品或对相关企业进行投资和建设,建立稳定的供需关系,形成垄断优势,以此来获取高额利润回报。最后,转入企业在承接地区建立研发中心,并与区域创新系统中其他创新主体进行合作创新,通过利用承接地区的创新资源,增强企业在承接地区的竞争力。

5.1.2 资源转移因素

1) 资本转移因素

从微观层面看,区际产业转移一般通过企业的跨区域投资来实现。发达地区的部分资本在较高的收益率的驱动下,通过直接投资建厂行为或对欠发达地区的本地企业进行投资的行为转入欠发达地区。因此,区际产业转移的实质也是区域间资本的转移。随着资本的注入,承接地区的创新水平有所提高,为新产品的研发提供了条件,提高了转移企业在欠发达地区资本投入的回报率,将进一步刺激转移企业向欠发达地区投入更多的资本,扩大在欠发达地区的生产规模,提高转移企业在欠发达地区市场中的竞争优势。区际产业转移中的资本转移因素增加了欠发达地区的资本存量,为欠发达地区企业的科技研发和生产提供了保障[211]。

2) 技术转移因素

转入企业在本地嵌入及生产过程中,能够通过技术研发溢出等方式将技术转移到欠发达地区的区域创新系统中,为欠发达地区带来技术转移因素。转入企业往往拥有比较先进的技术水平及丰富的研发经验,为本地企业通过模仿学习等方式吸收创新技术溢出提供了条件。本地企业及其他创新主体在与转移企业的合作研发过程中，通过联合创新过程，潜移默化地接受了转入企业先进的研发思路及管理理念，开拓了其管理及研发人员的思路，有利于本地企业创新管理模式，提高创新水平。此外，转入企业加入本地的生产链中，通过上下游合作关系也能产生技术转移，如对上游企业因质量需求而提供的技术支持，以及对下游企业因产品服务需求而提供的技术指导和人员培训等[212]。区际产业转移带来的技术转移是影响欠发达地区区域创新系统创新能力最重要的因素，即欠发达地区区域创新能力的提升主要通过产业转移中的技术转移来实现。

3）产品转移因素

转移企业的产品一般在技术层面具有一定的优势，同时，转移企业为了满足承接地区的消费者需求，开拓产品市场，也会对原有的产品进行一定程度的改进，为欠发达地区带来新产品。欠发达地区的企业能够直接学习这些新产品的功能及特性，科研院所也能将包含于新产品中的新技术进行转化分解，为其他创新主体所用。为了更好地适应欠发达地区的市场，生产更有针对性的新产品，有些转入企业会联合欠发达地区的本地企业、高校和科研院所等，通过资金投入或技术投入等方式共同研发生产，以此来获取社会资本，快速占领市场，保持市场竞争优势。这样可以使转入企业节约新产品的研发资金和进入欠发达地区产品市场的时间，而使欠发达地区的创新主体获得转入企业的资本、技术及管理理念，促进了区域创新系统的发展。此外，产品转移因素会给本地企业的生产带来一定的竞争压力，迫使其加大研发投入力度，改善生产工艺，提高产品质量。

4）人力资源转移因素

区际产业转移嵌入本地的过程，会为欠发达地区带来人力资源转移。本地企业通过提供更丰厚的报酬及发展空间等方式，吸引转移企业带来的管理人员、研发人员和其他劳动力等向其进行转移，使区际产业转移带来的人力资源向欠发达地区的区域创新系统流动。此外，转移企业会雇佣部分当地人员，对其进行培训以适应企业自身的生产活动，提高这些人员的知识储备和技术能力。部分经过培训的人力资源会向本地企业发生转移，提高欠发达地区区域创新系统人力资源的质量。因此，人力资源投入的改善会对欠发达地区的区域创新系统产生影响。

5.1.3　环境转移因素

区际产业转移能够为欠发达地区区域创新系统带来硬环境转移因素及软环境转移因素。硬环境转移因素包括实验室，先进的设备、仪器，固定资产等知识设施及传递数据，接收数据、信息的设施，如局域网络、数据处理中心、通信器材等。软环境转移因素包括新思想、新观念、新文化和创新的管理方式等。转入企业的管理制度更加科学和规范，且具有完整的、成体系的管理系统，在组织结构及组织运行规范等方面优于欠发达地区的本地企业。此外，欠发达地区与发达地区还存在观念及思想水平上的差距，落后的观念及思想水平会对欠发达地区的发展及创新产生阻碍。区际产业转移为欠发达地区带来了先进的创新思想理念，为转变欠发达地区保守落后的思想观念提供了良好的契机。

5.2　区际产业转移对欠发达地区区域创新系统的影响路径

5.2.1　影响路径假设

1. 区际产业转移与欠发达地区区域创新系统创新效率

在区际产业转移与欠发达地区区域创新系统创新效率的研究方面，国内外学者做了丰富的研究，认为外企或外资的流入能够促进东道国（地区）创新能力的提升。例如，Cheung 和 Lin[213]通过对中国的研究表明，FDI 的流入无论是对中国专利申请总量，还是对外观设计专利量均有积极影响。该结论与 Imbriani 和 Reganati[214]对意大利、Sjholm[215]对印度尼西亚、鲁钊阳和廖杉杉[216]对中国广东及原毅军和孙大明[217]对中国民族企业的研究成果所指出的产业转移溢出效应能够有效提升承接区域创新能力的结论是一致的。

欠发达地区区域创新系统创新效率是对欠发达地区中所有创新主体创新活动效率和效果的评价，是创新主体创新能力及创新结果的综合反映[218]。欠发达地区是一类特殊区域，创新能力相对较弱，因此，在考察其短期的创新财务效率的同时，更应关注其对创新的吸收能力及其后续的发展能力。本书借助闫春和蔡宁·[219]提出的开放式创新效率的概念，将欠发达地区区域创新系统创新效率分为创新财务效率及创新战略效率。创新财务效率主要测度创新活动的直接产出成果，包括新产品开发数量、速度、产值占销售总额的比重、专利数量等；创新战略效率主要体现创新活动的长期受益情况，包括创新潜力、管理创新、创新环境和创新管理等。

因此根据以上研究结论及前面的分析，提出以下假设。

H1a：区际产业转移水平嵌入对欠发达地区区域创新系统创新战略效率具有正向促进关系。

H1b：区际产业转移水平嵌入对欠发达地区区域创新系统创新财务效率具有正向促进关系。

H2a：区际产业转移垂直嵌入对欠发达地区区域创新系统创新战略效率具有正向促进关系。

H2b：区际产业转移垂直嵌入对欠发达地区区域创新系统创新财务效率具有正向促进关系。

2. 区际产业转移与欠发达地区创新系统网络结构

在区域创新系统中，网络结构是指区域创新系统内的创新主体之间彼此交流与合作关系的结构模式。许多学者在研究中对网络结构维度进行了划分，如 Abuja[220] 将网络结构的特征维度划分为网络规模与网络中心性两个部分；Nooteboom[221] 引入了网络联系密度的概念，将网络结构的特征维度分为网络规模、网络中心性及成员联系密度；Li 进一步提出了网络稳定程度在网络结构中的重要性，并将网络稳定性加入网络结构特征维度划分中。在以上研究的基础上，本书参考陈伟等[222] 的研究成果，将欠发达地区区域创新合作网络结构分为网络联系密度、网络稳定性及网络中心性三个维度。

1) 网络联系密度

网络联系密度是测度网络成员间关系状态的重要指标，用来描述创新合作网络内企业间交流与来往的密切程度。网络联系密度越大，系统内的创新主体越容易获取系统内的各种创新资源及要素。在某一区域，创新主体的迁入或退出、成员数量的变化、合作关系的变化等均能导致网络联系密度的改变。对欠发达地区来说，区域创新系统内参与创新合作的主体越多，系统内的知识及技术的共享性及互补性就越强，通过吸聚效应吸引转移企业的能力也就越强，而企业的转入进一步提高了欠发达地区的网络联系密度。不同的网络联系密度对区域内创新成员产生的影响也有所不同。在一定范围内，区域内参与创新的主体越多，主体间的联系程度越广泛、越密切，越有利于区域创新系统利用整合作用提高创新要素的产出水平，以及提高区域创新系统创新效率。

2) 网络稳定性

网络稳定性是测度网络企业合作渐趋常规化和惯例化的指标，用来衡量创新合作网络中企业成员间彼此合作与交流时间维持的长短。网络稳定性越高，系统内创新主体之间正式和非正式的合作及交流受机会主义影响的程度就越小，能够顺利进行并继续保持的可能性就越大。网络稳定性与区域内合作信任机制紧密相关，创新网络内部成员间的信任程度越高，网络内部创新主体间的联系就越趋于稳定，从而越能激发合作创新的产生。

3) 网络中心性

网络中心性是衡量企业在创新合作网络中枢纽和桥梁作用强弱的指标，用来衡量节点在网络中处于核心位置的趋势。中心性较高的个体处于网络的核心位置，中心性较低的个体处于网络的边缘位置。在发达地区，企业之间及企业与高校、科研院所、中介机构、金融机构及政府的创新合作不仅存在强强合作的形式，而且还存在强弱合作、跨界合作等形式[223]。创新合作形式的多样化使得发达地区的企业合作创新网络具有无标度网络和小世界网络等特征。与发达地区不同，欠发达地区的创新主体与转移企业相比，在规模、技术水平、创新能力、知识积累和管理等方面具有明显的差距，选择合作创新伙伴的主导权主要被转移企业掌握，同时转移企业受到区域地理位置、自身规模和创新资源的限制，在选择创新合作的本地机构时存在选择偏好与有限连接的特点[2]，即明显的核心—外围的分层结构，具有较大影响力和创新能力的创新机构占据网络的核心位置，具有较强的中心性，能够提高网络的连接密度，而其余的具有较小规模和较弱创新能力的企业通常只能占据网络的外围位置，属于边缘节点，此外具有沟通连接不同产业或不同社团及控制信息传播的企业占据网络的结构洞位置，属于网络的中介节点。

转入企业通过加入本地生产网络，与转入区域发生各种经济、社会和文化上的联系，表现为转入企业与本地企业、本地其他组织机构和其他转入企业在经济商业往来中所形成的经济关系及与当地社会、制度和文化等形成的社会和文化关系。转入企业通过加入本地的供应链，与上下游企业发生买卖关系，如共同采购原材料、进行技术开发、寻求中介服务、获取政府政策支持等，在此过程中，产生横向联系及创新合作，从而加强欠发达地区区域整体的合作创新联系密度。由于社会网络中的信任机制，作为伙伴关系的转入企业与本地上下游企业及其他相关企业和机构发生直接或间接的联系，形成以转入企业为结构洞的网络结构，增强了欠发达地区区域创新网络的稳定性。转入企业由于拥有比其他企业更先进的技术、更雄厚的资金、更优秀的人才等，一般处于区域创新网络的核心位置。网络结构与网络内创新主体的创新效率息息相关，能够对企业的知识创造和技术创新产生重要影响，是企业重要的战略资源。因此，产业转移提高了欠发达地区区域创新网络的中心性。基于以上分析，得出以下假设。

H3a：产业转移水平嵌入对欠发达地区区域创新系统网络结构具有正向影响。

H3b：产业转移垂直嵌入对欠发达地区区域创新系统网络结构具有正向影响。

3. 创新系统网络结构对欠发达地区区域创新系统创新效率的影响

根据对欠发达地区区域创新系统网络结构特征的分析，将创新网络结构分为网络联系密度、网络稳定性和网络中心性。网络联系密度反映了网络成员间交流与来往的密切程度，在网络密度与创新系统创新效率的相关关系方面，Ahuja[220]通过实证研究，分析得出网络联系密度的提高能够提高网络成员的知识获取能力，促进新知识及新技术在区域内的扩散，从而提高企业新产品、新技术的产出，提高企业的创新财务效率及战略效率。在网络稳定性与创新系统创新效率的相关关系方面，Nooteboom[221]通过对美国及德国集群企业的实证数据的对比发现，网络主体间较高的信任程度能够产生更为稳定的合作机制，可以加强系统内的知识扩散程度，有利于各个创新主体创新效率的提高。在网络中心性与创新系统创新效率的相关关系方面，Paruchuri[224]认为企业所处位置的中心性程度能够影响其知识在网络中的扩散水平，进而对创新系统创新效率产生影响。李随成和高攀[225]指出网络中心性的提高能够增强企业的知识获取能力。Gulati[226]也得出了类似的结论，认为网络中心性与企业的知识探寻及获取能力紧密相关，网络中心性的提高能够改善区域内网络成员的知识整合效率，进而增强创新资源的投入产出能力，提高区域内的创新效率。

基于以上分析，提出以下假设。

H4a：区域创新网络结构对欠发达地区区域创新系统创新战略效率具有正向影响。

H4b：区域创新网络结构对欠发达地区区域创新系统创新财务效率具有正向影响。

此外，提出了区域创新系统创新战略效率与区域创新系统创新财务效率的关系假设。

H5：区域创新系统创新战略效率对区域创新系统创新财务效率具有正向影响。

5.2.2　数据收集与变量测量

1. 数据收集

本节所需数据来自调查问卷。本节在设计问卷时，围绕区际产业转移对区域创新系统的影响路径，以及网络结构在区际产业转移对区域创新系统影响路径中的作用关系进行。问卷量表的构成要达到能收集有效和可靠数据的水平，使得收集的数据适用于结构方程模型分析。根据以上研究目的，问卷量表的构成包括以下四个部分。

(1)企业基本信息调查：包括企业来源、企业规模、成立时间、企业性质及行业分类；

(2)区际产业转移测量变量：水平维度、垂直维度；

(3)网络结构测量变量：网络联系密度、网络稳定性、网络中心性；

(4)创新效率测量变量：创新财务效率、创新战略效率。

对数据及样本的选择流程如下所述。

(1)对黑龙江产业转移承接区域进行实际调研，并对产业转移负责人进行访谈，在咨询了产业转移及区域创新领域的两位教授的意见之后确定初始问卷。

(2)以小样本(30 份)在哈尔滨周边的制造业企业中进行小范围发放，预试问卷设计的合理性，以便进一步修正完善问卷。

(3)进行正式调研。由于产业转移的本地嵌入主要出现在欠发达地区，选取黑龙江"哈-大-齐"工业走廊为产业转移承接区的具体代表对其制造业企业进行调研。问卷调查时间为 2014 年 4 月～2016 年 6 月，通过电子邮件、电话访谈及实地发放三种方式进行，一共联系到了 252 家制造业企业，每家企业发放 2~10 份数量不等的问卷，共发放 673 份，回收 473 份，除去填答严重缺失和明显相互矛盾的问卷，共得到有效问卷 402 份，有效问卷回收率为 59.7%。

回收样本主要特征如下：①企业来源较为均匀，产业转移来的企业占 40.80%，与转移企业发生联系的本地企业占 59.20%；②涉及的行业主要包括机械、冶金制造业，石化产品制造业，绿色食品加工业，医药制造业，分别占样本总数的 27.86%、22.64%、19.65%、14.68%；③企业规模以中小型企业为主，员工总数在 100 人以下的占 26.62%，100~500 人的占 49.50%，500 人以上的占 23.88%；④企业总体成立较晚，成立年限小于 3 年的占 18.91%，3~8 年的占 49.25%，大于等于 8 年的占 31.48%，详见表 5.1。

表 5.1　样本信息统计

样本特征	类别	样本数/个	占比/%
企业来源	转移企业	164	40.80
	本地企业	238	59.20
企业规模	<100 人	107	26.62
	100~500 人	199	49.50
	>500 人	96	23.88
成立时间	<3 年	76	18.91
	3~8 年	198	49.25
	≥8 年	128	31.48
行业分类	机械、冶金制造业	112	27.86
	石化产品制造业	91	22.64
	绿色食品加工业	79	19.65
	医药制造业	59	14.68
	其他	61	15.17

2. 变量测量

在探讨区际产业转移对欠发达地区区域创新系统创新效率的影响路径时，所选变量测量条目均为在研究可行性的约束下，根据研究对象的特征在现有的研究基础上改进所得。问卷量表题项采用李克特量表（Likert-type）7 级度量法来度量，1 到 7 分别表示对题项中的问题从"决不同意""不同意""比较不同意""无所谓""比较同意""同意"到"非常同意"的认可程度。各个变量度量分别描述如下。

1）区际产业转移

区际产业转移水平嵌入维度的测量题项参考 Thompson[227]对中国背景的企业

技术外溢情况的研究，题项设置见表 5.2。示范效应包括学习同行业转入企业的管理经验方式和模仿同行业转入企业的核心产品生产技术。人员流动效应包括偏好同行业转入企业的管理人员和偏好同行业转入企业的技术人员。竞争效应包括同行业转入带来的竞争压力迫使本公司不断进行创新。

表 5.2　区际产业转移水平嵌入维度的测量题项

测量指标	题项内容	题项来源
示范效应	学习同行业转入企业的管理经验方式	Thompson[227]、Kinoshita（2001 年发表的相关文献）、Alexander（2014 年发表的相关文献）
	模仿同行业转入企业的核心产品生产技术	
人员流动效应	偏好同行业转入企业的管理人员	
	偏好同行业转入企业的技术人员	
竞争效应	同行业转入带来的竞争压力迫使本公司不断进行创新	

区际产业转移垂直嵌入维度的测量题项参考 Lan 和 Young[228]的研究成果，题项设置见表 5.3。前向链接效应包括进行生产的材料及设备主要从转入企业购买所得；为了获取更好的原材料，与上游转入企业保持紧密联系。后向链接效应包括为满足下游转入企业的高要求，本企业必须不断提高其产品和服务水平；与下游转入企业保持密切联系能够提高产品和服务水平；为转入企业提供原材料使本企业的产品更有价值[229]。

表 5.3　区际产业转移垂直嵌入维度的测量题项

测量指标	题项内容	题项来源
前向链接效应	进行生产的材料及设备主要从转入企业购买所得	Lan 和 Young[228]、Blomstrm（1996 年发表的相关文献）
	为了获取更好的原材料，与上游转入企业保持紧密联系	
后向链接效应	为满足下游转入企业的高要求，本地企业必须不断提高其产品和服务水平	
	与下游转入企业保持密切联系能够提高产品和服务水平	
	为转入企业提供原材料使本企业的产品更有价值	

2）网络结构

网络结构测量变量分为网络联系密度、网络稳定性及网络中心性，题项设置见表 5.4。网络联系密度维度测量题项参考 Burt[230]、Eisingerich 等[123]的研究成果，将题项设置为与区域内上游企业的合作联系及沟通密度、与区域内下游企业的合作联系及沟通密度、与区域内同类企业的合作联系及沟通密度、与区域内科研机构的合作联系及沟通密度、与区域内非科研机构的合作联系及沟通密度。网络稳定性测量题项借鉴蔡猷花等[130]的研究，将题项设置为与区域内上下游企业间关系的稳定程度、与区域内同行企业间关系的稳定程度、与区域内客户关系的稳定程度及与区域内中介机构关系的稳定程度。网络中心性维度的测量题项是在 Caner[231] 的研究基础上进行调整所得，题项包括企业在区域内创新成员的联系关系中起着重要作用、企业在联系关系中的重要性使本企业在合作中处于主动地位、企业在联系关系中的重要性使本企业更易获取和控制知识资源、企业在联系关系中的重要性使本企业在合作关系中更容易被信任及企业在联系关系中的重要性能够为本企业带来更多的合作优势。

表 5.4　网络结构测量题项

测量指标	题项内容	题项来源
网络联系密度	与区域内上游企业的合作联系及沟通密度	
	与区域内下游企业的合作联系及沟通密度	
	与区域内同类企业的合作联系及沟通密度	
	与区域内科研机构的合作联系及沟通密度	
	与区域内非科研机构合作联系及沟通密度	
网络稳定性	与区域内上下游企业间关系的稳定程度	Burt[230]、Eisingerich 等[123]、吴枫韵（2011 年发表的相关文献）、Caner[231]、蔡猷花等[130]
	与区域内同行企业间关系的稳定程度	
	与区域内客户关系的稳定程度	
	与区域内中介机构关系的稳定程度	
网络中心性	企业在区域内创新成员的联系关系中起着重要作用	
	企业在联系关系中的重要性使本企业在合作中处于主动地位	
	企业在联系关系中的重要性使本企业更易获取和控制知识资源	
	企业在联系关系中的重要性使本企业在合作关系中更容易被信任	
	企业在联系关系中的重要性能够为本企业带来更多的合作优势	

3) 区域创新系统创新效率

衡量创新效率的测量题项以 He 和 Wong[232] 等的研究为基础，参照闫春和蔡宁[233] 所开发的开放式创新效率测度指标，把创新财务效率的测量题项设置为：显性财务效率包括与同类企业相比，本企业在过去三年间新产品销售收入及新产品开发成本是否有所提高；隐性财务效率包括与同类企业相比，本企业在过去三年间新产品开发数量、新产品开发速度、新产品产值占销售总额的比重、专利数量是否有所提高。创新战略效率测量题项为：创新潜力指标包括研发人员素质、研发人员比例、研发资产规模；管理创新指标包括组织结构适应、新的管理技术、创新管理流程；创新环境指标包括创新思维、创新文化构建、产品市场地位、品牌价值；创新管理指标包括外部创新合作网络、跨部门创新合作、知识产权管理，详见表 5.5 和表 5.6。

表 5.5　创新战略效率测量题项

测量指标	题项内容	题项来源
创新潜力	研发人员素质	
	研发人员比例	
	研发资产规模	
管理创新	组织结构适应	
	新的管理技术	
	创新管理流程	闫春和蔡宁[219]、陈伟和张旭梅[218]
创新环境	创新思维	
	创新文化构建	
	产品市场地位	
	品牌价值	
创新管理	外部创新合作网络	
	跨部门创新合作	
	知识产权管理	

表 5.6　创新财务效率测量题项

测量指标	题项内容	题项来源
显性财务效率	新产品销售收入	
	新产品开发成本	
隐性财务效率	新产品开发数量	He 和 Wong[232]
	新产品开发速度	
	新产品产值占销售总额的比重	
	专利数量	

5.2.3　基于结构方程模型的路径检验

本节采用 SPSS17.0 及 AMOS7.0 统计分析软件对样本数据进行处理，基于结构方程的路径检验过程如下所述。

1）信度和效度

首先对水平嵌入、垂直嵌入、网络结构、财务效率和战略效率五个变量做信度和效度分析。本书涉及的变量量表均为借鉴国内外已有的研究成果所得，因此量表具备较好的内容效度。采用 SPSS17.0 软件计算可以得出五个变量各个维度的因子载荷值、累计解释方差及 Cronbach's α 系数测量数据的信度，见表 5.7。通过对所得数据进行综合分析可得，所有因子的 Cronbach's α 值均在 0.62 以上，量表信度检验良好。本书变量所涉及的 41 个指标的各变量累计解释方差的百分比处于 50.375%～63.816%，因子载荷值处于 0.568～0.836，均高于最低建议值 0.5，表明量表效度良好，信度与效度检验通过。

表 5.7　信度、效度检验结果

变量	变量所含指标项	因子载荷值	累计解释方差/%	Cronbach's α 值
水平嵌入	示范效应	0.742～0.814	63.816	0.765
	人员流动效应	0.631～0.793	61.423	0.697
	竞争效应	0.604～0.812	52.406	0.653
垂直嵌入	前向链接效应	0.597～0.764	59.451	0.784
	后向链接效应	0.645～0.836	61.368	0.681
网络结构	网络联系密度	0.674～0.798	57.413	0.679
	网络稳定性	0.725～0.788	54.897	0.715
	网络中心性	0.624～0.793	53.935	0.848
财务效率	显性财务效率	0.722～0.835	50.375	0.624
	隐性财务效率	0.743～0.810	59.882	0.765
战略效率	创新潜力	0.637～0.835	58.236	0.739
	管理创新	0.729～0.823	60.352	0.780
	创新环境	0.601～0.809	52.942	0.816
	创新管理	0.568～0.768	50.399	0.901

2）模型拟合及路径分析

其次采用 AMOS7.0 结构方程模型分析软件对提出的理论假设之间的相关关系进行检验，所得结果见表 5.8 和表 5.9。

表 5.8　结构方程拟合指数

模型拟合指数	统计值	参考值
χ^2/p	2.236	1～3
P 值	0	<0.050
拟合优度指标（GFI）	0.981	≥0.900
标准拟合指数（NFI）	0.964	≥0.900
非正态拟合指数（TLI，NNFI）	0.941	≥0.900
比较拟合指数（CFI）	0.936	≥0.900
近似误差均方根（RMSEA）	0.079	≤0.080
标准化均方根残余（standardized RMR）	0.072	<0.080

表 5.9　路径系数及假设检验

路径	标准化路径系数	C.R.	P 值	检验结果
H1a: 水平嵌入→战略效率	0.532***	2.214	0.001	支持
H1b: 水平嵌入→财务效率	0.414**	3.462	0.006	支持
H2a: 垂直嵌入→战略效率	0.326***	2.128	0.000	支持
H2b: 垂直嵌入→财务效率	0.625**	4.264	0.008	支持
H3a: 水平嵌入→网络结构	0.678***	3.183	0.000	支持
H3b: 垂直嵌入→网络结构	0.745***	2.996	0.001	支持
H4a: 网络结构→战略效率	0.760***	3.521	0.000	支持
H4b: 网络结构→财务效率	0.496***	2.475	0.000	支持
H5: 战略效率→财务效率	0.784***	3.013	0.000	支持

***表示在 $P < 0.001$ 上显著；**表示在 $P < 0.01$ 上显著。

表 5.8 中体现了结构方程拟合指数：绝对适配度指数 $\chi^2/p = 2.236$（处于 1~3），GFI=0.981（大于 0.9）；NFI=0.964，NNFI=0.941，CFI=0.936（均大于 0.9）；RMSEA=0.079（小于 0.08），标准化均方根残余=0.072（小于 0.08）。因此，本书所选取的数据能较好地拟合研究模型。

从表 5.9 的路径分析结果可以看出，本书拟提出的 9 条路径假设均得到了证实。水平嵌入和垂直嵌入对创新战略效率和创新财务效率具有显著的正向作用，标准化路径系数分别为 0.532（P 值<0.001）和 0.414（P 值<0.01）及 0.326（P 值<0.001）和 0.625（P 值<0.01）；水平嵌入和垂直嵌入对网络结构具有显著的正向作用，标准化路径系数分别为 0.678（P 值<0.001）和 0.745（P 值<0.01）；网络结构对创新战略效率和创新财务效率具有显著的正向作用，标准化路径系数分别为 0.760（P 值<0.001）和 0.496（P 值<0.001）；战略效率对财务效率也存在显著的正向作用，标准化路径系数为 0.784（P 值<0.001），以上影响路径均通过了显著性检验。

3) 结论和讨论

通过本节的分析，得到以下三个主要结论。

(1) 区际产业转移对区域创新系统创新效率具有正向促进作用，不仅包含通过创新溢出来实现的直接作用关系，也包含通过优化区域创新网络结构来实现的间接作用关系。区域创新系统创新效率虽然最终以财务的形式表现出来，但指标构成上却包括了体现短期创新能力的财务效率和体现长期创新能力的战略效率两种细分维度。短期财务效率的增长主要来自区际产业转移垂直嵌入的前向链接效应和后向链接效应，而长期战略效率的增长则来自区际产业转移对区域创新网络结构的改变；区际产业转移水平维度的嵌入并不能直接对创新财务效率做出贡献，而是通过优化区域创新网络结构来提升创新战略效率，并最终以财务效率的形式表现出来。

（2）区际产业转移能够对欠发达地区区域创新系统创新效率产生直接影响。研究表明不同的产业转移效应都对提高区域创新系统创新财务效率和创新战略效率具有积极作用，且水平嵌入维度的作用效果更为明显。在欠发达地区承接产业转移的过程中，模仿转入企业的新产品和新技术、引进高技术人才及积极应对与转入企业的竞争都是欠发达地区提高自身能力和创新的重要方式。在竞争力及技术水平相对较高的企业转入欠发达地区之后，承接区域必须不断进行技术创新，并通过如"逆向工程"的方式对转入企业的新产品和新技术进行模仿，同时，还应不断吸纳同行的技术人才，以此提高自身的技术创新能力。

（3）区际产业转移通过优化区域创新网络结构对企业创新效率产生影响。转入企业在进行本地嵌入后在区域内根植结网，与当地实现关系网络的集结，并以自身生产活动为中心点，与其他相关企业或组织发生联系，形成创新合作关系，以此来降低单个企业创新的风险。此外，本地企业也会迫于转入企业带来的竞争压力，积极地搜索外部创新合作伙伴、积累异质性资源，从而实现最终的合作创新，以此来维持自身的竞争力。这一过程能够形成具有较强的联系密度、稳定性及中心性的区域创新合作网络，驱动创新成果的推广、辐射、集群化、产业化，完善行业规范；创造新知识、新技术，并通过横向及纵向的联结方式，推动创新资源在区域创新主体间扩散和流动，并在一定程度上优化区域内的资源配置，同时对政府的投资方向起到一定的指导作用，从而提升本地企业及区域整体的创新水平。

5.3　区际产业转移对欠发达地区区域创新系统的影响效应

5.3.1　创新溢出效应

创新溢出效应是指拥有先进技术的创新主体在贸易或其他经济行为中，有意或无意地转让和传播新知识及新技术的过程。转移企业在嵌入欠发达地区后，能够为欠发达地区带来资本、产品、技术及人力等转移要素，这些转移要素通过创新溢出效应，对区域创新系统产生直接影响，如技术水平较高的转入企业能够产生前后向波及作用，带动欠发达地区区域创新系统的发展。因此，在区际产业转移对欠发达地区区域创新系统影响因素的划分及影响路径分析的基础上，将区际产业转移对欠发达地区区域创新系统的创新溢出效应分为以下四个部分，如图 5.1 所示。

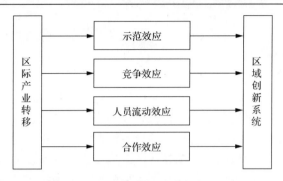

图 5.1　区际产业转移的创新溢出效应

1) 示范效应

本地创新主体会对转入企业的新知识、新技术进行模仿。相对于本地区域创新系统中的创新主体，转入企业拥有较强的技术优势及丰富的管理经验，并且能够创造更高额的利润，其生产行为对欠发达地区的同行业生产企业起到了良好的示范作用，为欠发达地区的同行业生产企业提供了模仿和学习的机会，通过示范作用提高了其他创新主体的创新水平。同时，除了本地企业可对转入企业生产行为进行直接模仿，对具备较强的消化及吸收能力的其余创新主体来说，还能够通过"逆向工程"分析市场中转移企业带来的新产品，掌握和吸收其中包含的物化技术，并通过分析其生产过程，提高自身的技术创新水平。欠发达地区原有的创新水平较低，而承接的转入企业的技术水平高于区域内原有的技术水平，因此，通过对转移企业现有生产技术的学习也能起到提高创新能力的作用。区际产业转移的发生为欠发达地区带来了新技术、新知识及新理念，为欠发达地区企业的发展提供了通过模仿学习提高创新能力的途径。

2) 竞争效应

转入企业会给本地的生产企业带来一定的竞争压力，在区域承接区际产业转移之后，该产业中的本地企业迫于生存和发展的压力，需要加强研发投入、开发新产品并改进生产技术，降低生产成本，以便在竞争中提高自主创新能力。区际产业转移为欠发达地区的市场营造了竞争的环境，并打破了原有的垄断结构，使本地企业对技术创新产生需求。竞争的市场环境促使本地企业进行研究开发和学习投资、引入新技术和新设备、更新企业的管理理念、开发新产品，通过提高生产能力及产品优势的方式来增强自身的竞争力。同时，转入企业为了避免在与本地企业的竞争中丧失产品或成本上的优势，也会持续创新，在承接地区形成螺旋式的创新溢出效应。此外，市场竞争程度和环境决定了转入企业能够对本地企业及创新系统产生影响，而适度的竞争环境有利于企业更好的发展，可提高创新系统内创新主体进行合作创新的概率，增加创新系统中的知识存量，促进区域创新系统的发展。

3）人员流动效应

区际产业转移为欠发达地区带来了人力资源转移要素，这些人力资源能够通过转移企业流向欠发达地区区域创新系统中，进而影响欠发达地区区域创新系统的创新能力，产生人员流动效应。转入企业的研发人员或管理人员一般掌握着企业的部分新知识和新技术，具有较强的自主研发意识，更了解和熟悉技术前沿，这部分研发人员流入本地的区域创新系统之后，通过其掌握的知识与技能，带动区域创新系统的技术研发。与此同时，本地的劳动力被转入企业雇佣之后，往往会接受转入企业提供的一定形式的培训，提高了自身的知识和技术水平。这些经过培训的本地劳动力在转入企业与本地的其他部门间具有很强的流动性。高质量的劳动力投入为欠发达地区区域创新系统创新水平的提高提供了条件。

4）合作效应

转入企业通过与欠发达地区的科技企业、高校、科研院所、中介机构及政府进行创新合作或形成研发联盟，来保证其产品的高质量及创新性，以及在市场竞争中研发资源和技术优势的持续性。在欠发达地区区域创新系统与转入企业进行合作创新的过程中，能够产生产业的共性技术，共性技术在被合作各方采纳的同时，也能够扩散到整个系统中，为系统中的其他创新主体所用，其传播和扩散有利于提高系统内的知识技术水平。此外，本地科技企业及科研院所通过与转入企业进行技术合作与研发，可提高自身创新研究工作的起点，也可获得转入企业较为先进的思想观念及管理理念，在合作过程中进行资源共享、吸收与其合作的转入企业所掌握的研究思路和方法及进行潜移默化的学习，将发达地区转入企业累积的方法和思想融会贯通，并实现与其自身资源及优势的互补。

5.3.2　关联带动效应

关联带动效应是转入企业与其上下游企业因生产上的联系而产生的创新溢出效应。根据溢出对象所处的位置，可将关联带动效应划分为前向关联效应和后向关联效应，如图 5.2 所示。

图 5.2　区际产业转移的关联带动效应

1) 前向关联效应

前向关联效应指本地企业从转入企业采购质量较高的中间投入品，从而提高自身生产工艺水平或产品创新的过程。转入企业为本地的下游企业提供性价比较高的中间投入品，降低了下游企业的经营成本，提高了下游企业产品的创新性，促进了下游产业的发展。同时，转入企业带来了较多的中间投入品，使欠发达地区该产业原有的市场状态发生改变，促进了经济活动的进行，为新产品、新行业的出现提供了可能。此外，下游的本地企业会通过转移企业提供的中间产品或设备掌握其中的物化技术。转移企业也会对购买其中间产品的下游企业提供产品服务及技术支持，或对购买其产品的企业的技术人员进行培训等。因此，区际产业转移通过前向关联效应对欠发达地区的下游企业产生创新溢出效应。

2) 后向关联效应

后向关联效应是指本地企业为转入企业提供生产所需的中间产品时所产生的创新溢出效应。转入企业在采购过程中，会对欠发达地区上游企业生产的原材料产生新的要求，从而带动上游提供相关原材料的本地企业的发展。同时，转入企业会对欠发达地区上游供应商企业的人员进行培训，或在其生产过程中提供技术上的支持，使之与自身的产品水平相配套，保证产品的质量。同时，欠发达地区为了适应新的市场环境，也会对产品进行技术创新，这一过程提高了欠发达地区区域创新系统的创新能力，产生了后向关联效应。

5.3.3   结构优化效应

通过前面的分析可知，区际产业转移能够通过创新网络结构优化效应对区域创新系统的创新产生间接的影响，同时，由于区域创新系统的运行目标是实现区域经济的发展，区际产业转移也能通过要素结构优化效应、产业结构优化效应及市场结构优化效应对欠发达地区区域创新系统产生影响，如图 5.3 所示。

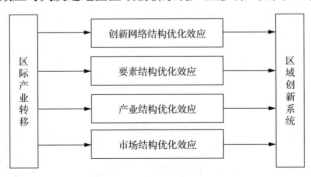

图 5.3   区际产业转移的结构优化效应

1) 创新网络结构优化效应

创新网络结构优化效应是企业转移要素通过加强区域创新网络的联系密度、稳定性及网络中心性等方式对区域创新系统的网络结构的优化效应。转入企业通过加入本地供应链，与本地企业产生竞争、合作关系，其中，合作关系对网络结构的优化效应体现在转入企业与本地创新主体通过共同生产研发等方式加入创新合作网络中，由于其拥有技术、资金及人才等方面的优势，在欠发达地区拥有较高的地位，本地创新主体更倾向于与其发生直接或间接的联系，形成了结构洞，优化了网络结构关系；竞争关系对网络结构的优化效应表现为本地创新主体迫于转入企业带来的竞争压力，为了降低创新的成本及风险，加强与转入企业的合作频率，增强了网络联系密度，同时也提高了合作网络的稳定性。

网络结构优化效应能够促进区域创新系统中创新主体之间的沟通及联系，形成正式和非正式的交流与合作。同时，在区域内通过创新主体间信息与知识的交流与互补，可营造出学习新知识和新技术的创新氛围。这种对创新的学习氛围提高了欠发达地区区域创新系统对产业转移创新溢出的吸收能力，同时也提高了欠发达地区的人力资源水平，在一定程度上也提高了欠发达地区的自主创新能力。此外，转入企业的嵌入以较高的技术水平降低了创新活动中的风险及不确定性，增强了区域内参与合作创新的创新主体对自主创新的信心。欠发达地区原有的创新合作网络中的创新主体由于技术水平的限制，承担创新成本及创新风险的能力较弱，在转移产业加入本地创新合作网络之后，对网络结构的优化很好地改善了这一问题，减少了创新过程中的不确定性，降低了自主创新的信息成本，并利用以往积累的技术经验加快了创新速度，形成了信任和承诺环境，促进了竞争和技术创新，降低了交易成本。

2) 要素结构优化效应

在区际产业转移发生后，承接地区对劳动力及相关创新要素的需求将会增加，从而吸引劳动力和其他创新要素在该区域集聚，形成专业化的"人才市场"和"要素市场"。专业化市场的形成能够及时满足本地区域创新系统的创新需求及转入企业的创新需求。要素结构优化效应能够提高本地劳动力就业水平，降低产业承接地区高技术人才的流失，以及积累相关的创新生产要素，对欠发达地区本地产业的成长具有重要意义。

3) 产业结构优化效应

欠发达地区通过其在自然资源和劳动力资源方面的优势，承接相应的区际产业转移，有效地推动了本地产业的垂直分工，提高了本地产业的专业化程度。欠发达地区结合本区域区位条件和资源禀赋，积极吸引相关产业进入本区域，使本区域部分产业的资源禀赋优势得到了发挥，原有的生产工序进一步细化并扩大规模，生产环节及工序聚集，同时，也带动了欠发达地区前后向与同类相关产业的发展及产业规模的扩大。这一过程改变了承接地区的产业结构，推动了欠发达地区产业结构高级化的趋势，加速了其工业化进程。

4) 市场结构优化效应

区际产业转移能够增加承接区域消费品的数量与类型，为欠发达地区的消费者提供更丰富的选择。由于转入企业较高的技术水平降低了产品的生产成本，为消费者带了更多的福利，同时也降低了消费者的生活成本，从而提高了当地居民的生活质量，从而吸引了更多的劳动力向该区域转移，增加了该区域内的劳动力供给水平。丰富的劳动力资源降低了企业的生产成本，提高了企业的利润率水平，吸引了更多的企业向该区域进行转移。但是在同一行业的企业在区域内大量聚集后，由于生产要素及市场需求的限制，企业的边际收益出现了下降趋势，劳动力及其他生产成本的流动形成了行业内的分散力和聚集力。当某一区域行业内的企业因拥挤而使分散力大于凝聚力时，该行业内处于竞争劣势的企业将会被淘汰或移出该区域，这一过程优化了承接产业的市场结构，提高了该产业的竞争力水平。此外，转入企业融入区域内的生产链中，与其他市场参与者展开竞争，这种竞争受到承接区域政府的监管与支持，多主体积极参与优化了欠发达地区的市场结构。

5.3.4　环境优化效应

环境优化效应是指区际产业转移通过环境转移要素，使欠发达地区区域创新环境向积极、平衡的方向转变的作用效果。根据对区际产业环境转移要素的划分，将环境优化效应分为创新硬环境优化效应和创新软环境优化效应两个部分，如图 5.4 所示。

图 5.4　区际产业转移的环境优化效应

1) 创新硬环境优化效应

创新硬环境优化效应包括通过区际产业转移带来的硬环境转移要素直接改善区域内科研院所和中介机构的完善程度，以及区际产业转移对区域创新系统创新硬环境产生的间接作用。区际产业转移能够为承接地区的政府带来更多的财政税收，并带动新兴产业的发展，促进当地经济增长，使政府将更多的资金投入基础设施建设中。另外，区际产业转移能够为欠发达地区的区域创新系统带来实验室、先进的设备、仪器，固定资产等知识设施，以及局域网络、数据处理中心、通信器材等传递数据及接收数据的信息设施，直接优化了区域创新系统的创新硬环境。此外，区际产业转移对区域创新系统的基础设施提出了要求，间接改善了承接地区的道路交通及生活设施等生产及生活环境。

2) 创新软环境优化效应

创新软环境优化效应体现为区际产业转移通过创新软环境要素的投入，为欠发达地区带来新思想、新观念、新文化和创新的管理方式，改善了欠发达地区区域创新系统的创新软环境。发达地区的产业发展水平与欠发达地区区际产业转移承接地区不仅存在经济发展水平上的差距，还存在观念及思想水平上的差距。落后的观念及思想水平会对欠发达地区的发展及创新产生阻碍。通过区际产业转移的本地嵌入，欠发达地区不仅获得了技术、资金、人才等生产资源，还获得了新观念、新思想、新意识与新文化等无形的资源，提高了其在经济发展中的适应能力。此外，欠发达地区为了更好地吸引区际产业转移在本地进行投资及嵌入生产，会对相关的产业政策和制度进行完善，并优化投资环境，这也是对创新软环境的改善。

5.4 本章小结

本章从区际产业转移对欠发达地区区域创新系统的影响因素、影响路径、影响效应三个方面分析了区际产业转移对欠发达地区区域创新系统的影响机理。首先将影响因素划分为主体转移因素、资源转移因素及环境转移因素三个部分，主体转移因素为企业；资源转移因素包括资本转移因素、技术转移因素、产品转移因素及人力资源转移因素；环境转移因素包括创新软环境转移因素和创新硬环境转移因素。其次，通过结构方程模型，根据实地调研所得数据，分析发现区际产业转移能够通过创新溢出对欠发达地区区域创新系统创新效率产生直接影响，并能够通过优化区域创新网络结构产生间接影响。最后，总结并得出了两者间的影响效应，包括创新溢出效应、关联带动效应、结构优化效应和环境优化效应。

第6章　欠发达地区区域创新系统对区际产业转移的影响机理研究

6.1　欠发达地区区域创新系统对区际产业转移的影响因素

根据 Dunning 提出的所有权优势—区位优势—内部化优势理论，结合区际产业转移的动因及特点，本书从生产成本、经济环境、创新水平及政策环境四个方面来分析欠发达地区承接区际产业转移的影响因素[234,235]。

6.1.1　生产成本

Dunning 在区位优势理论中指出生产成本是区际产业转移进行区位选择最主要的影响因素，欠发达地区能够通过较低的成本优势吸引产业向区域内转移。各个地区经济发展水平不同，劳动力、资本、资源等生产要素的充裕程度也有所不同。对于劳动力资源充裕的欠发达地区，劳动力数量、劳动力素质及区域内劳动力的制度政策的不同会造成劳动力的成本不同。劳动力密集型转移企业一般会选择劳动力成本较低的区域，将标准化的产品技术转移到该产品所需的劳动力的资源密集地进行生产活动，以达到降低成本的目的[236]。

自然资源充裕的欠发达地区能够对资源密集型或资源依赖型企业产生吸引。生产要素的充裕程度影响并决定了生产要素的价格，继而决定了企业的利润率。根据经济学中的供给函数可知，对于一般商品来说，供给越多则价格越低。因此，生产要素在储备充裕的地区价格较低，企业可以通过选择在生产产品时需要密集使用的生产要素储备丰富的地区来降低企业的生产成本，提高企业的收益能力。如果企业在生产过程中需要密集使用的生产要素在某一区域内比较稀缺，那么其价格会较高，将会对企业的收益水平产生影响，从而使企业在收益水平的驱动下从该生产资源匮乏的地区转移到该生产资源丰富的地区。发达地区的产业具有较高的密集型特征，企业生产所需的生产要素和基础设施，如人力、水、电和土地等的综合成本较高，制约了部分企业的发展空间，迫使其以降低企业的生产成本为目的，向资源和要素充裕的地区转移。

6.1.2　经济环境

经济环境一方面指产业转移承接地区的经济发展状况。如果承接地区经济增长速度较快且运行状态良好，那么产业投资的经济环境也就较好。另一方面指区域对外经济的发展。某一地区参与区域间的分工和贸易的深度和广度反映了该区域经济的外向程度。一般来说，某一区域的外向程度越高，该地区参与区域间经济活动的能力也就越强，投资获益的可能性就越大[237]。

区域经济环境对区际产业转移的影响包括区域内的经济发展水平、产品市场大小及产业聚集程度。经济发展水平能够通过要素禀赋分配、市场基础、产业分工等方面对区际产业转移产生影响，经济发展水平越高的地区越容易吸引先进的产业向本地区进行扩散和转移。但同时，在特定时期内，承接地区对某一产品的需求有限，产业无限制的扩张会导致该产品出现供过于求的现象，即承接地区对产业的转入有一定的承受范围，因此，市场更为广阔及成熟的区域对区际产业转移有更强的吸引力。区域经济环境中，产业聚集程度通过需求联系和成本联系对区际产业转移产生作用。转移企业更倾向于转入上游产业相对较多且已初具规模的地区，即产业聚集程度较高的地区，因为该类地区中间投入品易获取，其生产成本也相对较低，所以对区际产业转移的吸引力更强。

6.1.3　创新水平

区域创新水平包括区域内的创新资源、创新效率和知识流动等因素。欠发达地区创新活动的活跃程度、科技成果状况、市场信息和技术信息获取的难易程度等，均能对区际产业转移的区位选择及其在承接区域内的发展状况产生影响。创新资源包括劳动力、资本和技术。欠发达地区区域内的知识流动水平能够影响企业信息及技术的易获取性，知识及信息流动性较强的地区创新成本相对较低。因此，区域创新系统的创新水平越高，转入企业在本地的创新及发展能力也就越强。

6.1.4　政策环境

区域创新系统的政策环境是指创新系统所在地区针对区际产业转移制定的作用于区际产业转移嵌入和发展的一系列政策的总和，是由税收政策和财政政策等直接优惠政策和其他相关的一般政策所构成的政策体系。政策环境对欠发达地区承接产业转移起着决定性作用。政府部门在规划区域经济发展的过程中，会根据其自身的政策、法律及环境特点，制定不同的发展方向，规划不同的发展区域，优先发展特定的产业，为产业转移提供具体方向，激励企业依据自身发展情况，调整自身发展模式，为承接区际产业转移而提升自身的创新力度。而转移产业在选择转移地区时，也会优先选择具备良好政策环境的地区，可为其后续发展打下良好的基础。

投资环境是指转移企业进行投资的区位选择时,承接地区与投资相关的外部条件的集合。Dunning 将承接区域的投资环境因素分为七个部分,包括对外部投资的态度、政局稳定程度、所有权限制、外汇管制程度、汇率稳定程度、税收结构、投资地区对承接地区的熟悉程度。结合欠发达地区区域特征,参照 Dunning 的研究成果,本书从政策环境和法律环境两个方面对投资环境因素进行分析[238]。

1) 政策环境

对区际产业转移来说,政策环境产生的吸引力是区位选择过程中的主要影响因素[239]。区际产业转移在某种程度上可以理解为发达地区的企业在利润最大化目标的驱使下,根据自身竞争优势的变化,在区域间进行转移的经济现象。欠发达地区对某些产业政策的倾斜为部分产业的发展提供了便利,形成了比较优势,吸引该类产业向该区域转移。承接地区的政治环境因素可以分为区域政府的政策执行能力、政策的稳定程度、政府活动的透明度及政府的腐败程度等。政策执行能力强,政策的稳定程度及政府活动的透明度高,政府的政策执行能力强且清廉高效的政治环境是区域承接区际产业转移的保障。

2) 法律环境

法律环境起着调整区域内的投资行为及关系、保障转移企业利益及发展安全的作用。欠发达地区对区际产业转移提供的优惠政策与保障措施或者贸易壁垒及经济限制也能够通过法律体现出来,因此,法律环境在一定程度上也反映了区域内的政策环境及经济环境。承接地区法律环境状态对区际产业转移的区位选择有着重要影响,区域内的法律体系越完备、法制稳定性越高,区际产业转移的投资风险就相对越小。

6.2　欠发达地区区域创新系统对区际产业转移的影响路径

6.2.1　企业投资区位指向路径

转移企业在特定动机的驱使下进行跨区域直接投资,其投资区位具有明显的指向性,并且这种指向性具有显著的层次性差异。转移企业的区位指向一般可分为四种类型,具体如下所述。

1) 市场指向

在市场指向区位驱动下,转移企业最先选择的是经济发展水平相对较高的地区,决定性区位因素是接近市场的利益因素,即大规模市场的存在、接近信息集中区、回避贸易壁垒等。在发达地区的投资动机中,居于第二位的是收集信息(主要为市场信息)和回避贸易壁垒,这两个动机同第一大动机即占领当地市场相结合,反映了转移企业的市场指向型投资的特点,在市场指向型区位下,转移企业有序地向欠发达地区进行转移。

2) 成本指向

在成本指向区位驱动下，低廉的要素费用因素，尤其是大量廉价劳动力的存在，是决定性的区位因素。由于欠发达地区存在基础设施不完备、配套企业发育不充分等障碍性因素，往往承接地区在鼓励外部投资的优惠政策上会进行一定程度的弥补。在对欠发达地区的投资动机中，劳动力成本因素占据重要地位。在对欠发达地区的投资中，市场指向与成本指向呈现出相互融合的迹象。这是由于一些欠发达地区的经济快速发展，引起了消费结构由低向高的相应变化，为产业转移呈现出了十分广阔的市场空间，市场发展潜力巨大。同时，欠发达地区普遍存在资金不足、技术落后等问题，通过土地、税收方面的优惠政策吸引转移企业直接投资，是欠发达地区普遍采用的政策。

3) 地缘指向

欠发达地区投资主体的资金实力、经营规模、技术、管理水平及市场经验都有欠成熟的特征，特别是在对外直接投资的起步时期，投资主体的所有权优势和内部化优势都不明显，因而其对外直接投资所冒的风险较大。在这种情况下，邻近的熟悉区域比遥远的陌生区域对投资资本具有更大的吸引力，因为邻近的熟悉区域更易于经济联系的扩展。地缘接近能够产生文化习俗等方面的联系，使转移企业迅速熟悉承接区域的投资环境，便于双方加强沟通和理解，从而降低投资地区在这些区位投资的风险。

4) 资源指向

在资源指向的驱动下，稀缺资源是某些资源密集型或资源依赖型产业进行转移区位选择的决定性因素。比较优势理论认为每个地区都有自身的资源禀赋特征，在自然禀赋、技术要素、劳动力、资本等方面存在差异，欠发达地区一般资本丰富度较低、自然资源和劳动力丰富度较高，由于资本的逐利性，资本将由报酬低的地区流向报酬高的地区，导致资源密集型或资源依赖型产业向某些欠发达地区转移。此外，当发达地区资源短缺限制了某些产业的发展时，企业可以通过在资源丰富的地区开展投资等方式直接获取所需的资源，保障资源供给，实现区际产业转移。

6.2.2　主导产业转移规律路径

从一个国家或地区的经济发展状况和产业结构中可以看出，各种资源的丰富程度将直接影响一个国家或地区的产业和经济发展情况。主导产业在选择过程中，必须充分考虑实际的资源条件状况。总体上说，主导产业选择的发展方向受到一个国家或地区资源分布和开发利用情况的直接影响。对于一个资源丰富的国家或者地区来说，其产业结构中的主导产业必然是以资源开发利用为主的产业：而对于一个资源相对较贫乏的国家或者地区来说，其主导产业的特征必然呈现出以加工型结构为主的产业结构特征。因此，一定的资源状况与一定的主导产业选择情况对应，资源的比较优势是选择主导产业时必须要考虑的一个重要依据。

6.2.3　区域空间演进路径

在工业化和城市化过程中，往往会出现某些地区因为资源充裕、地理位置优越和政策扶持等，使得一些行业得到了充分发展。根据消费者需求和市场需求的导向，与消费者生活需求息息相关的消费品产业和传统服务业率先发展起来。大部分地区都处于经济发展的初级阶段，区域内经济总量和资本积累非常有限。在生产要素的流动方面，农村剩余劳动力对生产要素市场的需求更为灵敏，其流动性更为自由、灵活，同时在流动过程中不会出现沉没成本，因此劳动力的流动先于资本的流动。当城市的产业发展规模、市场容量和经济总量不断壮大时，就会出现劳动力市场和中间产品共享的规模效应。同时信息技术的不断发展，大大降低了企业的生产成本和交易成本，尤其是当区域内的运输成本低于跨区域的运输成本时，就会使得产业和关联产业逐渐向该区域转移。产业的聚集会促使企业不断提高劳动生产率，增强竞争力，产业的聚集也会延长产业链并深化产业分工。20 世纪 90 年代，我国东部沿海地区承接了大量来自发达国家的劳动密集型和资本密集型产业，这些产业迅速成为我国发达地区的主导产业，后来劳动生产率的提高使得这些产业吸纳劳动力的能力逐渐降低。产业的不断集聚和发展需要大量的劳动人口，而生活成本、家庭观念等因素使得劳动力在流动方面存在一定的上限，同时劳动力和企业的大量集聚，也使得我国发达地区的土地等生产要素的价格不断上升，生产要素成本的上升又提高了企业的运营成本和生产成本。随着现代物流业和交通运输业的发展，企业在发达地区的生产成本超过了运输成本，部分企业开始逐渐向周边生产要素成本低的地区转移。

6.3　欠发达地区区域创新系统对区际产业转移的影响效应

6.3.1　静态影响效应

区域创新系统对区际产业转移的静态影响效应是指随着区域创新系统的发展而引起的区际产业转移投资的变化，即区域创新能力提高带来的投资转移效应和投资创造效应。

1) 投资创造效应

投资创造效应是指区域创新系统的发展对区域内企业投资的刺激与促进作用，表现为已经嵌入欠发达地区进行投资生产的企业的直接投资及准备转移的企业的直接投资的迅速增加。投资创造是指区域创新系统在区域内产生更多的新产品及新技术，使区域对产品及技术产生了更高的需求，使得区域外的企业的产品进入该市场获取市场及原材料信息变得困难，转移企业想要在欠发达地区更好地发展，占领原材料或者市场，就要通过输出资本，在欠发达地区内设立新企业。另外，区域创新系统的发展，增强了区域对技术需求型区际产业转移的吸引力，使得转移企业加大了对该区域内的直接投资。通过区域创新系统，加强了各个创新主体之间的交流与联系，建立了自由、透明、便利和具有竞争力的投资体制来推动资本、技术和劳动力等各种要素在市场内自由流动，促进了转移企业投资的进一步增加。

2) 投资转移效应

投资转移效应是指转移企业进入欠发达地区之后利用区域创新系统的发展所带来的生产专业化和规模经济的机会，对该区域的生产经营活动进行重新调整和布局。区域范围内投资布局的调整或资源重新配置引起了直接投资的变动，导致区域内某些企业投资流入增加而另一些企业投资流入减少，使得资本在区域内部发生了转移，优化了投资结构。

6.3.2　动态影响效应

除了静态影响效应，区域创新系统也会对区际产业转移产生各种动态影响效应，包括规模经济效应、市场扩大效应和经济增长效应等。

1) 规模经济效应

区域创新系统对区际产业转移的一个重要的动态影响效应是促进区域内的转入企业及本地企业实现规模经济。在短期内，区域的生产、经营资源是一定的，无法根据区域内市场规模的扩大和有效需求的提高等实际情况及时调整其生产要素的投入和生产结构，因而无法获得规模经济收益。而在中长期内，企业有充足的时间根据外部市场的这一变化情况，改变其生产要素的投入量和投入比例关系，扩大产品的生产规模，从而降低平均成本，获得规模经济效益。由此可见，规模经济本身就意味着生产要素得到更大规模的投入，也意味着区际产业转移规模的增加。因此，区域创新系统可以通过资源的优化促进由规模经济带来的区际直接投资的增加。此外，区域创新系统可以为区域内的大量中小型企业提供新技术和各种技术服务，进行技术扩散，使转移企业形成更大规模的经济增长效应。

2) 市场扩大效应

在区域创新系统发展初期，承接地区有限的市场规模会限制区际产业转移，尤其是市场导向型区际产业转移的流入。随着区域创新系统的发展，各种创新资源的流动性增强，区域对新产品产生了更高的需求，扩大了市场规模，降低了转移企业在欠发达地区投入生产的固定成本，从而使转移企业能够得到更多的税收优惠、更大的市场和更有效的投资环境。因此，区域创新系统的建立不仅可以使原有的转移企业增加对区域内的投资，同时还会吸引更多新的产业转移。

3) 经济增长效应

承接地区的经济增长是区际产业转移持续流入的一个重要的决定性因素。欠发达地区除了凭借区域自身的自然资源优势、已有产业优势和区域分工优势，在激烈的竞争环境下，区域创新系统带来的区域经济的发展和经济增长质量的提高，也能对区际产业转移产生经济增长效应。首先，区域创新系统可以优化、整合区域内的创新资源，提高区域创新能力，形成区域创新合力。其次，区域创新系统中高科技企业和高科技产业园形成了区域经济中的新兴产业和新的经济增长点。最后，区域内大中型企业技术创新能力的形成不仅可以提高企业自身对先进技术的消化、吸收能力，还可以逐步使企业形成自主创新能力。

6.4 本 章 小 结

本章从影响因素、影响路径、影响效应三个方面分析了欠发达地区区域创新系统对区际产业转移的影响机理。首先，将影响因素划分为生产成本、创新水平、经济环境及政策环境四个部分；其次，从企业投资区位指向路径、主导产业转移规律路径及区域空间演进路径三个部分分析了影响路径；最后得出了欠发达地区区域创新系统对区际产业转移影响的影响效应，包括投资创造效应和投资转移效应的静态影响效应及规模经济效应、市场扩大效应及经济增长效应的动态影响效应。

第7章 区际产业转移对欠发达地区区域创新系统的影响关系研究

7.1 基于系统动力学仿真模型建立

7.1.1 系统动力学及其分析方法

1. 系统动力学基本概念

1956 年，在麻省理工学院教授福瑞斯特(Forrester)的研究下，系统动力学应运而生，该学科结合了控制论、信息论及系统论基本思想，能够分析信息的反馈结构及行为，同时被广泛应用于社会学、管理学、经济学及自然科学等学科的研究分析。在系统动力学的研究范畴内，系统结构决定了系统的行为模式和特性，只有将反馈的特征纳入系统范围内，充分考虑系统的复杂性和反馈性，才能对系统做出正确的判断。

系统动力学具有以下特点：

(1)适合处理长期性和周期性问题。已有不少系统动力学模型对社会问题、生态问题及生命周期问题做出了研究，这类问题均需要通过较长时间的考察，在研究中呈现出了周期性规律，可以用系统动力学模型对其进行描述。

(2)适合处理数据不足且难以量化的问题。该方法能够在少量数据的基础上，根据各个要素间的因果关系对模型结构进行推理计算。

(3)适合处理复杂的社会经济问题。社会经济问题一般对精度要求不高，一般的数学方法对描述高阶非线性动态方程难度较高，解决分析问题较为困难。但系统动力学方法能够在软件的帮助下，通过拟合和仿真，从复杂的社会经济现象中，提炼出包含于事件中的主要信息。

(4)适合处理条件预测问题。用"如果……则"的形式，设置结果产生的前提条件，分析研究问题未来的发展趋势。

2. 系统动力学分析方法

1)因果关系图

因果关系能够反映事件之间的联系，是构成系统动力学模型的基础。恰当的因果关系应建立在合理的社会关系的描述之上，也是构建正确的系统动力学模型的基础。在系统动力学中，通常用箭头表示因果关系，如图 7.1 所示，事件 E 与事件 F 之间的箭头线表示事件 E 与事件 F 的因果关系。在图 7.1(a) 中，事件 E 为事件 F 的原因，事件 E 对事件 F 的作用用 E 到 F 的箭头线表示，该键头被称为因果关系键。

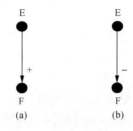

图 7.1　因果键

　　如果事件 E 的值增加，事件 F 的值也随之增加，即事件 E 与事件 F 的变化方向一致，那么称事件 E 与 F 之间存在正向因果关系，如图 7.1(a) 所示。图 7.1(b) 中事件 E 的值增加，事件 F 的值随之减少，事件 E 与事件 F 的变化方向相反，表示事件 E 与事件 F 之间存在负向因果关系。将多个事件之间的因果关系依次相连，组合构成了因果关系链，又由因果关系链组合构成了反馈回路。反馈回路分为正反馈回路和负反馈回路两种，前者起着增强作用，后者起着调节作用。绘制因果关系图时，连接两个变量的箭头线的箭尾表示原因，箭头表示结果。在系统动力学的分析过程中，因果关系图起着辅助作用。图 7.2 对四种简单的因果关系环进行了描述，在图 7.2(a) 和 (b) 中，事件 E 受事件 F 的影响，同时事件 E 又能影响事件 F，事件 E 与事件 F 两者之间互为因果关系，因果关系键形成了闭合的环形回路。从

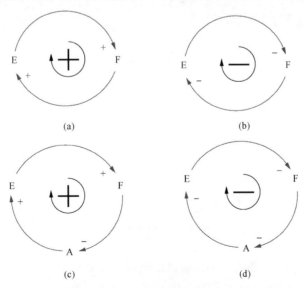

图 7.2　因果反馈示意图

系统整体来看，事件的因果无法确定，即因果关系环的起点及终点无法确定。此外，因果关系键具有极性，分为正键和负键，形成的反馈环也可以分为正反馈环和负反馈环。图7.2(c)对正反馈环进行了描述，图7.2(d)对负反馈环进行了描述。

2) 系统流图

系统动力学的系统流图能通过计算机对状态变量产生的积累效应进行模拟，用以分析实际的经济学及社会学问题。系统流图补充了因果关系图在描述系统反馈结构时不能反映不同性质变量的区别的问题。在系统流图中，采用不同的形状对变量性质进行区别，如用方框表示水平变量，漏斗表示速率变量。将变量符号用箭头线连接，就形成了能够反映系统结构的流程图。图7.3描述了由速率变量、辅助变量和水平变量组合而成的系统流图的一般模式。

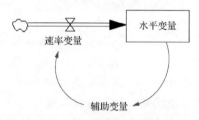

图 7.3　系统流图的一般模式

3. 系统动力学仿真软件

系统动力学中一般采用的分析软件为 Vensim PLE。该软件具有很强的图形编辑功能，为系统动力学的建模分析提供了一个视窗界面，Vensim PLE 处理问题的一般过程如图7.4所示。

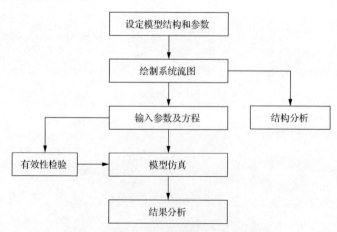

图 7.4　Vensim PLE 处理问题的一般过程

Vensim PLE 的特征如下所述。

（1）Vensim PLE 能够通过图形及图形中变量的关系直接建立分析模型，不需要进行编程。在建立分析模型时，先在模型设置窗口（Building）中画出系统流图，然后在方程编辑器中输入表示变量关系的方程和参数，单击"运行"之后，即可对模型进行仿真模拟。在打开状态下，可在文档工具栏中对输入的方程及参数进行查看，此外，Vensim PLE 还丰富了文件保存形式，方便后期对模型进行查看和修改。

（2）强大的数据共享能力。Vensim PLE 采用了丰富的分析方法，对信息输出具有很强的多样性及灵活性。在模型建立好之后，无论是因果关系图、系统流图，还是变量及模型的仿真结果，除了能直接在软件中显示之外，还能通过拷贝功能直接粘贴到 Word 文档中，具有很强的兼容性。

（3）多样化的分析方法。Vensim PLE 的分析功能包括对数据集的分析和对模型结构的分析两个部分。对数据集进行分析时，通过模型的运行，能够得出指定变量随时间的变动趋势图，并得出数据列表；对模型结构的分析一般通过原因树分析、反馈列表分析等方式实现。Custom Graph 功能能够输出多个变量随时间的变化图，可作为最终结果的分析和输出，也可通过图形描述变量之间的关系。

（4）对模型的有效性进行检验。采用 Vensim PLE 进行分析时，在研究建模初期，根据基本理论原理及模型需要遵守的规则，对关键变量提出一些基本假设，对模型进行限制。在分析时，根据检验变量是否遵守了这些规则来对模型的合理性及有效性进行检验，然后可根据检验结果，对模型的结构及数据进行调整。

7.1.2　系统动力学在研究中应用的可行性

区域创新系统的构成主体包括企业、高校、科研院所、中介机构及政府，其中企业的作用最为关键，企业在区域创新活动中最为活跃，其创新能力和创新效率的强弱直接决定了区域创新能力和创新效率的强弱[240]。从微观层面来看，区际产业转移也可以理解为企业的空间移动，其实质是企业空间扩张的过程，也是企业进行区位选择和区位调整的过程[241]。因此，企业迁移是产业转移最重要的实现方式，区际产业转移是大批量企业同时转移的结果，转移企业嵌入承接地区后，也会与当地的高校、科研院所、中介机构及政府发生联系。因此，区域创新系统和区际产业转移存在着创新溢出和合作的可能性，存在创新主体的一致性。

区域创新系统的功能是促进区域内创新资源的有效配置，生产、应用和扩散新知识和新技术，进而提高区域创新能力，形成区域竞争优势。而区际产业转移能够产生创新溢出效应、关联带动效应、结构优化效应和环境优化效应[13]，直接或间接地为欠发达地区创新能力的提升提供动力。一方面，先进产业的转入使承接地区产业结构中采用先进技术的部门数量和比例增加，使区域产业结构呈现出高级化的趋势；另一方面，先进产业的转入意味着新的生产函数的导入，这种蕴含新技术的生产组织会成为扩散源，使区域内的产业发生"升级换代"，促进产业结构向高级化演进。因此从承接方来看，区域创新系统与区际产业转移均为欠发达地区缩小与发达地区之间差距的一种方式，两者在功能上是相同的。

区域创新系统的发展目标是通过其网络功能及创新资源整合能力，实现区域创新能力的提高，进而增强区域的整体竞争实力。区域承接产业转移的发展目标是通过转入产业较强的创新能力和成长性，在保证自身发展和获得经济效益的同时，利用其强大的关联带动效应与创新溢出效应来带动区域其他相关产业的发展，最终提升区域整体的创新能力和竞争力，推动整个区域的经济发展。这与区域创新系统的发展目标是一致的，因此两者在发展目标上具有一致性。

区域创新系统的创新环境包括社会文化环境、制度环境、学习环境等创新软环境及基础设施环境、自然地理环境等创新硬环境；区际产业转移的承接环境则包括承接地区创新系统的发展状况及政治、经济、文化等多种因素。两者涉及的各种区域环境因素相互关联、组合构成了一种多因素、多层面组合的复合系统，为区域创新系统与转移产业的创新活动提供了条件及支撑，因此两者在创新环境上存在一致性。

区际产业转移与欠发达地区区域创新系统在主体、功能、目标及环境上的一致性如图 7.5 所示。

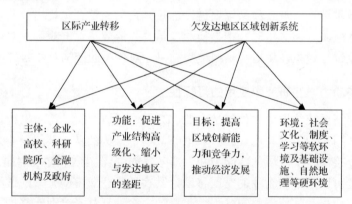

图 7.5　区际产业转移与欠发达地区区域创新系统相关关系

根据以上分析，本书利用系统动力学方法在刻画系统内部结构及分析要素间多重反馈关系方面的优势，构建区际产业转移对欠发达地区区域创新系统影响关系的系统动力学模型，将区际产业转移特征变量和区域创新系统构成要素同时纳入模型之中，分析其复杂的动态关系。

7.1.3　系统边界确定及基本假设

1) 系统边界

系统动力学认为系统的行为主要是由内因决定的，外部因素不能起到决定性作用，因此如何选择系统边界是直接关系到模型成功与否的关键步骤[242]。系统边界指研究的范围和程度，界限内是区际产业转移与欠发达地区区域创新系统内部的影响关系，界限外是区际产业转移与区域创新系统相互影响所处的外部环境。将区际产业转移和欠发达地区区域创新系统作为系统的主体部分，将能够对两个主体产生影响的关键因素也考虑进来作为辅助变量，以此来探讨区际产业转移对欠发达地区区域创新系统的影响关系。

2) 前提假设

H1：区域创新系统内的创新行为是一个连续、渐进的过程，不考虑政策的重大变革及非正常情况所导致的体系崩溃。

H2：迫于转出区域市场容量及生产资料等带来的生产压力，在所研究范围内，区际产业转移会持续发生。

H3：在整个创新过程中，将创新能力理解为一个积累的过程，不考虑其时效性及折旧等情况。

H4：创新水平的差距会导致创新扩散的发生。

7.1.4　模型结构分析

对系统结构进行分析是建立系统动力学因果关系图及系统流图的基础。对系统的拆分能使研究者从整体及宏观层面对系统的运行过程及系统中的反馈关系产生更加清晰明确的认识，也为找出关键变量提供了条件。本节将区际产业转移对欠发达地区区域创新系统影响关系系统分为生产子系统、知识子系统和服务子系统三个部分，各子系统之间相互独立又彼此联系，共同反映了整个系统的运行过程及状态。

1) 生产子系统

生产子系统是指系统内以生产为目标的主体及生产过程的集合。参与生产的主体主要包括欠发达地区内的本地企业和区际产业转移带来的转入企业，转入企业主要为中小型企业，而本地企业则以大中型企业为主，这些主体相互关联，共同参与到生产过程中。生产子系统的规模与转移企业的迁入速度有关，其影响因素包含以下四个方面：①由区域经济发展水平决定的市场规模吸引力；②由财政政策与产业政策决定的政策吸引力；③由基础设施水平决定的创新硬环境吸引力和由区域文化及创新水平决定的创新软环境吸引力；④由较低的人力成本与资源成本决定的成本吸引力。

2) 知识子系统

知识子系统是指系统内产生知识的主体与这些主体间联系的集合，主要包括转入企业、本地企业、高校、科研院所及这些主体间形成的联系。知识子系统为转入企业的新知识与新技术提供了扩散渠道，通过转入企业与高校及科研院所之间的协同与合作，提高了整个系统的知识存量。在生产子系统中，通过转入企业与本地企业的合作与交流，也能产生相应的知识溢出，且随着合作程度的加深，可以使知识子系统及整个系统呈良性发展。

3) 服务子系统

服务子系统是指系统中环境要素与服务性主体的集合。环境要素包括系统所处的市场规模、产业政策及基础设施条件等；服务性主体包括金融机构、中介机构和其他辅助机构组织。系统中的环境要素与服务性主体有机组合，为系统的运行提供了支撑。服务子系统与其他子系统相互影响、相互作用：一方面，服务子系统能够为生产子系统和知识子系统的运行提供便捷的资源条件及创新氛围。如果服务子系统的发展不足，会导致整个系统运行动力不足，因此服务子系统的状况在一定程度上制约着其他子系统的发展。另一方面，其他子系统也会对服务子系统的行为产生影响。三个子系统在互动过程中形成的反馈机制的作用下不断地演化与发展。

7.1.5　因果关系图

在区际产业转移对欠发达地区区域创新系统的影响过程中，区际产业转移在区域创新系统的吸引下发生转移，与区域内的企业、政府、高校、科研院所、中介机构及基础设施之间产生联系，在提升区域创新能力并促进区域经济健康发展的同时，也在一定程度上增强了该区域对区际产业转移的吸引力。本书以区际产业转移对欠发达地区区域创新系统影响关系的边界为限制条件，结合对系统结构的分析，围绕产业转移与区域创新系统的创新主体，建立区际产业转移对欠发达地区区域创新系统影响关系的因果关系图，如图 7.6 所示。

从图 7.6 中可以看出因果关系图中主要包含以下几条主要因果回路：

(1) 区域创新能力→区域对区际产业转移的吸引力→区际产业转移规模→区际产业转移创新溢出→区域创新能力；

(2) 区际产业转移规模→转移产业创新成果→转移产业新产品销售收入→转移产业利润→区域对区际产业转移的吸引力→区际产业转移规模；

(3) 区域创新能力→区域对区际产业转移的吸引力→区际产业转移规模→转移产业创新成果→转移产业新产品销售收入→政府的财政收入→政府对科技的投入→政府对创新基础设施的投入→创新基础设施水平→创新的溢出效应→区域创新能力；

(4) 区域创新能力→区域对区际产业转移的吸引力→区际产业转移规模→转移产业创新成果→转移产业新产品销售收入→政府的财政收入→政府对科技的投入→政府对高校和科研院所的投入→高校和科研院所数量→创新的同化能力→区域创新能力；

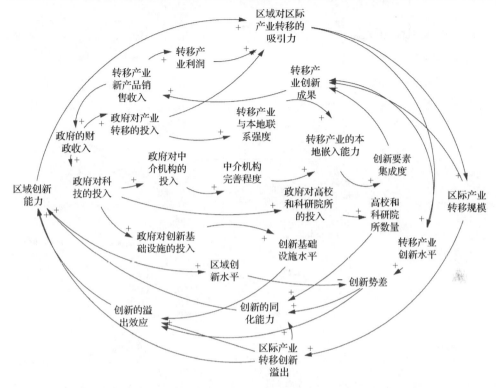

图 7.6　区际产业转移对欠发达地区区域创新系统影响关系的因果关系图

(5)转移产业创新成果→转移产业新产品销售收入→政府的财政收入→政府对科技的投入→政府对中介机构的投入→中介机构完善程度→转移产业的本地嵌入能力→创新要素集成度→转移产业创新成果;

(6)转移产业创新水平→创新势差→创新的同化能力→区域创新能力→区域对产业转移的吸引力→转移产业创新水平;

(7)转移产业创新水平→创新势差→创新的溢出效应→区域创新能力→区域对产业转移的吸引力→转移产业创新水平。

回路(1)和回路(2)分别从区域创新系统及区际产业转移的运行机制出发,描述了欠发达地区区域创新系统对区际产业转移的影响和区际产业转移对欠发达地区区域创新系统的影响。回路(3)~回路(5)分别从创新基础设施、高校和科研院所及中介机构的角度出发,描述了区际产业转移对区域创新系统的影响过程。回路(6)和回路(7)分别从转移产业创新的溢出与同化角度出发,描述了区际产业转移对区域创新能力的提升路径。

7.1.6　系统流图与变量

1) 系统流图模型构建

在区际产业转移对欠发达地区区域创新系统影响关系的因果关系模型的基础上，进一步考虑变量的性质和变量间的作用过程，构建区际产业转移对欠发达地区区域创新系统影响关系的系统流图模型，如图 7.7 所示。

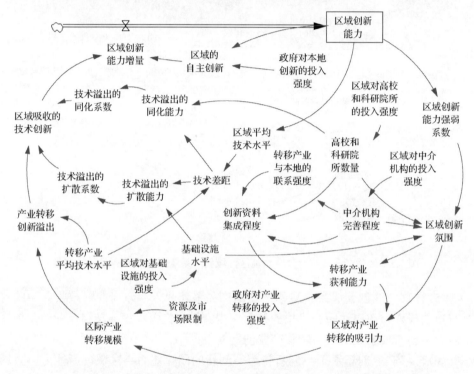

图 7.7　区际产业转移对欠发达地区区域创新系统影响关系的系统流图模型

2) 模型中的变量属性及名称

区际产业转移对欠发达地区区域创新系统影响关系的系统流图模型中共有一个水平变量、一个速率变量及 26 个辅助变量和常量，具体内容见表 7.1。水平变量为区域创新系统的创新能力，速率变量为区域创新系统的创新能力增量，辅助变量包括区际产业转移规模、转移产业平均技术水平、资源及市场限制、区域平均技术水平、技术差距、技术溢出的同化能力、技术溢出的同化系数、技术溢出的扩散能力、技术溢出的扩散系数、区域吸收的技术创新、区域的自主创新、政府对本地创新的投入强度、政府对产业转移的投入强度、区域创新能力强弱系数、区域创新氛围、区域对产业转移的吸引力、区域对基础设施的投入强度、区域对高校和科研院所的投入强度、区域对中介机构的投入强度、中介机构完善程度、基

础设施水平、高校和科研院所数量、转移产业与本地的联系强度、创新资料集成
程度、转移产业获利能力、产业转移创新溢出。

表 7.1　模型变量属性及名称

变量属性	变量名称
水平变量	区域创新能力
速率变量	区域创新能力增量
辅助变量	区际产业转移规模、转移产业平均技术水平、资源及市场限制、 区域平均技术水平、技术差距、 技术溢出的同化能力、技术溢出的同化系数、 技术溢出的扩散能力、技术溢出的扩散系数、 区域吸收的技术创新、区域的自主创新、产业转移创新溢出 政府对本地创新的投入强度、政府对产业转移的投入强度、 区域创新能力强弱系数、区域创新氛围、区域对产业转移的吸引力、 区域对基础设施的投入强度、区域对高校和科研院所的投入强度、 区域对中介机构的投入强度、中介机构完善程度、 基础设施水平、高校和科研院所数量、 转移产业与本地的联系强度、创新资料集成程度、转移产业获利能力

　　模型中变量间定性关系的确立主要是基于区际产业转移对欠发达地区区域创
新系统影响关系的因果关系分析，通过理论分析及专家排序法综合获得；定量化
函数关系是在参考现有研究成果的基础上，采用我国欠发达地区(以黑龙江为
例)2005~2014 年的统计指标作为基础数据，用 SPSS 17.0 进行回归分析获得。

7.1.7　模型有效性检验

　　系统的有效性决定了模型是否可用，在对模型进行仿真研究之前，先要对模
型的有效性进行检验，系统的有效性决定了模型是否可用，正确的模型结构比模
型参数的选择对系统动力学运行结果的准确性更为重要。因此，为了验证所构造
的模型能否反映区际产业转移对欠发达地区区域创新系统影响关系的特征和规
律，本书将区际产业转移对模型有效性检验进行理论检验，以此来考察模型结构
的有效性。包括区际产业转移规模的变动趋势、区域创新能力的变动趋势及技术
创新溢出的扩散能力与同化能力变动趋势。应用 Vensim PLE 对模型进行仿真模
拟，取 INITIAL TIME=0，FINAL TIME=100，TIME STEP=0.25，Units for Time：
Month，几个主要指标的变动趋势呈现如下特点。

　　1) 区际产业转移规模变动趋势的理论检验

　　如图 7.8(a)所示的区际产业转移规模呈 S 形上升趋势，表征的是区域承接的
区际产业转移规模的动态变化。初始阶段区际产业转移规模增速较慢，中期增速

加快，后期增速趋缓，反映出区际产业转移规模会随着区域吸引力的增强而增大，但在后期由于区域市场容量和区域承载能力的有限性，转移产业面临创新资源紧缺和边际收益递减的状况，产业转移规模趋于稳定。

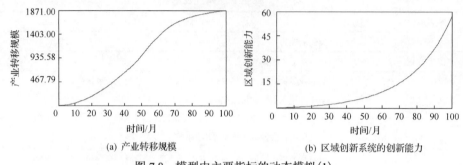

(a) 产业转移规模　　　　　　　　　　(b) 区域创新系统的创新能力

图 7.8　模型中主要指标的动态模拟(1)

2) 区域创新系统的创新能力的变动趋势的理论检验

如图 7.8(b) 所示的区域创新系统的创新能力呈指数型上升趋势，表征的是区域创新系统的创新能力随时间增长的累积过程。初始阶段，区域创新系统的创新能力较弱，对产业转移的吸引力不强，创新溢出同化能力较弱，创新能力增长缓慢；随着创新能力的累积，对产业转移的吸引力增强，吸收创新溢出的能力也增强，加上自主创新投入的累积效应，集成创新效应开始凸显，区域创新开始步入良性轨道。

3) 技术创新溢出的扩散系数、同化系数变动趋势的理论检验

技术创新溢出的扩散系数、同化系数(图 7.9) 呈上升趋势且前者的增长速度快于后者，表征的是区域技术创新溢出的扩散能力及同化能力的动态变化。初始阶段，区域创新能力、产业转移规模、区域创新扩散能力及同化能力均快速增长，到后期，区域创新能力仍保持快速增长，而产业转移规模趋于稳定，因此主要依托于区域创新能力的创新同化能力的增长速度要慢于依托于产业转移规模的技术创新溢出能力的增长速度。

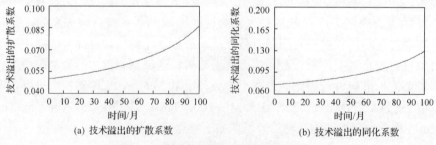

(a) 技术溢出的扩散系数　　　　　　　(b) 技术溢出的同化系数

图 7.9　模型中主要指标的动态模拟(2)

由以上分析可以看出，本书所建立的系统动力学模型能够在既定条件下反映实际系统运行规律，因此可以确定所建立的模型是有效的。

7.2　基于系统动力学的影响关系分析

7.2.1　以区域创新能力为导向的影响关系路径

从总体层面来说，欠发达地区区域创新系统的创新能力的提高能够增强其对区际产业转移的吸引力，从而引入新的企业及投资，提高区际产业转移规模。区际产业转移规模的增大带来的创新溢出效应会进一步提高欠发达地区区域创新系统的创新能力，此过程如图 7.10 所示。

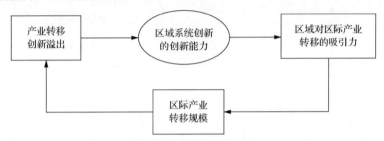

图 7.10　以区域创新能力为导向的影响关系路径

1) 源于创新基础设施的影响关系路径

从创新基础设施角度来看，欠发达地区区域创新系统创新基础设施水平的提高能够提高区域内的创新溢出效应，从而提高区域创新系统的创新能力；而区域创新系统能力的提高又能增强区域对区际产业转移的吸引力；随着区域对区际产业转移的吸引力的增强，区际产业转移规模增加，转移产业创新成果及新产品销售收入增加，纳税增多，从而为欠发达地区的政府带来了更高的财政收入，政府也相应地加强对科技的投入从而带动了对创新基础设施的投入，进而增强了欠发达地区区域创新系统创新基础设施的水平，此过程如图 7.11 所示。

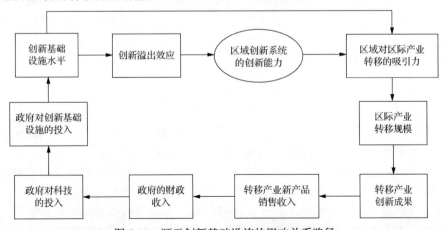

图 7.11　源于创新基础设施的影响关系路径

2) 源于高校和科研院所的影响关系路径

从高校和科研院所角度来看，在区域创新系统内，高校和科研院所数量的增加能够提高创新系统对区际产业转移带来的创新的同化能力，即促使欠发达地区更好地将新技术及新知识转化为自身的技术及知识，进而提高欠发达地区区域创新系统的创新能力；区域创新系统的创新能力的提高又增强了区域对区际产业转移的吸引力，增加了区际产业转移规模，通过产业转移创新成果的增加引起的转移产业新产品销量收入的增加为欠发达地区的政府带来了更多的财政收入；财政收入的提高促使政府相应地加大了对科技及高校和科研院所的投入，又进一步增加了高校和科研院所数量，此过程如图 7.12 所示。

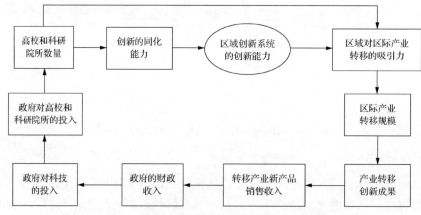

图 7.12　源于高校和科研院所的影响关系路径

3) 源于中介机构的影响关系路径

从中介机构角度来看，随着中介机构的逐步完善，区域内创新要素集成程度逐渐提高，创新主体获取创新要素的成本降低，创新意愿增强，创新能力也随之提高；创新能力的提高增强了区域对区际产业转移的吸引力，随着区域对区际产业吸引力的增强，区际产业转移规模增大，转移产业创新成果及新产品销售收入增加，为欠发达地区的政府带来了更多的财政收入，促使政府加大对科技和中介机构的投入，进而增强了中介机构完善程度，此过程如图 7.13 所示。

4) 源于创新的同化能力的影响关系路径

创新的同化能力是指欠发达地区区域创新系统将区际产业转移带来的新技术与新知识纳入原有知识结构，与原有的知识相融合，以此来丰富自身知识储备的能力。创新的同化能力由区域创新系统的能力与转移产业创新水平之间存在的创新势差决定，创新势差随区域创新能力的提高而提高，随转移产业创新水平的提高而减弱。创新的同化能力的提高能够增强区域创新系统的能力，区域创新系统的能力能够通过提高区域对区际产业转移的吸引力来吸引具有不同创新水平的转移产业，进而影响区际产业转移与自身之间的创新势差，此过程如图 7.14 所示。

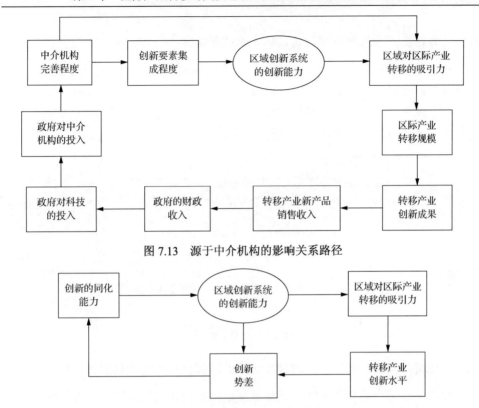

图 7.13　源于中介机构的影响关系路径

图 7.14　源于创新的同化能力的影响关系路径

5) 源于创新的溢出效应的影响关系路径

区际产业转移产生的创新的溢出效应能提高欠发达地区区域创新系统的创新能力，创新的溢出效应随创新势差的增大而提高，随创新势差的减小而减小。创新的溢出效应提高了区域创新系统的创新能力，而区域创新系统的创新能力的提高增强了区域对区际产业转移的吸引力，进而改变了承接的转移产业创新水平，对转移产业创新水平与区域创新系统的创新能力之间的创新势差产生影响，如图 7.15 所示。

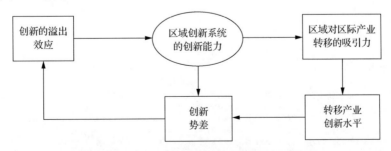

图 7.15　源于创新的溢出效应的影响关系路径

7.2.2 以区际产业转移规模为导向的影响关系路径

从欠发达地区承接的区际产业转移规模角度来说,随着欠发达地区承接的区际产业转移规模的增大,转移产业创新成果也随之增多,转移产业新产品销售收入增加;而转移产业新产品销售收入的增加提高了转移产业利润;而已经转入产业利润的提高会对待转移的产业产生吸引力,进一步吸引新的区际产业转移,如图 7.16 所示。

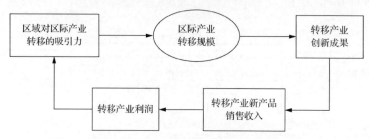

图 7.16　以区际产业转移规模为导向的影响关系路径

7.3　基于系统动力学的影响关系仿真模拟

7.3.1 区际产业转移技术水平对欠发达地区区域创新系统创新能力的影响

模型中转移产业技术水平对区域创新能力起直接作用。转移产业技术水平的取值范围从 0~1 依次表示转移产业技术水平由弱到强,取 Test1~Test5 分别对应转移产业技术水平为(0.2)、(0.4)、(0.5)、(0.7)、(0.8),区域创新能力的变化情况如图 7.17 所示。

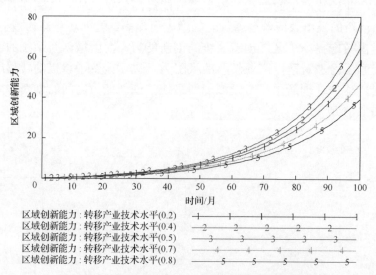

图 7.17　转移产业技术水平对区域创新能力的影响

由图 7.17 可以看出，不同的转移产业技术水平下创新能力增长速度由快到慢的顺序为：Test3(0.5)＞Test2(0.4)＞Test1(0.2)＞Test4(0.7)＞Test5(0.8)。这一结果与一般对产业转移的理解有所出入，转移产业技术水平并不是越高越好，而是呈现出复杂性的特征；随着转移产业技术水平的提高，产业转移对区域创新能力的带动作用会逐渐增强，但这种正向的促进作用不是绝对的，其在超过一定的范围后，技术水平的进一步提高反而会阻碍区域创新能力的提高。这一结果的出现可以解释为：随着转移产业技术水平的提高，创新溢出的作用效果加大，新技术及新知识的出现会更好地带动区域创新发展；但在转移产业技术水平高过一定程度后，过大的技术差距使得欠发达地区无法接纳并吸收转移产业的技术溢出，与此同时，承接的转移产业也无法找到合适的合作伙伴来进行本地横向和纵向嵌入，只能面临被迫转出的困境。通过以上分析可以看出技术水平过高或过低都不利于区域及转移产业的发展，因此，区域在选择产业转移时要分析本地创新的需求及消化吸收能力，利用现有的资源及技术，吸引并选择与本区域发展状况相符的企业。

7.3.2　区际产业转移驱动下的欠发达地区政府的决策行为

1) 区域创新系统辅助要素对区域创新能力的影响

系统流图中包含的创新系统辅助要素包括区域对高校和科研院所的投入强度、区域对中介机构的投入强度及区域对基础设施的投入强度。分别增大对单个要素的投入强度，而另外两个要素投入保持不变，以此来比较各个要素对区域创新能力的变动的作用效果，如图 7.18 所示。

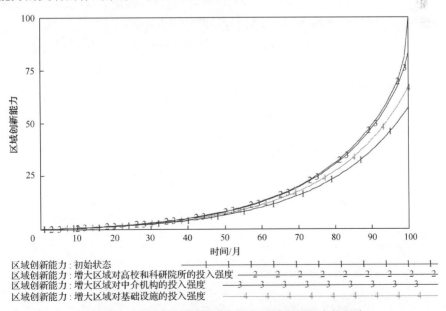

图 7.18　区域创新系统辅助要素对区域创新能力的影响

在图 7.18 中，不同策略下区域创新能力的增长速度由快到慢的顺序为：区域创新能力(增大区域对中介机构的投入强度)≈区域创新能力(增大区域对高校和科研院所的投入强度)>区域创新能力(增大区域对基础设施的投入强度)。欠发达地区通过区际产业转移来提升区域创新系统创新能力的主要限制因素依次为中介机构、高校和科研院所及基础设施。这一结果可解释为在欠发达地区承接区际产业转移的过程中，中介机构能够提高创新资料的集成程度，直接促进创新的溢出和同化，对欠发达地区区域创新能力提升的作用最明显；高校和科研院所通过对创新溢出进行转化及再创新的行为，在创新溢出同化过程中能起到重要作用，并能够营造出一个良好的创新氛围，因此也能对区域创新能力的提升起到重要作用；基础设施在前期区域创新能力较弱并且需要大量吸引产业转移的时候能够起到关键作用，但随着欠发达地区区域创新系统基础设施的进一步完善，其对区域创新能力提升的影响力减弱。

2)不同的产业转移技术水平下政府的决策行为

根据 7.3.1 节的分析，不同的转移产业技术水平会对区域创新能力的增长带来不同的影响，但在欠发达地区承接产业转移过程中，区域很难对承接产业进行自主选择。因此，在面临不同技术水平的转移产业时，政府对科技创新投入的决策行为会起到至关重要的作用。因此，本小节主要研究在不同的转移产业技术水平下，政府对产业转移和自主创新的投入比重对区域创新能力的影响。将产业转移技术水平分为高技术水平(0.7)和低技术水平(0.4)，决策方案 Test1(0.5，0.5)、Test2(0.6，0.5)、Test3(0.7，0.4)分别对应增加自主创新投入、原始投入和区际产业转移投入时区域创新能力的变动趋势，如图 7.19 所示。

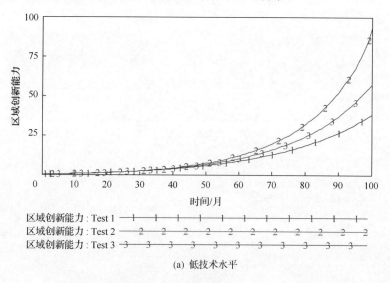

(a) 低技术水平

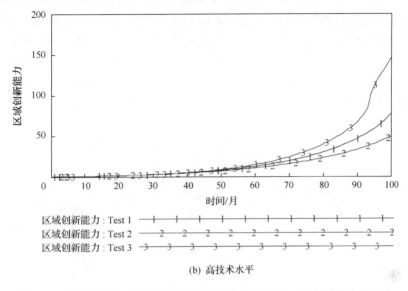

区域创新能力: Test 1
区域创新能力: Test 2
区域创新能力: Test 3

(b) 高技术水平

图 7.19 不同的产业转移技术水平下政府创新投入对区域创新能力的影响

图 7.19(a)表示低技术水平下不同决策行为对应的区域创新能力的变化趋势，结果表明增加自主创新投入水平使区域创新能力增速最慢；图 7.19(b)表示高技术水平下不同决策行为对应的区域创新能力的变化趋势，结果表明增加区际产业转移投入能使区域创新能力的增速最快并在后期取得越级式发展。若产业转移技术水平较低，技术差距较小，则区域可借助自身的创新能力与创新氛围吸纳更多的产业转移，在创新溢出的吸收同化方面，具有一定的优势，因此，应将发展的重点放在吸引产业转移上；若产业转移技术水平较高，区域对创新能力的吸纳能力较差，则很难顺利地吸收同化产业转移带来的创新溢出，因此，区域发展的重点应该放在如何吸引产业转移到本区域及创新溢出的吸收上，给予转移企业政策与资金扶持，让其顺利嵌入本地并在本地结网，充分发挥其技术优势，为区域创新能力的提升提供动力。

7.4 本 章 小 结

本章首先从区际产业转移对欠发达地区区域创新系统的作用及欠发达地区区域创新系统对区际产业转移的作用两个方面提出了区际产业转移对欠发达地区区域创新系统的影响关系的理论基础，认为区际产业转移与区域创新系统间互相适应、互相依赖、互相促进。其次采用系统动力学研究方法，对区际产业转移对欠发达地区区域创新系统的影响关系进行建模仿真，并从区际产业转移技术水平对欠发达地区区域创新系统创新能力的影响和区际产业转移驱动下的欠发达地区政府的决策行为两个方面进行分析，仿真结果表明：在欠发达地区承接区际产业转移过程中，提高中介机构及高校和科研院所的实力有助于提高区域创新系统的创新能力；此外，区际产业转移技术水平对区域创新系统的创新能力的影响呈现出复杂性的特征，在创新投入上需要制定有针对性的区际产业技术转移政策。

第二部分　区际产业转移与欠发达地区区域创新网络构建研究

对于欠发达地区区域创新系统来说，区际产业转移的进入代表着系统中输入了不同特征、不同属性的主体，这些主体的进入会对区域创新系统产生一系列的影响，而这些影响是区域创新系统处理和接纳区际产业转移的基础。区域创新系统通过其自身具有的复杂适应性特征，对这些影响进行适应性处理，主要体现在其核心部分即区域创新网络构建。因此，本部分主要研究区际产业转移与欠发达地区区域创新网络构建问题，具体包括第8～第11章的内容。

第8章 基于区际产业转移的欠发达地区区域创新网络嵌入研究

8.1 基于区际产业转移的欠发达地区区域创新网络嵌入关系维度

基于区际产业转移的欠发达地区区域创新网络嵌入的形成表现为转移企业关系纽带的发育和形成。转移企业通过经济性关系纽带和社会性关系纽带与本地供应商、客户及其他相关支持机构体系之间形成互惠关系。Quinn经过研究后发现，企业获取外部信息已经不再依赖于早期的市场调研，而是将与本地领先组织建立关系纽带作为获取信息的重要渠道，因此紧密的关系和高社会化程度会促进转移企业获取市场需求信息、技术发展信息及创新信息，进而降低研发风险、取得互补性资源及提高学习效益。基于区际产业转移的欠发达地区区域创新网络嵌入关系维度主要分为以下四类。

8.1.1 本地客户关系

本地客户关系是指转移企业与接收其零部件、经销其产品或为其进行配套协作服务的企业组织建立关系纽带。这类企业组织主要包括产品经销商、分销商、代理商及零售商等。转移企业与欠发达地区企业组织通过生产、营销、服务及市场建立关系纽带并形成一种互惠关系：对于转移企业来说，良好的本地客户关系能够了解客户需求，并与客户共同开发新产品和开拓新服务。良好的本地客户关系可以促进转移企业在确保客户满意度的同时，对客户需求有快速的反应速度，从而降低企业运行成本和提高企业运行效率。对于欠发达地区的本地客户来说，由于本地客户技术水平处于弱势地位，能够通过利用转移企业制造的质量更好或者成本更低的产品进行进一步加工和制造以便从中获得高生产效率。

转移企业与本地客户建立关系纽带主要通过四种联系方式：①"纯粹"市场交易。主要指转移企业直接向本地客户销售现货。②短期关联。根据合同，转移企业一次性或间歇性向本地客户销售现货。③长期关联。建立长期关联主要通过两种途径，一种是依照契约关系或签订协议，与本地最终客户或本地分销商建立长期关系；一种是欠发达地区企业将部分产品外包给转移企业。④股权关系。建立股权关系主要通过两种途径，一种是与分销商或最终客户建立合资企业，一种是在本地建立新的分销子公司。上述联系方式根据关系持久性可分为短期联系和长期联系，根据关系类型可分为依赖型和发展型。转移企业和欠发达地区企业采用不同的联系方式时，二者的互动程度、转移企业本地化程度和欠发达地区企业收益也不同，具体见表8.1。

表 8.1　转移企业与本地客户企业的联系方式

关系持久性	短期联系		长期联系	
联系方式	"纯粹"市场交易	短期关联	契约、协议	股权关系
关系类型	依赖型		发展型	
关系本质	不平等的贸易关系		平等的相互学习关系	
互动程度	低		高	
转移企业本地化程度	低		高	
欠发达地区企业收益	获得价格优势和短期便利		开发自己的高技术含量产品市场	

8.1.2　本地供应商关系

本地供应商关系是指为转移企业提供原材料、服务、中间产品和关键部件的企业组织建立关系纽带。这类企业组织主要包括原材料供应商、关键部件供应商等。转移企业与欠发达地区企业组织通过采购和服务形成一种增值关系：对于转移企业来说，发展当地供应系统并与本地供应商建立良好的关系是一个重要且持久的竞争优势资源，良好的采购及具有战略价值的产品和服务的长期供应能够降低转移企业的成本，并提高其成本竞争优势。对于欠发达地区的本地供应商来说，由于欠发达地区供应商的原有产品质量无法为转移企业配套使用，转移企业会帮其建立生产性设施，在组织管理上为其提供帮助和培训，并为其制订零部件或者原材料的最低质量标准、价格、交货期等措施。种种措施使欠发达地区本地供应商的经营方式逐渐现代化、多样化，并对当地经济具有实质性的带动作用。

转移企业与本地客户建立关系纽带主要通过四种联系方式：①"纯粹"市场交易。主要指本地客户直接向转移企业购买现货。②短期关联。根据合同，本地客户一次性或间歇性向转移企业购买产品。③长期关联。长期关联方式主要通过两种途径，一种是按照契约安排，本地客户长期采购或进一步加工转移企业的最终产品或中间产品；另一种是以分包的形式，由本地客户完成最终产品或中间产品的生产。④股权关系。股权关系方式主要有两种途径，一种是与供应商成立合资企业，一种是由现有外国子公司建立新的供应子公司。上述联系方式根据关系持久性分为短期联系和长期联系，根据关系类型可分为依赖型和发展型。转移企业和欠发达地区企业采用不同的联系方式，其互动程度、转移企业本地化程度和欠发达地区企业收益也不同，具体见表 8.2。

表 8.2　转移企业与本地供应商企业的联系方式

关系持久性	短期联系		长期联系	
联系方式	"纯粹"市场交易	短期关联	契约、分包	股权关系
关系类型	依赖型		发展型	
关系本质	传统的分包制、注重成本节约		建立在技术信任的基础上，注重附加值	
互动程度	低		高	
转移企业本地化程度	低		高	
欠发达地区企业收益	开辟生产标准产品、低技术含量产品的市场		开发自己的高技术含量产品市场	

8.1.3　本地竞争者关系

本地竞争者关系是指转移企业与本地同行竞争企业建立关系纽带，和本地同行竞争企业合作也是进入和发展新市场的一种形式。这类竞争企业大多与转移企业处于同一产业链环上，并经营同一种类或功能相似的产品。例如，在一些外源性产业集群中，位于同一产业链环上的多个竞争性的转移企业和欠发达地区企业形成多条平行的供应链，在相同的产业链环上，虽然其经营产品类似，但本地竞争企业的技术知识或市场信息是转移企业所需要的知识，二者通过建立在合作基础上的竞争，实现双赢和多赢。

转移企业与本地竞争企业大多在产品市场上存在竞争，而在共同的技术研发、物流仓储、信息交流和开拓国际市场等领域存在合作，二者通过合作式竞争获取互补的创新知识，降低创新成本，分散创新风险。其竞争合作方式也分为短期合作和长期合作，大多竞争性企业采用长期合作方式，主要通过两种联系方式：①长期关联。与本地竞争企业合资项目，通过项目联合开发新产品和制定新的技术标准。②股权关系。转移企业在转入地建立新的子公司，子公司与欠发达地区企业生产相同产品或服务，具体见表 8.3。

表 8.3　转移企业与本地竞争者的联系方式

关系持久性	短期联系	长期联系	
联系方式	同行代工生产	长期关联	股权关系
关系类型	竞争型	合作发展型	
关系本质	获得短期便利	高水平的互动	
互动程度	低	高	
转移企业本地化程度	低	高	
欠发达地区企业收益	获取互补创新知识	降低创新成本，分散创新风险	

8.1.4　本地相关支持机构关系

本地相关支持机构关系是指转移企业与提供市场行情和行业发展动态的机构组织建立关系纽带。这类机构组织主要包括高校与科研院所、政府、中介机构和金融机构等。各本地相关支持机构通过购买、交换等方式为转移企业提供帮助：高校与科研院所可以为企业提供技术交流平台，如科技评估中心、科技招投标机构等，在产学研合作研发项目的同时达到互利互惠；部分科研院所也参与服务对象的技术创新过程，如生产力促进中心、创业服务中心、工程技术研究中心等。政府可以为转移企业的正常运作提供保障(如供水供电的特殊照顾、简化审批手续等)，并且能为转移企业提供及时的政策信息。中介机构可以为战略关系企业提供管理咨询与人员培训。金融机构可以为转移企业提供资金保障和相关市场行情信息。

少量转移企业与本地客户通过一次性购买等方式建立短期关系纽带，大多数转移企业与本地客户采用长期合作方式建立关系纽带，而长期联系主要包括两种方式：①长期关联。长期关联方式主要通过两种途径，一种是转移企业与本地大学和科研院所、研究中心等当地研发机构签订研发合同；另一种是大学为企业举办各类技术、管理等培训项目，同时也输送部分在校学生去企业实习。②股权关系。转移企业与转入地建立联合研发中心、联合培训中心等研发培训机构，具体联系方式见表 8.4。

表 8.4　转移企业与本地相关支持机构的联系方式

关系持久性	短期联系	长期联系	
联系方式	短期关联	长期关联	股权关系
关系类型	一次性购买型	合作发展型	
关系本质	获得短期便利	高水平的互动	
互动程度	低	高	
转移企业本地化程度	低	高	
本地研发支持机构收益	低	高	

8.2　基于区际产业转移的欠发达地区区域创新网络嵌入动力

嵌入的概念最早是由 Polanyi 提出，指的是企业与外部商业网络成员之间各种关系的紧密程度，表现为产品、资金知识、信息等资源在两个组织形成的二元体之间的交换。Henderson 等提出了相互联系的两种全球生产网络嵌入形式：本地嵌入与网络嵌入，前者是指外来公司"根植"（anchoring）于本地市场和特定的制度环境的过程，后者主要是从价值链治理机制角度考察，指网络内不同层级的参与者之间联系的紧密程度[243]。本书主要将两种网络嵌入形式联系起来，从产业转移的欠发达地区区域创新网络嵌入角度考察其嵌入动力的内涵，同时对嵌入动力的构成要素进行研究。

8.2.1　嵌入动力的内涵

转移企业的目标是创造较高的价值和永续生存，转移企业将嵌入欠发达地区区域创新网络作为实现其目标的重要战略性资源。推动转移企业嵌入欠发达地区创新网络的基本前提是：通过嵌入欠发达地区区域创新网络，与欠发达地区企业共同合作并进行创新，既能降低创新风险，又能不断地推陈出新，从而扩大市场份额，提升自己的竞争优势，使自身在激烈的市场竞争中赢得一席之地。

动力是指一种能够推动事物前进发展的作用力，转移企业嵌入欠发达地区区域创新网络的行为是在一定的推动作用下完成的，即所谓的欠发达地区区域创新网络嵌入动力要素。转移企业嵌入欠发达地区区域创新网络的过程也是其自身发展和演进的过程。

8.2.2　嵌入动力的构成要素

转移企业嵌入欠发达地区区域创新网络的动力要素主要表现在创新需求、分工互补和信任关系三个方面，三者相互耦合、共同促进转移企业嵌入欠发达地区区域创新网络。

1）创新需求

从欠发达地区企业的角度来讲，转移企业的进入加速了欠发达地区的技术变革；从转移企业的角度来讲，跨区域转移使企业面对更激烈的市场竞争。技术创新是企业提高竞争优势的动力源泉，因此创新需求是推运转移企业嵌入欠发达地区区域创新网络的重要因素，主要表现为以下三个方面。

（1）创新资源的获取。创新资源是指进行创新活动所需要的包括资金、设备、人才及信息等在内的各种资源。在实际的经济生活中，无论是转移企业还是欠发达地区企业，所有的创新主体所拥有的创新资源都会受到有限约束，大部分创新主体的资源结构也呈不均衡状态，如欠发达地区企业具有地域优势，对本地资源较了解，而转移企业掌握着更多先进的生产信息等资源。因此创新主体在进行单独的创新活动时往往会因为某种资源的缺乏而陷入瓶颈，正是这种基于对创新资源的需求使得转移企业与欠发达地区企业产生了建立合作关系的意识，通过合作实现资源结构上的优势互补，以保证创新能够获得更高的成功率，进而实现转移企业嵌入欠发达地区区域创新网络。

（2）创新技术的积累。创新技术的积累是一个动态的连续性过程，是指创新主体在发展过程中所拥有的技术存量的增加过程。由于单个创新主体的创新经历有限，技术知识积累的量也是有限的。与整个行业的技术总量相比，独立的创新主体所拥有的技术知识存量是极少的。企业无论是想在行业中争取领先地位，还是解决在生产研究中遇到的技术瓶颈，都需要不断地增加自身技术知识的积累数量，而不能单单依靠企业自身的技术力量解决问题。但仅靠购买、交易等方式从外界获取技术成本很高，因此合作创新就成了最佳选择。在合作创新过程中，主体不仅可以吸收来自合作方主体的技术知识，还会有新技术知识的产生，可实现合作主体在技术知识积累层面的互利双赢，进而实现转移企业嵌入欠发达地区区域创新网络。

（3）创新风险的共担。技术创新具有较大的不确定性及高风险。这是由于技术创新的投入较多，但创新能否产出成果及成果能否最终成功转化为经济收益均是未知的，且其在很大程度上不受创新主体控制，随机性较强。从转移企业的角度来看，其自身拥有的资源有限，导致其创新风险较大，而通过与欠发达地区企业、高校和科研院所等主体合作就可以达到降低创新风险的目的；从欠发达地区企业的角度来看，由于欠发达地区企业创新经费欠缺，对创新风险的承担能力较弱，但其通过与转移企业合作能较好地规避创新风险，可以在没有经费负担的情况下更深入地进行技术创新。因此，创新风险因素也是促进转移企业嵌入欠发达地区区域创新网络的重要因素。

2）分工互补

亚当·斯密[244]指出，分工可以实现专业化经济，从而促进劳动生产率的提高，分工是规模报酬、递增规律的根本原因。马克思在《资本论》中提出："许多人在同一生产过程中，或在不同的但互相联系的生产过程中，有计划地一起协同劳动，这种劳动形式叫作协作。"从马克思对协作的解释也可以看出分工和协作之间具有密不可分的关系，而分工互补指的就是专业化分工与企业协作。

分工理论表明，分工互补是推进转移企业嵌入欠发达地区区域创新网络的重要原因。第一，专业化是分工的结果，因此分工能够使企业专注于自己所负责的产业环节，降低员工的工作复杂性，使企业更容易产生技术性或工艺性创新。所以说专业化分工是转移企业嵌入欠发达地区区域创新网络并与其合作创新的基础。第二，分工可以分摊创新风险，降低交易成本。转移企业将生产配件外包给欠发达地区的中小型企业进行生产的同时，转移企业向欠发达地区的中小型企业传授生产技术和管理经验，这样转移企业与本地中小型企业运用分工协作的方式减少了竞争，并分摊了资产专用小等产生的市场风险，进而降低了契约不完全时的交易成本，产生了更大的利润空间。第三，专业化分工的同时带来的是企业间的互补性协作，彼此之间形成一种互动性的关联关系，使原有企业、转移企业、其他辅助机构之间的经济社会联系增加，强化了欠发达地区的网络关系。因此，分工互补可以极大地促进转移企业嵌入欠发达地区区域创新网络。

3) 信任关系

根据社会学家的观点，信任是指人与人之间的信任关系，这种关系源自内化于全体社会成员心中的一些伦理习俗和道德义务。同时，信任更加广义的概念是指具有交换关系的双方相信对方会在未来遵循道德、法律和其他先前的承诺做出对自己有利的事情。根据经济学家的观点，信任是一种非正式制度，是企业在生产活动中基于长期合作产生的一种自愿承担风险的安排，信任关系通过约束交易双方的行为降低交易成本进而促进经济增长[245]。区域创新网络中的信任可定义为成员基于行为预期而自愿采取有利于网络利益的一种文化和制度安排，是促进网络内外主体合作的重要的非正式制度。信任关系推动转移企业嵌入欠发达地区区域创新网络主要体现在以下三个方面。

(1)信任关系促使双方快速地、低成本地分享信息。无论是通过建立在亲缘和地缘基础上的传统社会关系网络传递的信息还是通过多次重复交易过程建立在双边信任基础上的关系网络传递的信息，大多因专用性而具有独特的价值，尤其是那些难以通过市场交换转让的信息，如隐性知识和技术。高效低成本的信息传递能够在很大程度上降低交易活动的不确定性，有利于扩大转移企业和欠发达地区企业的交易规模及提高双方的交易频率，进而促进转移企业嵌入欠发达地区区域创新网络。

(2)信任关系作为正式的交易规则和社会制度的替代物，能够减少交易双方在交易行为中所耗费的时间和资源量。从社会学角度而言，集聚经济通过建立网络关系进行交易，在共同的企业文化和价值观下，相互信任的交易双方在契约签订、契约实施、契约监督过程中降低了对正式制度和规则的依赖程度，有效降低了交易成本。例如，部分学者通过对部分外来 PC 制造商的调研发现，在欠发达地区的电子企业间的供应商—客户关系主要建立在个人信任的基础之上，他们在交易之前甚至不必签订正式的合同。

(3)信任关系可以抑制机会主义行为。如果企业具有共同的企业文化和价值观，那么其交易伙伴便拥有先天的信任优势，并且这种信任可以在区域中传播形成声誉，有利于企业的交易扩张。从微观企业层面的角度来讲，这种信任有效抑制了机会主义，使企业能够拓宽业务渠道；从中观产业层面的角度来讲，这种信任对转移企业的发展和嵌入欠发达地区区域创新网络有着很大的积极作用。

8.3　基于区际产业转移的欠发达地区区域创新网络嵌入过程

已有文献对基于区际产业转移的欠发达地区区域创新网络嵌入过程的研究，

多是从静态角度出发探讨网络嵌入的状态属性特征或以结果为导向研究其影响效应，很少有从动态视角探讨由最初的关系接触到深层结网嵌入的形成过程，缺乏对网络嵌入的过程性与阶段性特征的把握。而转移企业嵌入欠发达地区区域创新网络是经由关系传递形成的[246]，描述的是某一经济主体与另一主体的互动，展现的是以双边关系为导向的动态的连续过程。鉴于此，本书运用扎根理论的方法构建基于关系传递视角的区际产业转移的欠发达地区区域创新网络嵌入的动态过程的理论框架，并在此基础上，分析总结转移企业嵌入欠发达地区区域创新网络的阶段性特征。

8.3.1　研究方法与研究设计

1) 研究方法

扎根理论是运用系统化的程序，在分析经验资料的基础上，自下而上建构理论的一种定性研究方法[247]。资料的分析又被称为编码，其包括开放式编码、主轴式编码与选择式编码[248]。本书属于探索性研究，目的是要建构基于关系传递视角的区际产业转移网络嵌入动态过程的理论模型，分析和掌握转移企业如何通过关系的变化传递成功嵌入承接地区，以及通过何种手段推动网络关系随着时间发生变化。这类问题缺乏系统、丰富的理论解释，而且涉及随着时间发展而出现的演化现象，因此应采取质性研究方法，通过资料的搜集和分析，了解现象的本质，并将所观察到的现象进行抽象化，以建立理论架构。由此可见，扎根理论适用于本书。

2) 研究设计

根据研究目的，作者在黑龙江哈尔滨、大庆高新技术产业开发区及牡丹江经济技术开发区中进行了较长时间的实地考察与访谈资料收集。受访对象均来自通过区际产业转移进入黑龙江的具有丰富创新管理经验的企业负责人或企业高管，其熟悉转移企业嵌入本地网络进行合作创新的流程及企业进行本地网络嵌入活动的动机和行为，根据理论饱和原则，样本数的确定应该以新抽取的样本不再提供新信息时为标准，一般而言，样本数越多，越趋于理论饱和。本书借鉴扎根理论研究的成熟经验，在保证样本理论饱和度的前提下，选取 18 个样本，样本涵盖农副食品加工业 5 人、通信设备、计算机及其他电子设备制造业 6 人、医药制造业 2 人及机械、冶金制造业 5 人。从职位结构看，总经理 4 人，总经理助理 4 人，企业高管 10 人。

3) 研究实施

首先，实施一对一的深度访谈，访谈内容以促使和影响转移企业嵌入本地创新网络的关键因素及转移企业嵌入本地创新网络的途径或方式为主，如"促使贵公司与黑龙江欠发达地区企业/高校/科研院所合作的原因是什么？""贵公司和欠发达地区企业/高校/科研院所依靠什么关系进行的初期接触？""贵公司与欠发达地区企业/高校/科研院所在认知、信息、能力等方面是否存在差异性？""贵公司和欠发达地区企业/高校/科研院所是如何看待和处理这些差异性的？"每人访谈时间均在 50 分钟以上，共 18 人次。对访谈资料进行整合、质证，确保资料数据能真实反映转移企业在本地创新网络的嵌入行为，将待分析的资料命名为"产业转移本地网络嵌入相关资料"。由此，获得第一手的资料和数据。其次，进行几次回访，回访均基于理论抽样，对理论所需的资料进行补充。再次，随机选择 12 份访谈记录，并对其进行编码分析，剩余 6 份用于检验理论饱和度。最后，分别用开放式编码、主轴式编码与选择式编码方式进行数据分析。为了保证研究的信度和效度，编码过程中严格遵循扎根理论范畴归纳的步骤及模型构建的原则，对所有访谈资料进行相应的概念化和范畴化，对于部分存在争议的概念和范畴，在听取相关领域专家意见的基础上，进行修订和删减，从而避免编码者的主观意见对编码结果造成的相应影响，以此提高编码的客观性。

8.3.2　研究数据分析

1）开放式编码

按照开放式编码的步骤，重新归类、比较和整合资料，实现访谈内容的概念化和范畴化。编码时，为了避免编码者的主观影响，尽量使用被访者的原话作为标签从中发掘初始概念，一共得到 53 条原始语句及相应的初始概念。由于初始概念的层次相对较低，且数量繁多及存在交叉，需要对其进一步分解、剖析和提炼，才能将相关的概念聚集在一起，实现概念范畴化。经过多次整理分析，剔除出现频次低于两次的初始概念，最终从资料中抽象出 17 个范畴，表 8.5 为开放式编码得到的若干范畴及其代表性的原始资料语句。

表 8.5　开放式编码范畴化

原始资料代表性语句	范畴化
如果独自开发**技术，公司资金暂时不足	分担创新风险
公司对目前的工作有更高的目标和要求——实现全公司在快捷、准确、高效为前提的统一管理、统一核算、工作统一部署的管理目标。因此我们需要资产、财务核算等标准化管理技术，进一步加强企业间的协同，提高工作效率和管理水平，有效支撑公司业务的发展和壮大	技术需求
需要汽车零部件生产企业提供车用塑料件、车用化学品、铝镁合金汽车材料和车用铸造件等，为公司提供充足的原料保障	与上游企业分工协作
整车企业产能在 5 万辆以下的时候，配套就上不来。配套企业会权衡在其附近建厂是否划算，一般情况下都是先建物流仓库或小的加工车间。在放量前期，配套企业更多依赖物流，公司需要第三方物流企业为配套供应商等企业提供专业服务	与下游企业分工协作
集团董事长是北京黑龙江企业商会会员，在黑龙江各企业间有着良好的人脉关系	企业家横向关系网络
集团董事长毕业于哈尔滨工程大学，现任全国政协第十二届全国委员会委员，曾为第九、第十届全国政协委员	企业家纵向关系网络

续表

原始资料代表性语句	范畴化
董事长和几个黑龙江企业的董事长私人关系特别好,都是多年老朋友和校友,董事长对他们企业情况也很熟悉,所以彼此之间也不会耍什么心眼,沟通事情都很顺利	无机会主义行为
在大庆市科学技术局搭建的对接会上,我们双方都表达了在科技成果转化方面加强合作的意愿	政府推动
由黑龙江省科技成果转化中心和东北技术转移联盟共同举办的洽谈会上公司副总与相关公司共同研讨合作项目筹建等相关事宜	中介机构推动
由于沃尔沃公司对原材料质量情况把控很严,在最初的时候我们就邀请他们上门参访,了解原材料的相关情况,并尝试建立关系	邀请参访
在对接会上,相关企业负责人与我公司负责人进行了初期接触,他们对 EAS 系统等项目很感兴趣,并详细询问了项目的中试效果、附加值情况、市场前景和产业化难点,最后与我公司达成进一步深入对接交流的共识	初期询问
进行实地参访后,我们与沃尔沃公司进行了进一步的交流,沃尔沃公司将对零部件的相关要求都告知了我们,并要求我公司资质必须经过监管部门的严格审核,我们也将我公司的具体要求与沃尔沃交流	告知合作所需要素
对接会后,我们与合作公司进行了合作细节的敲定,合作公司把公司细致情况介绍给我们,包括他们在相关方面遇到的问题等,我们对每个问题都给出了解决方案,并与他们商议	合作细节商讨
为了适应沃尔沃公司对汽车零部件的各项要求,我公司调整原材料进货渠道,采取零部件全部从北欧进口的方式。沃尔沃公司对此表示满意	关系强度增加
我们将解决方案细化,以书面形式递交给合作公司,合作公司又提出了一些要求,我们进行了相应的修改,直到双方在各个方面达成共识	关系质量修正
在所有细节均达到双方满意的基础上,我们和沃尔沃公司正式建立了长久合作关系,我们长期为其提供汽车座椅	建立合作关系
最终我们签订了项目合作合同,由于这次合作很愉快,公司高层已经开始酝酿下一次的合作	签订合同

**表示待研发技术,不便公开。

2) 主轴式编码

主轴式编码是将开放式编码中被分割的资料,通过聚类分析在不同范畴之间建立关联。在建立范畴间的关联时,需要分析不同范畴之间在概念层次上是否存在潜在的关联关系,进而从中寻找线索。因此,需要分析每个开放式编码中呈现出来的不同范畴,并试图分析出范畴之间潜在的关联或因果关系。通过主轴分析发现,这些样本和范畴之间具有一定的内在关系,其相互关联,对其进行归类后共形成九大关系,见表 8.6。

主范畴分析就是从已有的范畴中挖掘出核心范畴,使其能将其他的范畴联系起来。在表 8.5 开放式编码的基础上,共梳理出三大主范畴:

(1)转移企业嵌入本地创新网络的动因。主要指驱动转移企业嵌入欠发达地区区域创新网络的因素,包括"创新需求""分工互补""信任关系"。

(2)转移企业嵌入本地创新网络的过程。主要指转移企业嵌入欠发达地区区域创新网络中时关系的变化过程,包括"关系接触""关系交往""关系调整"。

(3)转移企业嵌入本地创新网络的结果。主要指转移企业嵌入欠发达地区区域创新网络的目标和结果,即企业间存在的较高的信任度对合作有成功的预期,进而建立结网关系,以便进行创新合作和交流。

表 8.6　基于主轴编码的九大关系

编号	主范畴	对应范畴
1	创新需求	分担创新风险、技术需求
2	分工互补	与上游企业分工协作、与下游企业分工协作
3	信任关系	无机会主义行为
4	企业家社会资本	企业家横向关系网络、企业家纵向关系网络
5	第三方推动	政府推动、中介机构推动
6	关系接触	邀请参访、初期询问
7	关系交往	告知合作所需要素、合作细节商讨
8	关系调整	关系强度增加、关系质量修正
9	结网关系建立	建立合作关系、签约并酝酿下次合作

3) 选择式编码

选择式编码是指将编码之间的关联形式概念化，并将概念化尚未形成的范畴补充完整的过程。通过选择式编码，可以得到一个比较清晰的故事线：转移企业落地黑龙江各产业园后，既需要与上下游的欠发达地区企业进行分工协作，同时企业自身对创新也有一定需求，因此转移企业想要和欠发达地区企业建立合作关系。黑龙江省政府一直致力于促进转移企业和欠发达地区企业的合作以带动本地的经济发展，因此转移企业依靠政府等第三方的推动和企业自身的企业家社会资源，与欠发达地区企业进行了初期接触。通过企业间的交往和试错调节，最终达到转移企业与欠发达地区企业建立合作关系、成功嵌入本地网络的目的。

4) 理论饱和度检验

理论饱和度检验是作为决定何时停止研究采样的鉴定标准。本书用 20 个样本进行理论饱和度检验，检验结果显示研究中的各范畴已经很丰富，加入新访谈资料后并没有形成新的概念和范畴，因此上述理论框架模型是饱和的。

8.3.3　模型的建构及阐释

1. 理论框架的建构

基于区际产业转移的欠发达地区区域创新网络嵌入过程，本质上是转移企业受到动力因素的驱使，最终实现建立结网关系这个目标的一个过程。为了让研究脉络更清晰地展示出来，本书将核心范畴之间的关系图绘制出来，得到了基于区际产业转移的欠发达地区区域创新网络嵌入动态过程的理论框架，如图 8.1 所示。

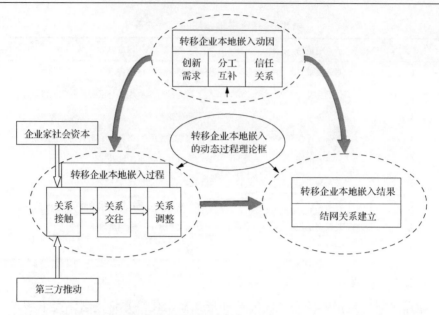

图 8.1　基于区际产业转移的欠发达地区区域创新网络嵌入动态过程的理论框架

2. 基于区际产业转移的欠发达地区区域创新网络嵌入动态过程的阶段分析

基于区际产业转移的欠发达地区区域创新网络嵌入是一个具有过程性和阶段性的结网过程。因此，根据上述基于区际产业转移的欠发达地区区域创新网络嵌入动态过程的理论框架，本书基于转移企业进入承接地区的时间和在欠发达地区区域创新网络的嵌入程度将转移企业嵌入区域创新网络分为四个阶段，分别为萌芽阶段、巩固阶段、成长阶段及互动阶段。随着嵌入时间的增长，每个阶段网络内节点之间的关系强度日益增大，从而促进了本地创新网络的形成和发展。如图 8.2 所示，用边的粗细表示企业间的关系强度。

1) 萌芽阶段

萌芽阶段是指转移企业受到创新需求、专业化分工与企业协作等嵌入动力因素的影响，与潜在伙伴进行关系接触的阶段。这一阶段企业与潜在伙伴建立初步联系的初级关系，双方的联系强度和频度均较低，处于弱关系联结状态。萌芽阶段双方联系的方式可分为两种，一种是依靠企业家社会资本与潜在伙伴进行接触，即依靠企业家之间的人脉关系或政府关系为双方牵线搭桥；另一种是依靠第三方推动与潜在伙伴接触，如政府的引见、中介平台的介绍等。萌芽阶段合作双方的关系要求大多为了解产品、原材料或项目的市场前景及产业化难点等，从而对潜在伙伴的创新优势进行识别，分析识别潜在伙伴是否具有互补性的创新资源，为下一阶段的关系交往奠定了基础和前提。萌芽阶段转移企业与潜在伙伴的关系接触过程示意图如图 8.3 所示。

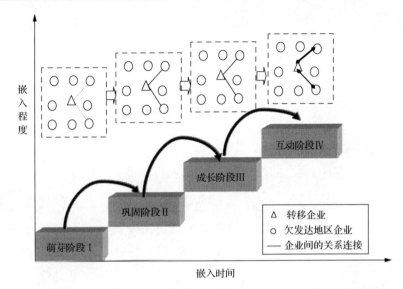

图 8.2　基于区际产业转移的欠发达地区区域创新网络嵌入的阶段性关系强度变化

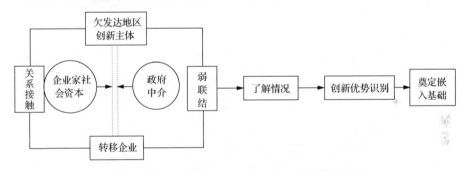

图 8.3　萌芽阶段转移企业与潜在伙伴的关系接触过程

2)巩固阶段

巩固阶段是指转移企业继初期关系接触后,与潜在伙伴进行关系交往的阶段。这一阶段企业与潜在伙伴建立进一步关系,双方依靠企业家、领导者及主管部门相互联系交流信息,且联系强度和频度增加,处于弱关系和强关系中间程度的联结状态。巩固阶段待合作双方的关系要求大多为确定双方对合作的细节和要求等,并对彼此的资金资源、信息资源、技术资源、人力资源及一些无形资源等进行匹配,通过置换自身富裕资源和获取自身所缺资源,为下一阶段的关系调整做基础。巩固阶段转移企业与潜在伙伴的关系交往过程示意图如图 8.4 所示。

3)成长阶段

成长阶段是指转移企业继巩固期关系交往后,与待合作伙伴进行关系调整的阶段。这一阶段企业与潜在合作伙伴主要通过企业家、领导者和职能部门进行联

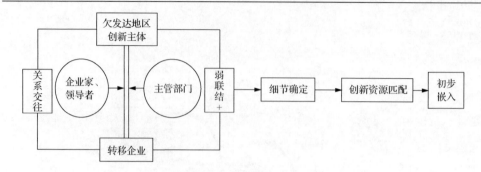

图 8.4 巩固阶段转移企业与潜在伙伴的关系交往过程

系和交流信息,其联系强度和频度继续增加。成长阶段待合作双方会为满足对方提出的要求而进行自身调整,克服困难从而解决在关系交往中遇到的问题,并围绕创新项目和创新目标,对内外部的创新资源进行整合和优化配置,从而发挥出资源的自身优势,为下一阶段结网关系的建立奠定基础。成长阶段转移企业与潜在伙伴的关系调整过程示意图如图 8.5 所示。

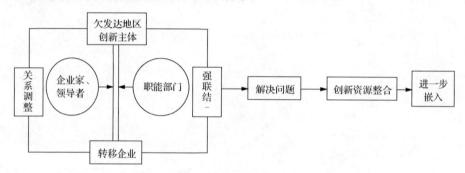

图 8.5 成长阶段转移企业与潜在伙伴的关系调整过程

4) 互动阶段

互动阶段是指转移企业继中期关系调整后,与待合作伙伴进行结网关系建立的阶段。经过上一阶段的关系调整后,互动阶段合作双方开始相互信任、相互依赖,并对合作项目有相同的认知。这一阶段的互动方式由前期的企业家、政府、中介等多方推动转变为依靠企业、科研院所和高校等创新主体的直接控制和主导,转移企业与欠发达地区创新主体正式建立合作关系,联系强度和频度极高,处于强关系联结状态。结网关系的建立意味着转移企业成功嵌入欠发达地区区域创新网络,企业间实现相互渗透、相互延伸、相互合作,并建立起正式的信息交流渠道进行企业间创新资源的共享,从而实现并达到"竞合共赢"。互动阶段转移企业与潜在伙伴的结网关系建立过程示意图如图 8.6 所示。

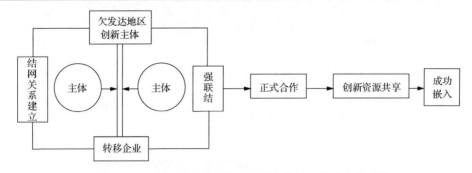

图 8.6 互动阶段转移企业与潜在伙伴的结网关系建立过程

8.4 本 章 小 结

本章首先对基于区际产业转移的欠发达地区区域创新网络嵌入关系维度进行研究，将其分为本地客户关系、本地供应商关系、本地竞争者关系和本地相关支持机构关系。其次，对基于区际产业转移的欠发达地区区域创新网络嵌入动力进行分析，包括嵌入动力的内涵及构成要素两个部分。最后，在此基础上，对基于区际产业转移的欠发达地区区域创新网络嵌入过程进行分析探讨，运用扎根理论的方法，构建了基于关系传递视角的转移企业嵌入本地创新网络的动态过程理论框架，并对框架的建构进行阐释，将区际产业转移的嵌入过程分为四个递进阶段：萌芽阶段、巩固阶段、成长阶段和互动阶段，并分析了各阶段嵌入的内在机理及嵌入方式。

第9章　转移企业与欠发达地区区域创新网络主体的结网研究

企业是产业的主体，区际产业转移是以企业为主导的经济活动，其本质表现为企业的空间转移。因此，区际产业转移与欠发达地区区域创新网络主体的结网则表现为转移企业与欠发达地区区域创新网络创新主体的结网。本书分别从结网的影响因素、构成要素、结网策略等方面对转移企业与欠发达地区区域创新网络主体的结网进行研究。

9.1　转移企业与欠发达地区区域创新网络主体结网的影响因素

9.1.1　环境因素

从转入地的视角来看，影响转移企业与欠发达地区创新网络主体结网的外部因素主要是指转入地的环境不确定性。根据 Eisingerich 等[123]的研究，环境因素可分为技术变量和市场变量，包括市场紊乱程度、市场竞争度，以及技术进步程度。环境因素具有动态性，其源于网络主体的进入或退出，并随着时间持续变化，且变化的速度和幅度、频度和密度皆是不确定的[249]。因此，不确定性是环境最主要的特征[250]。借鉴 Duncan[250]等对环境不确定性程度的分类，将环境分为风险环境、奈特环境及沙克尔环境。其中，风险环境的环境不确定性最低，沙克尔环境的环境不确定性最高，奈特环境居中。

现有文献指出，环境不确定性影响着网络主体间关系改变的类型，即网络主体的网络行为不仅与主体内部的互补性资源和创新能力有关，而且与外部环境威胁和机会有关[251]，且不同区域所面临的环境不确定性是不同主体通过安排或改变组织间的关系对外界环境变动做出的反应[136]。转移企业转移到欠发达地区会使欠发达地区的网络竞争者增加、消费者需求发生变化及技术条件发生转变，这些都会导致欠发达地区的环境不确定性有着或大或小的变化，而转移企业自身对本地市场和本地制度环境的熟悉程度也很低，导致其面临着较大的环境不确定性和转移风险。不同的环境不确定性会使转移企业制定不同的结网策略，因此，有必要引入环境不确定性变量，将其放到转移企业与欠发达地区区域创新网络主体结网的研究框架当中进行研究。

9.1.2　网络位置因素

从转出地的视角来看，影响转移企业与欠发达地区区域创新网络主体结网的内部因素主要是指转出的网络位置中心度。现有文献指出，网络位置中心度影响网络主体之间获取知识和参与活动的方式[252,253]。第一，处于网络中心位置的企业能够产生结构洞效应[254]，其具有信息优势和控制优势，能够缩短信息传递距离，使其更易识别和发现网络中的各种信息。第二，处于有利网络位置中心度的企业能够控制认知距离[255]，以及清楚地认识到自身与网络中企业间的技术知识和技术经验的差异程度。第三，由于处于网络中心位置的企业与其他企业联系频繁，信誉度极好，能够突破很多信息传递的障碍，在无形中扩大了获取信息的机会[256,257]。第四，高网络位置中心度的转移企业也拥有更多的面对不同类型信息和企业的机会，相比之下也有更多的机会观察欠发达地区区域创新网络中的其他企业，寻找合适的企业并与其结网、交互。第五，转移企业在转出地网络中的网络位置反映了转移企业的经验是否丰富，丰富的自身经验能够帮助它们获取更多的本地信息，从而能够更好地融入欠发达地区企业网络。黄中伟[258]等在研究集群创新机制时发现占据优越网络位置的企业具有通畅的信息流动渠道，有利于其结网合作，推动合作创新，从而降低创新风险，提高创新效率。综上，从社会网络理论的角度考虑，网络位置会影响转移企业在欠发达地区区域创新网络结构中网络关系的选择偏好。

9.2　转移企业与欠发达地区区域创新网络主体结网的构成要素

社会网络分析学派认为结网是由节点、连接共同构成，并衍生出点对、三点结构、亚组等概念。本书认为转移企业与欠发达地区区域创新网络主体结网的构成要素主要包括行为主体、关系-连接和资源三部分。

9.2.1　行为主体

转移企业成功嵌入欠发达地区区域创新网络后，欠发达地区区域创新网络中的行为主体包括转移企业，欠发达地区企业、高校与科研院所、政府、中介机构和金融机构。高校与科研院所是技术创新的源头或技术吸收环节的载体，而转移企业和欠发达地区企业是将创新成果进行产业化的部门，被视为创新的主体。不同行为主体在区域创新网络中的地位和作用不同。基础研究主要依靠高校与科研院所等公共机构负责推动，而应用研究及创新市场化则由转移企业和欠发达地区企业占主导地位并推动。

本书对欠发达地区区域创新网络进行仿真研究时，仅采用企业、高校与科研院所的合作创新关系构建集群创新网络，而不考虑政府、金融机构和中介机构。主要原因是企业、高校与科研院所是欠发达地区区域创新网络中进行知识学习、利用和创造的直接行为主体，它们的创新能力代表了区域创新网络整体的创新水平，并且它们及它们之间的合作创新关系是区域创新网络中最关键和最核心的部分。另外，定量建模和定性理论分析之间存在差异，定量建模分析需要平衡模型对现实模拟的有效性和简约性，在控制研究界限的同时要考虑数据的可获取性和有用性。基于实证对象——欠发达地区的现实情况，其中介机构发展不完善，政府也不是技术创新的主导力量，虽然二者与企业、高校与科研院所也存在部分联系，但这种联系会掩盖欠发达地区区域创新网络中的关键特征，从而无法深入理解欠发达地区区域创新网络内在的特殊性。

9.2.2　关系–连接

任意两个行为主体之间都有可能发生相互联系而构成一个点对，点对之间的直接关系就形成了连接。由于互动连接的主体不同，其连接类型也不同，连接的紧密性、连接的便利性及连接成本的高低均会影响区域创新网络的创新活动。例如，转移企业与欠发达地区企业、本地高校与科研院所等建立的连接，受到多种因素的影响，如外部环境、企业家社会资本等，其连接具有复杂性、渐进性等特征。

按照创新主体的特征及产业链上下游直接技术、资源的需求，不同行为主体建立的关系连接可分为垂直连接关系和水平连接关系等。垂直连接关系主要是指在产业链上游、中游或下游环节中，不同位置的行为主体之间相互形成的关系，包括产业上下游企业之间的连接、转移企业和高校与科研院所的连接、欠发达地区企业和高校与科研院所的连接等。水平连接关系是指处于产业链上相同环节中的不同行为主体之间形成的关联关系，包括转移企业与欠发达地区企业之间的连接、欠发达地区企业之间的连接、转移企业直接的连接等。另外，中介机构起着黏合各关系的作用，其通过为技术成果、资本、人才搭建流动和对接平台，加强转移企业与欠发达地区企业及高校与科研院所之间的合作和连接。

9.2.3　资源

资源主要是指与相关创新行为主体之间相互作用、相互连接而产生的互补性资源。资源分为有形资源和无形资源两类，其中，有形资源主要包括人才、设备、实验平台、自然资源等；无形资源主要包括技术、专利、知识、文化、声誉、能力、金融资本和关系资本等。借助资源的流动，网络内不同行为主体之间产生各种正式和非正式的联系，从而构建了区域创新网络。

9.3 转移企业与欠发达地区区域创新网络主体的结网策略

根据环境—行为模型[150]，处于不同网络位置的企业为了适应环境而选择不同的结网方式进行知识学习及创新，因此转移企业的结网策略受到环境及本身网络位置的双重影响。

依据知识区位理论[259]，企业在某专业领域的知识位势是该领域中知识宽度和知识深度的函数。不同知识位势主体对合作创新过程会产生不同的影响。基于此，根据环境不确定性及转移企业网络位置中心度的高低，将转移企业结网策略分为四个象限，位于不同的环境不确定性及网络位置中心度的转移企业会选择不同的知识位势导向作为结网策略，分别为知识深度导向、知识宽度导向及融合式导向，如图 9.1 所示。

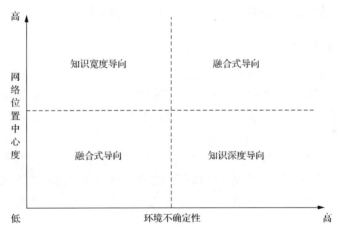

图 9.1 转移企业结网策略图

9.3.1 知识深度导向策略

知识深度导向策略是指转移企业倾向于与在某一领域知识积累程度较高的欠发达地区创新主体建立网络联系，通过合作创新实现知识深度的整合，进而对现有产品的种类和功能进行改进。根据知识相似性理论，这种策略表现为转移企业寻找与自身拥有相同的 M 种知识且该种知识拥有量较高的欠发达地区创新网络主体，通过合作创新共同增加企业这 M 种知识的知识量。采用知识深度导向策略的转移企业大多具有两个特征：一个是这类企业自身网络位置中心度较低，原有网络资源和信息渠道较少[250]；另一个是这类企业面临的环境不确定性较高，对本地市场和制度环境不太熟悉。这两个特征决定了此类型转移企业大多会采用知识深度导向策略寻找合作伙伴，力求通过小幅度、渐进性的创新来避免自身特征导致的高创新风险。

9.3.2　知识宽度导向策略

知识宽度导向策略是指转移企业倾向于与拥有知识元素较多且能与自身知识种类互补的欠发达地区创新网络主体建立网络联系，通过合作创新创造全新的知识，进而实现创新设计新产品和开辟新的细分市场的目标。根据知识的互补性理论，这种策略表现为转移企业寻找的欠发达地区创新网络主体拥有转移企业自身所不具有的知识种类，企业通过合作创新能够共同增加企业的新知识种类。采用知识宽度导向策略的转移企业大多具有两个特征：一个是这类企业网络位置中心度较高，具有丰富的网络经验和网络能力并具有较强的适应环境的能力[260]；另一个是这类企业面临的环境不确定性较低，对本地市场和制度环境较熟悉。这两个特征决定了该类型企业大多会采用知识宽度导向策略寻找合作伙伴，自身特征优势伴随的低创新风险可使其通过大幅度的创新行为来超越企业现有的知识基础。

9.3.3　融合式导向策略

融合式导向策略是指转移企业倾向于与知识元素数量多和知识积累程度高的欠发达地区创新网络主体建立网络联系，通过合作创新实现对知识深度的整合和对知识宽度的扩展。采用融合式导向策略的转移企业大多有两个特征：一个是转移企业网络位置中心度较高，面临的环境不确定性较高；一个是转移企业网络位置中心度较低，面临的环境不确定性较低。这两个特征决定了这两类转移企业大多会采用融合式导向策略寻找合作伙伴，力求不将全部力量致力于风险较大的探索式创新，也不拘泥于风险最小的利用式创新，既能降低创新风险，同时又能兼顾创新需求。

9.4　转移企业结网策略的仿真模型构建

9.4.1　仿真模型规则设置

1. 初始状态

本书选择接近现实中存在的社会网络结构的小世界网络作为初始网络，用来代表本地区域创新网络。初始网络有 N 个节点，网络中每个节点都有一个 l 维的知识向量 $K_i = \left[k_i^1, k_i^2, k_i^3, \cdots, k_i^l \right]$，$i \in [1, N]$。$K$ 的每个维度代表实现一个知识种类，知识向量的每一个分量 $k_i^c \geqslant 0$ 代表创新主体 i 所拥有的第 c 种知识的知识含量。如

果 $k_i^c = 0$，那么表示节点 i 目前没有这种知识。

2. 转移企业进入规则

每个时间步进入一个新节点并增加 e 条边，用其代表转移企业，新节点的知识向量为 $\boldsymbol{K}_j = \left[k_j^1, k_j^2, k_j^3, \cdots, k_j^l \right]$。新节点具有网络位置 $S \in [0, S']$ 及环境不确定性值 E 两个属性。根据 Eisingerich 等[123]的研究，转移企业对环境不确定性的感知值不仅与区域创新网络环境不确定性呈正相关，也与转移企业转移到区域创新网络的时间呈负相关。因此，本书假设环境不确定性为

$$E = \frac{1}{t_i} * \eta \tag{9.1}$$

式中，t_i 为转移企业 i 进入网络后的运行周期；η 为区域创新网络的环境不确定性值。

其中 $\eta_{沙克尔环境} > \eta_{奈特环境} > \eta_{风险环境}$，衡量环境不确定性高低的量值为

$$E' = \frac{1}{t} * \left(\frac{\eta_{风险环境} - \eta_{沙克尔环境}}{2} \right) \tag{9.2}$$

3. 转移企业结网规则

转移企业 i 进入网络后，遍历网络中所有节点并与之交流。借鉴 Cowan 等[261]及花磊和王文平[262]的模型，确定转移企业的三种结网规则如下。

(1) 知识深度导向规则 A1。新节点进入网络后，遍历网络中所有节点并与之交流。此时相互交流的两个节点 i 和 j 在 N 维知识向量中随机选择一个维度进行交流。如果节点 j 与该转移企业 i 拥有高于 u 种知识的知识量均大于 0，那么该节点为转移企业的备选合作伙伴，即转移企业 i 与欠发达地区创新网络主体 j 结网需满足以下条件：

$$\begin{cases} k_i^p > 0 且 k_j^p > 0 \\ T = \{t \mid t = p\} \\ \mathrm{card}(T) > u \end{cases} \tag{9.3}$$

式中，k_i^p、k_j^p 为知识向量；T 为时间 t 的集合；$\mathrm{card}(T)$ 为 T 的集合。

(2) 知识宽度导向规则 A2。新节点进入网络后，遍历网络中所有节点并与之交流。如果节点拥有高于 w 种转移企业没有的知识，那么该节点为转移企业备选的合作伙伴，即转移企业 i 与欠发达地区创新网络主体 j 结网需满足以下条件：

$$\begin{cases} k_i^q > 0, k_j^q = 0 或 k_i^q = 0, k_j^q > 0 \\ o = \{o \mid o = q\} \\ card(o) > w \end{cases} \tag{9.4}$$

式中，o 为知识种类集合；q 为某种知识。

（3）融合式导向规则 A3。新节点进入网络后，遍历网络中所有节点并与之交流。如果节点与该转移企业拥有 u' 种知识的知识量均大于 0，且拥有大于 w' 种转移企业没有的知识，那么该节点为转移企业的备选合作伙伴，即转移企业 i 与欠发达地区创新网络主体 j 结网需满足以下条件：

$$\begin{cases} k_i^p > 0, 且 k_j^q > 0 \\ T = \{t \mid t = p\} \\ card(T) > u' \\ k_i^q > 0, k_j^q = 0 或 k_i^q = 0, k_j^q > 0 \\ o = \{o \mid o = q\} \\ card(o) > w' \\ w' < w, u' < u \end{cases} \tag{9.5}$$

根据学者的研究，企业间知识差异度过高时，无法结网，即 $card(T)$ 和 $card(o)$ 需小于定值。

4. 合作创新过程

Cowan 等[125]在研究合作创新过程中设计了一个通过中间储存变量产生创新知识的模型，林秋月等[121]在此基础上进行改进，认为探索式创新的知识种类也会增加。借鉴各位学者的研究，建立的合作创新模型如下所述。

在 t 时刻，每个节点在网络结构的约束下，在有联结的相邻节点中选择一个并与之交流。如果相邻节点与自己的同一种知识的知识量均不为 0，且共有 w 种以上这种知识，如通过知识深度导向规则建立合作关系的两节点，那么采用利用式创新的合作创新模型，定义其知识重新组合方式为 B1。如果相邻节点有 u 种以上自己没有的知识，如通过知识宽度导向规则建立合作关系的两节点，那么采用探索式创新的合作创新模型，定义其知识重新组合方式为 B2。如果相邻节点与自己既有 w' 种以上同种类知识的知识量不为 0 且又有 u' 种以上自己没有的知识，如通过融合式导向规则建立合作关系的两节点，那么综合利用式创新和探索式创新的合作创新模型，定义其知识重新组合方式为 B3。三种组合方式具体如下所述。

B1：如果节点 i 与节点 j 共有 w 种以上知识的知识量均不为 0，那么企业 i 与企业 j 通过合作创新会增加各自的知识量，但不产生新的知识种类。新的知识量将会按照企业原有知识量所占的比例分摊给企业。

$$
\begin{cases}
R_{ij,p} = (1-\theta)\min\left(k_i^p, k_j^p\right) + \theta\max\left(k_i^p, k_j^p\right), p \in T \\[2mm]
\Delta k_{i,p} = \varphi(R_{ij,p})\dfrac{k_i^p}{\sum\limits_p R_{ij,p}^\gamma} = A\left(\sum R_{ij,p}^\gamma\right)^{\frac{1}{\gamma}}\dfrac{k_i^p}{\sum R_{ij,p}^\gamma} \\[4mm]
\Delta k_{j,p} = \varphi(R_{ij,p})\dfrac{k_i^p}{\sum\limits_p R_{ij,p}^\gamma} = A\left(\sum R_{ij,p}^\gamma\right)^{\frac{1}{\gamma}}\dfrac{k_i^p}{\sum R_{ij,p}^\gamma} \\[4mm]
\Delta L = 0
\end{cases}
\tag{9.6}
$$

式中，θ 为衡量知识 $R_{ij,p}$ 中合作企业提供知识的影响的最大值和最小值；A 为衡量知识增速的比例系数；γ 为各知识之间的可替代性；φ 为知识深度增速；ΔL 为知识种类增量；Δk 为新增知识量。

B2：如果节点 j 有 u 种以上节点 i 没有的知识，那么企业 i 和企业 j 会通过合作创新增加新的知识种类，新知识的知识量为 $\Delta k_{ij,p}$。

$$
\begin{cases}
R_{ij,p} = \theta\left(k_i^q, k_j^{q'}\right), q \in 0 \\[2mm]
\Delta k_{ij,q} = \varphi(R_{ij}) = A\left[\sum R_{ij,q}^\gamma\right]^{\frac{1}{\gamma}} \\[2mm]
\Delta L = 1
\end{cases}
\tag{9.7}
$$

B3：如果节点 i 和节点 j 共有 w' 种以上知识的知识量均不为 0，且节点 j 有 u' 种以上节点 i 没有的知识，那么节点 i 与节点 j 通过合作创新会增加各自的知识量，新的知识量将会按照原有知识量所占的比例分摊给企业，同时两节点也会分别增加新的知识种类，这种新知识的知识量为 $\Delta k_{ij,q}$。

9.4.2　模型的变量描述

1. 网络结构度量变量

区域创新网络是一种产业集群和供应链耦合的复杂网络[263]，借鉴复杂网络的相关研究，把网络拓扑结构的状态指标作为考察欠发达地区区域创新网络的重要表征参量，主要从平均路径长度、平均聚类系数、度分布和图密度来分析环境差异性条件下转移企业结网策略对欠发达地区区域创新网络结构的影响。

2. 知识水平度量变量

借鉴国内外学者的研究，整个区域创新网络拥有的知识水平将由区域创新网

络中企业具有的平均知识量和最大知识种类决定[257,258]，表示为

$$K_t = \frac{\sum_i k_{i,t}}{N}, L_t = \max L_{i,t}, i \in [1, M] \tag{9.8}$$

式中，(K_t, L_t) 为区域创新网络在 t 时刻的知识水平；N 为节点数量；L 为知识种类数。

9.5　转移企业结网策略对欠发达地区区域创新网络的影响

为对比分析不同区域环境下结网策略对欠发达地区区域创新网络及知识水平的影响，本书运用多智能体仿真的方法，通过对转移企业进入网络、转移企业结网及企业间合作创新过程的仿真，分析比较涌现的三种网络的特征结构及区域创新网络知识水平的变化趋势，从而比较环境差异性条件下区域创新网络知识水平的变化。为了尽量避免模型的随机性，共做 100 次仿真试验，每次运行 80 个周期，取所有仿真试验的均值作为最终结果。模型参数设置如下：$N = 500$，$e = 3$，$\eta \sim$ (1,11)，$\theta = 0.8$，$A = 0.5$，$\gamma = 0.2$。

9.5.1　转移企业结网后涌现的区域创新网络特征分析

图 9.2 为 t 时刻三种环境下的转移企业进入欠发达地区并结网后形成的区域创新网络示意图，图中节点大小代表度值大小。由图 9.2 可知，风险环境下的区域创新网络特征为区域中拥有度值很大的 hub 节点，且度值极小点很少；沙克尔环境下的区域创新网络特征为区域中没有 hub 节点，且度值极小点很多；奈特环境介于沙克尔环境与风险环境之间，有部分度值极小的节点也有部分度值较大的节点。产生上述现象的原因是不确定性较低的环境能够使区域创新网络中的企业了解到充分的信息和知识，转移企业运用这些信息和知识能准确地预测技术或需求

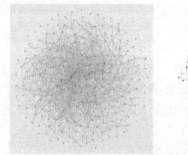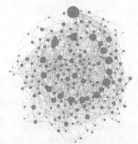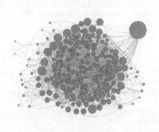

(a) 沙克尔环境下的区域创新网络　　(b) 奈特环境下的区域创新网络　　(c) 风险环境下的区域创新网络

图 9.2　转移企业结网后涌现的区域创新网络示意图

环境的发展趋势，从而在整个区域创新网络中寻找影响力高的企业并与之进行合作交流，使区域创新网络中逐渐形成核心企业并出现 hub 节点。另外，度值极小点代表结网数量较少，由此也可知风险环境下大多数转移企业都在区域创新网络中进行结网并且结网数量很多，但沙克尔环境下区域创新网络中部分转移企业没有很好地嵌入本地网络，结网数量较少，大多数处于观望状态。

9.5.2　转移企业结网策略对区域创新网络拓扑结构的影响

表9.1统计了 t 时刻三种区域环境下转移企业结网后形成的网络的平均路径长度、平均聚类系数、平均度、图密度四个拓扑网络结构指标的差异。由表 9.1 可知，风险环境下的区域创新网络拓扑结构特征为平均聚类系数、平均度及图密度均最大，平均路径长度最小；沙克尔环境下的区域创新网络拓扑结构特征为平均聚类系数、平均度及图密度均最小，平均路径长度最大；奈特环境下的区域创新网络拓扑结构指标均介于风险环境和沙克尔环境之间。表 9.1 所示的拓扑结构特征决定了风险环境下的区域创新网络的网络连通性较好，节点可以从远距离的节点处获取非冗余的新知识，有效地提高知识传递的效率和质量，从而更好地激发节点的创造力。此外，平均度和图密度这两个指标的特征也验证了图 9.2 的结论，即转移企业在风险环境中更易嵌入本地网络，结网建立的网络联结较多，网络呈较紧密状态，而沙克尔环境下的区域创新网络则呈现较稀疏状态。

表 9.1　网络拓扑结构参数值

区域创新网络类型	平均路径长度	平均聚类系数	平均度	图密度
沙克尔环境下的区域创新网络	3.122	0.088	5.407	0.023
奈特环境下的区域创新网络	3.011	0.102	6.139	0.031
风险环境下的区域创新网络	2.864	0.11	7.965	0.039

9.5.3　转移企业结网策略对区域创新网络知识水平的影响

1. 转移企业结网策略对区域创新网络知识宽度的影响

图 9.3 为环境差异性条件下的区域创新网络知识宽度曲线，图 9.4 为环境差异性条件下的区域创新网络知识宽度增长速度曲线。由图 9.3 可知随着转移企业的进入并结网，区域创新网络知识宽度水平呈上升趋势，基本保持风险环境下的区域创新网络知识宽度水平＞奈特环境下的区域创新网络知识宽度水平＞沙克尔环境下的区域创新网络知识宽度水平的趋势。由图 9.4 可知，随着转移企业的进入并结网，区域创新网络知识宽度增长速度变化趋势共分为两个阶段：阶段Ⅰ为波动期，三种环境下的区域创新网络知识宽度均有增长，但增长速度波动性较大；阶段Ⅱ为稳定期，三种环境下的区域创新网络知识宽度水平呈现稳定增长的趋势，风险环境下的

区域创新网络知识宽度增长速度大于奈特环境和沙克尔环境下的区域创新网络。

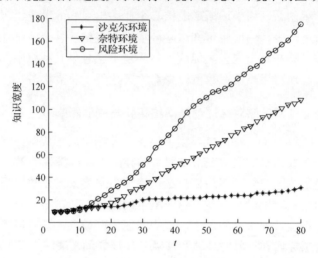

图9.3 环境差异性条件下的区域创新网络知识宽度曲线

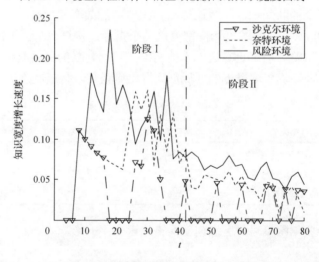

图9.4 环境差异性条件下的区域创新网络知识宽度增长速度曲线

产生阶段Ⅰ的现象的原因是区域创新网络中原有的知识种类较固定,转移企业进入初期带来了大量欠发达地区没有的新知识,这将会大幅度带动欠发达地区的探索式创新,产生更多种类的新知识,从而使区域创新网络知识宽度产生较大的改变,且知识宽度的增长幅度较大,增长速度也处于波动状态;产生阶段Ⅱ的现象的原因是转移企业对当地企业运作、资本环境等了解加深,企业间的网络关系已趋于稳定,转移企业对区域创新网络知识宽度的增长依然有促进作用,但促进作用已趋于稳定状态。但由于沙克尔环境下的区域创新网络环境复杂性、动态性较高，转移企业较难深度了解本地市场及制度环境，大多转移企业不会致力于高风险、大幅度的创新模式，沙克尔环境下的区域创新网络也逐渐出现知识宽度低幅度增长的情况。而风险环境下的区域创新网络可利用环境优势促使转移企业致力于探索式创新，因此进入稳定期后，风险环境下的区域创新网络知识宽度增长速度高于其他环境下的区域创新网络。

2. 转移企业结网策略对区域创新网络知识深度的影响

图 9.5 为环境差异性条件下的区域创新网络知识深度曲线，图 9.6 为环境差异性条件下的区域创新网络知识深度增长速度曲线。由图 9.5 和图 9.6 可知，区域创新网络知识深度和知识深度增长速度的变化可分为三个阶段：第一阶段区域创新网络知识深度基本无变化，知识深度增长速度基本为零；第二阶段区域创新网络知识深度水平逐渐呈现增长趋势，且沙克尔环境下的区域创新网络知识深度和知识深度增长速度均高于奈特环境及风险环境下的区域创新网络；进入第三阶段后，三种区域创新网络知识深度水平依然保持增长趋势，风险环境下的区域创新网络知识深度高于沙克尔环境及奈特环境下的区域创新网络，且风险环境及奈特环境下的区域创新网络知识深度增长速度大幅加快，在后期逐渐形成风险环境下的区域创新网络知识深度增长速度高于奈特环境和沙克尔环境下的区域创新网络的趋势。

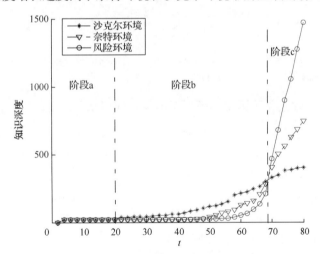

图 9.5　环境差异性条件下的区域创新网络知识深度曲线

由于转移企业的进入，部分转移企业在本地已有的知识种类上有一定的创新成果，即知识深度较高，其与欠发达地区创新网络主体的合作创新将会带动欠发达地区的利用式创新，进而对区域创新网络知识深度有一定的改变。因此，三种环境条件下的区域创新网络知识深度均有所增长，但不同的区域创新网络环境下知识深度增长情况不同。在转移企业进入初期，复杂性、动态性较高的区域使得转移企业无法对当地市场运作制度环境有较深的了解，因此大量转移企业致力于小幅度的、渐进式的利用式创新，沙克尔环境下的区域创新网络在前期知识深度增长速度也较快，但进入后期，由于风险环境下的区域创新网络在初期进行了较多大幅度的探索式创新，通过合作创新企业增加了多种新知识，而利用式创新的前提是企业在相同种类的知识上均有一定深度，企业知识种类逐渐丰富使得企业之间知识种类重合得更多，更有利于利用式创新的产生，风险环境下的区域创新网络在后期知识深度逐渐高于沙克尔环境和奈特环境下的区域创新网络。

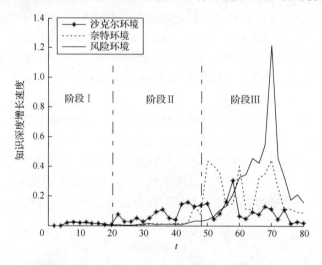

图 9.6　环境差异性条件下的区域创新网络知识深度增长速度曲线

9.5.4　环境差异性条件下区域创新网络结构及知识水平涌现特性的产生机理

通过上述仿真分析发现，环境差异性条件下区域创新网络结构及知识水平涌现特性差异性较大。实质上转移企业是通过影响区域创新网络知识深度和知识宽度的宏观分布进而对网络结构及知识水平产生影响。由于在风险环境与沙克尔环境下的区域创新网络差异异常明显，而在奈特环境下的区域创新网络涌现特性处于二者之间，比较风险环境和沙克尔环境两种条件下，当仿真时间 t 分别处于 35 和 70 时，区域创新网络知识深度和知识宽度分布曲线如图 9.7～图 9.10 所示。

由图 9.7～图 9.10 可知，两种环境下区域创新网络知识宽度和知识深度分布均近乎泊松分布。由图 9.7 和图 9.8 可知，随着区域创新网络的演化，后期沙克尔环境下的区域创新网络中高知识深度的企业出现频率较低。这导致后期进入沙克尔环境下的区域创新网络的网络位置较低的中小型企业可选的备选合作伙伴较少，因此逐渐出现转移企业嵌入失效的情况。而转移企业嵌入失效使得转移企业与本地企业合作创新的概率降低，进而逐渐影响区域创新网络的知识水平，使沙克尔环境

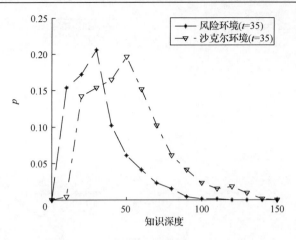

图 9.7　t =35 时知识深度概率分布曲线

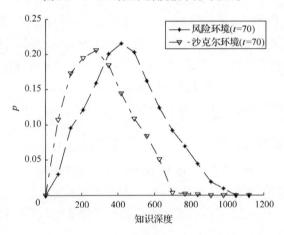

图 9.8　t =70 时知识深度概率分布曲线

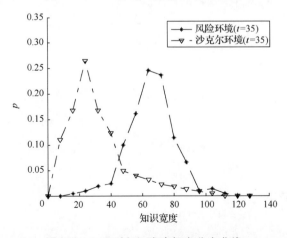

图 9.9　t =35 时知识宽度概率分布曲线

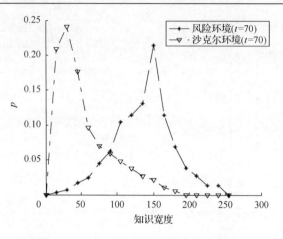

图 9.10 t=70 时知识宽度概率分布曲线

下的区域创新网络后期出现部分知识深度零增长点。由图 9.9 和图 9.10 可知,风险环境下的区域创新网络中高知识宽度企业出现的频率较高,这会促进转移企业在风险环境中的区域创新网络采用知识宽度导向与欠发达地区创新网络主体结网,并通过合作创新进一步扩大企业的知识宽度,高知识宽度的企业又会吸引新的转移企业与之结网进行合作创新,形成一个正向循环。

9.5.5   模型参数敏感性分析

初始网络节点数 N 分别为 500 和 1000,每个转移企业最大结网数量 e 分别为 3 和 5 时的知识宽度及增长速度曲线、知识深度及增长速度曲线如图 9.11～图 9.22 所示。由图 9.11～图 9.22 可以看出,无论初始网络节点数和转移企业最大结网数

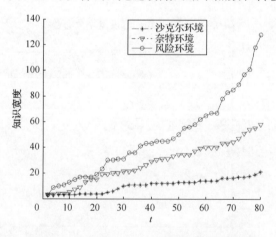

图 9.11 N=1000、e=3 时的知识宽度曲线

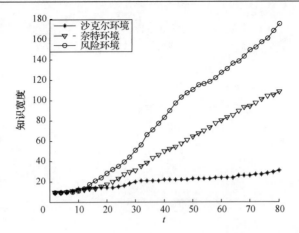

图 9.12　$N=500$、$e=3$ 时的知识宽度曲线

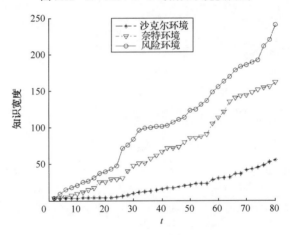

图 9.13　$N=500$、$e=5$ 时的知识宽度曲线

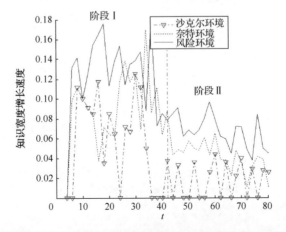

图 9.14　$N=1000$、$e=3$ 时的知识宽度增长速度曲线

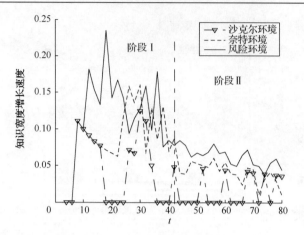

图 9.15　N=500、e=3 时的知识宽度增长速度曲线

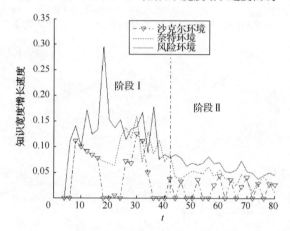

图 9.16　N=500、e=5 时的知识宽度增长速度曲线

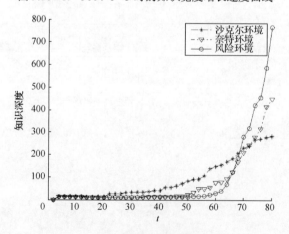

图 9.17　N=1000、e=3 时的知识深度曲线

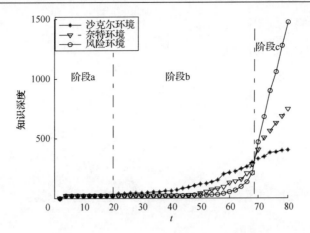

图 9.18　N=500、e=3 时的知识深度曲线

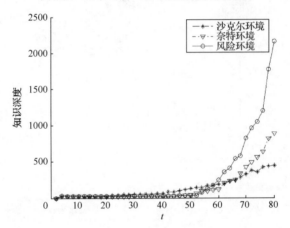

图 9.19　N=500、e=5 时的知识深度曲线

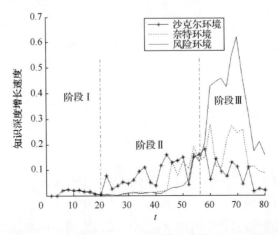

图 9.20　N=1000、e=3 时的知识深度增长速度曲线

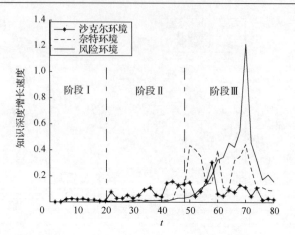

图 9.21　$N=500$、$e=3$ 时的知识深度增长速度曲线

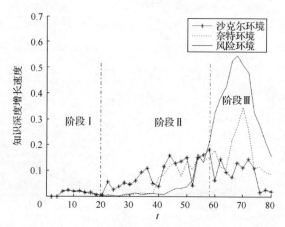

图 9.22　$N=500$、$e=5$ 时的知识深度增长速度曲线

量怎样变化，环境差异性条件下区域创新网络知识深度、知识宽度的变化趋势具有相似性。从而表明本节所得结果对初始网络节点数及转移企业最大结网数量具有稳定性。

9.6　转移企业与欠发达地区区域创新网络主体结网研究的结论

转移企业会采用不同的结网策略与欠发达地区创新主体结网，且结网后会对欠发达地区区域创新网络产生较大的影响。为了促进欠发达地区区域创新网络的发展，需要深入分析转移企业对区域创新网络的影响。在本书第 8 章对转移企业嵌入过程分析的基础上，本章重点揭示了转移企业的结网策略及环境差异性条件下转移企业结网策略对欠发达地区区域网络结构及知识水平的影响规律。研究结果表明：

(1)环境差异性条件下转移企业的结网策略会显著影响欠发达地区区域创新网络的网络结构。转移企业结网后，在环境动态性、复杂性较低的欠发达地区，区域创新网络变得更加紧密，转移企业与其建立的合作创新关系较多且网络逐渐出现核心企业。相比之下，在环境动态性、复杂性较高的欠发达地区，区域创新网络则较稀疏，部分转移企业的本地嵌入情况较差。

(2)环境差异性条件下转移企业的结网策略会显著影响区域创新网络知识宽度。从知识宽度水平来看，随着转移企业的进入并结网，区域创新网络知识宽度呈上升趋势，在环境动态性、复杂性较低的欠发达地区，区域创新网络知识宽度高于环境复杂性、动态性较高的区域创新网络。从知识宽度增长速度来看，转移企业进入初期知识宽度增长速度波动较大，进入稳定期后，环境复杂性、动态性较高的区域创新网络知识宽度增长速度稳定，小于环境复杂性、动态性较低的区域创新网络，且多次出现知识宽度零增长或增长幅度特别低的点。

(3)环境差异性条件下转移企业的结网策略会显著影响区域创新网络知识深度。从知识深度水平来看，随着转移企业的进入并结网，区域创新网络知识深度经历无增长、低速增长及高速增长三个阶段。低速增长阶段，环境复杂性、动态性较高的区域创新网络增长速度最快；高速增长阶段，环境复杂性、动态性较低的区域创新网络增长速度最快。

(4)复杂性、动态性较低的环境是更适合转移企业本地嵌入结网的区域创新网络环境。虽然在转移企业进入前期，复杂性、动态性较高的环境更有利于知识水平中知识宽度的增长，但从长远发展来看，复杂性、动态性较低的环境依然是更能加速促进转移企业提升区域创新网络知识水平增长的区域环境。

为了促进转移企业的结网和有效提升欠发达地区区域创新网络的知识水平，从欠发达地区的长远发展来看，降低区域环境的不确定性是必要的政策措施，一个良好的区域环境不仅能够促进转移企业与区域创新网络主体结网，有利于转移企业的嵌入，而且能够提高区域创新网络的知识宽度和知识深度。

9.7　本章小结

本章首先对转移企业与欠发达地区区域创新网络主体结网的影响因素进行研究，包括环境因素和网络位置因素两个部分。其次，对转移企业与欠发达地区区域创新网络主体结网的构成要素进行分析，包括行为主体、关系–连接和资源三个要素。在此基础上，基于环境不确定性的视角，从环境不确定性与网络位置两个维度定义转移企业的结网策略，即知识深度导向策略、知识宽度导向策略和融合式导向策略。再次，运用多主体仿真方法，建立了转移企业结网策略的仿真模型，并研究了环境差异性条件下转移企业不同结网策略对区域创新网络的网络结构及知识水平的影响。最后，探讨仿真涌现特性的产生机理并对仿真模型参数进行了敏感性分析。

第10章　基于区际产业转移的欠发达地区区域创新网络的运行研究

10.1　基于区际产业转移的欠发达地区区域创新网络的运行动力

基于区际产业转移的欠发达地区区域创新网络的运行需要一定的动力推动，动力主要来源于利益驱动、市场驱动、政府推动和环境支持。在这些动力的共同推动下，才能形成区域创新网络，其功能才能优化和升级，从而推动欠发达地区区域创新能力的提升。

10.1.1　利益驱动

利益驱动是欠发达地区区域创新网络运行的根本动力，其中利益不仅指利润，还包括创新主体的生存、信誉、知识产权和业务往来等。技术创新复杂性的逐渐增强，以及企业创新资源和创新能力的有限性导致其单一主体的创新行为已无法适应日趋复杂的市场需求。作为欠发达地区区域创新网络的创新主体，企业以自身利益最大化为目的，通过利用外部资源等方式实现自我创新及与合作主体共同获益，进而推动欠发达地区区域创新网络的运行和发展。

从转移企业的角度来讲，为了降低成本、提高创新效率，转移企业需要与欠发达地区区域创新网络主体进行购买产品和服务等短期合作；从长远角度来看，欠发达地区广阔的市场也有利于转移企业的发展。因此，与欠发达地区区域创新网络主体合作符合转移企业短期和长期的利益，其主要表现有：一是通过向欠发达地区区域创新网络主体提供必要的技术支持，以及其他的在资金、资源及培训等方面的帮助，不仅促进了欠发达地区区域创新网络主体的发展，而且扩大了转移企业自身的市场需要；二是转移企业与欠发达地区区域创新网络主体共同分担创新的成本和风险，在合作协议下，创新的高成本和风险由各行为主体共同承担，在降低风险的同时提高了企业的经济利益和社会利益。

从欠发达地区创新网络主体的角度来讲，转移企业的进入极大地推动了技术在区际之间的转移，从而产生了技术扩散的外在效应。因此，与转移企业建立合作关系获取显性和隐性知识符合欠发达地区创新网络主体的经济利益和社会利益，其主要表现有：一是企业扩大规模和活动范围。网络式合作能够扩大企业的市场，如果企业在不同的技术能力之间获得协同，那么企业能力将会有很大的提升，企业将能够获得一定的经济利益。二是强化技术学习效应。转移企业的进入导致了市场和技术的迅速变化，欠发达地区创新网络主体受到提升学习能力的压力，与转移企业合作可以获得合作伙伴的隐性知识和经验性技能，通过学习效应改变企业的组织模式，提高企业自身的商业利益。

10.1.2　市场驱动

市场不仅影响企业的创新行为和创新方式，同时还影响区域创新网络的形成和发展。市场驱动作用主要表现为：产品本地化、高效供应链的建立和市场环境的高速变化。

1) 产品本地化

转移企业对产品本地化的需求是指转移企业需进行产品本地化的研发、生产任务，使产品能够迎合欠发达地区市场的需求，从而实现转移企业扩大市场份额的目标。欠发达地区的市场潜力是吸引转移企业在欠发达地区建立分公司和成立研发机构等行为的主要原因，转移企业通过与欠发达地区创新网络主体建立并保持合作关系实现产品本地化。因此，产品本地化是促进转移企业与欠发达地区创新网络主体建立本地创新合作网络的重要驱动因素。

2) 高效供应链的建立

转移企业通过建立高效的本地供应链，实现与供应链上不同环节的主体建立和发展网络关系，从而推动欠发达地区区域创新网络的运行。供应链的效率是由制造商、供应商、分销商、零售商、服务机构之间的信息沟通效率决定的，因此处于供应链不同环节的企业主体必须建立网络化关系，在专业化分工的基础上，相互之间通过信息共享、共同设计、制造和分销，使供应链中的信息流、物流和资金流在不同环节中畅通流动，直至满足最终用户不断变化的需求。

3) 市场环境的高速变化

市场环境的高速变化是指转移企业进入欠发达地区后，必然会导致区域竞争程度的增强，从而导致市场环境的高速变化。高速变化的市场环境使得新企业逐渐诞生，同时也促使老旧企业逐渐消亡。为应对高速变化的市场环境、降低竞争压力及创新风险，欠发达地区的企业会在提高专业基础设施建设水平的同时，选择网络化的合作关系，实现合作双方的优势互补及资源共享。既能通过创新网络获取所需的创新资源，也能通过合作创新降低创新风险，从而促进欠发达地区区域创新网络资源获取和传播功能的发挥，使网络信息流通性更好，为区域创新网络的运行提供动力。

10.1.3　政府推动

政府推动主要表现为政府的引导与激励，其对于欠发达地区区域创新网络运行的作用很显著。在欠发达地区区域创新网络成长初期，政府一般用鼓励和激励的方式促进创新网络的建立，其行为和政策起主导性作用；在欠发达地区区域创新网络成长后期，政府一般从宏观角度维护和促进区域创新网络的多元化发展，其行为和政策起维稳性作用。

一般情况下，政府主要通过以下几种形式推动和促进欠发达地区区域创新网络的运行：①通过制定宏观规划及发展政策，为欠发达地区营造有利于转移企业与欠发达地区创新网络主体维护和发展区域创新网络关系的支持环境。同时，通过采用制定法规、颁布政策和加强宣传力度等方式，激发转移企业和欠发达地区创新网络主体的合作创新热情，从而促进欠发达地区区域创新网络的运行。②由于欠发达地区公共设施的缺乏，政府会投入资金建立信息交流平台、公共数据库和知识共享平台等，通过加强信息交流来促进转移企业与欠发达地区合作关系的稳定和发展，从而促进欠发达地区区域创新网络的运行。③对积极与本地建立、维护和发展创新合作关系的转移企业给予税收等方面的优惠政策，激励转移企业与欠发达地区创新网络主体发展网络关系，从而促进欠发达地区区域创新网络的运行。④政府出台风险投资的相关政策引导、支持风险投资及资本市场的建立和完善，通过扩大资金来源，促进欠发达地区区域创新网络的运行。⑤由于欠发达地区创新网络主体经济实力较弱，学习成本较高，政府会为欠发达地区区域创新网络主体和转移企业之间的互动学习构建公共平台，如举办交流会和洽谈会，通过营造学习氛围、构建交流平台的方式引导和促进主体间的互动学习，促进欠发达地区区域创新网络的运行。

10.1.4　环境支持

欠发达地区区域创新网络的成长及网络中的合作创新活动与欠发达地区的创新环境密切相关，创新环境与区域创新网络互相促进、互相推动。积极良好的创新环境对促进创新网络的培育及创新活动的开展起到了良好的促进作用，同时创新网络的发展及创新活动的成功进行也能促进良好创新环境的培育。创新环境主要分为社会资本环境、制度环境和劳动力市场环境等。

1）社会资本环境

社会资本环境是指信任的、互惠的、规范的和文化沉淀深厚的区域文化环境。长期的协作和彼此的信任是进行高效学习和创新合作的基础，良好的社会资本环境既能渗透到企业家的决策行为中，也能降低网络主体合作创新的不确定性和交易成本，同时还能促进区域创新网络中主体间的相互学习，加快主体间知识、信息等资源的扩散速度，有利于区域创新网络的发展。

2）制度环境

制度环境包括市场制度环境、法律制度环境及所有为促进合作创新而采用的措施和政策等。完善的制度环境可以降低转移企业和欠发达地区创新网络主体建立合作行为的不确定性，提高双方企业的合作预期，降低合作成本，在激励合作创新行为的同时也能起到维护长期合作关系的作用，从而促进欠发达地区区域创新网络的运行。

3) 劳动力市场环境

丰富的劳动力市场可以实现劳动力的高速流动。在良好的劳动力市场环境下，转移企业劳动力和欠发达地区创新网络主体劳动力的流动为欠发达地区带来了新技术和新思想，这既能促进知识和信息的交流和扩散，也能提高知识转化效率、促进技术市场化，从而推动区域创新网络的运行。

10.1.5　各动力之间的互动关系分析

区域创新网络中几个动力呈现出强烈的相互作用关系。在经济活动中，各个动力机制彼此促进，交叉融合，相互协同发展成为一个功能强大的总动力网络，该总动力网络推动和决定着欠发达地区区域创新网络的发展方向，总动力网络如图 10.1 所示。

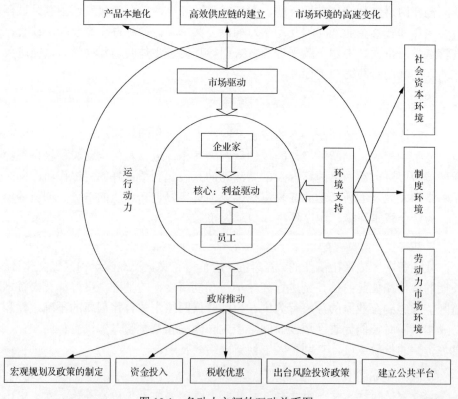

图 10.1　各动力之间的互动关系图

10.2　基于区际产业转移的欠发达地区区域创新
网络的运行机制

10.2.1　资源共享机制

资源共享机制是指区域创新网络中的创新主体之间通过高质量的信息传递实现知识、技术、人才等有形资源和无形资源的交换和共享。资源共享机制是基于区际产业转移的欠发达地区区域创新网络的运行基础。区域创新网络中创新主体之间的资源共享是构筑区域创新网络的出发点、动因和依赖条件，也是主体间相互协调、解决技术问题的前提。资源共享的主体主要包括区域创新网络中处于产业各个环节中的转移企业和欠发达地区创新网络主体，以及在知识、技术上相关的高校、科研院所、中介机构及政府机构。无论是异质类主体还是同质类主体，其知识结构均具有相似性，但同时也是独特的、互补的。

从交易的角度来看，区域创新网络为网络主体的交易提供了平台，网络主体根据自身的知识结构特点进行资源共享：一种多为上下游企业的异质性主体，其资源依赖性较强，根据价值链的分工环节进行分工协作；一种多为水平方向企业的同质性主体，其具有相同的发展条件和环境，相互竞争、相互模仿。异质性主体或同质性主体在这个平台根据自身能力进行交易，共享区位资源，形成垂直和水平方向的合作和协调。随着交易次数的增加，网络主体接收了其他主体的技术专长，自身技术专长的增加使其能够聚集该行业的专业化资源，进而促进了网络专业化分工。同时，庞大的网络专业化分工促进了交易效率的提高，交易效率的提高又推动了专业化经济的发展。因此交易效率和区域创新网络的运行是相互促进的。

从技术创新的角度来看，由于创新的复杂性和不确定性，创新模式从线性模式向网络模式转变。对于掌握了某种核心技术和能力的转移企业而言，在获得欠发达地区市场商业利益之前，还需要运用既有的先进技术和能力，建立必要的互补性技术通道，以获取和累积目前尚未充分掌握的具有欠发达地区特征的本地技术；对于产业核心技术较弱而具有本地优势的欠发达地区的企业、科研院所、中介机构和金融机构而言，其通过与具有互补能力的网络主体构建网络关系，补充自身的专业技能和生产知识，为区域创新网络提供高效运转的物质基础，从而使区域创新网络得以高效运行。

10.2.2　信任机制

基于区际产业转移的欠发达地区区域创新网络的信任机制的产生和发挥作用

是一个动态过程，其变迁轨迹随其本身内涵和功能的变化而变化。随着创新网络的不断发展，合作信任的建立逐步从契约型信任、认知型信任过渡到共识型信任，如图 10.2 所示。首先，契约型信任是指企业间签订正式契约，并按照各自承诺的内容完成各自的任务。这种合作信任比较简单，灵活性较差。契约型信任主要形成于转移企业进入初期，这个阶段转移企业与本地创新主体间彼此掌握的信息较少，其通过对合作经历、声誉、网络制度规范和承诺等因素的考量，借助政府和中介机构等服务性机构的协助，做出是否信任对方的决策，即建立契约型信任。其次，认知型信任是指建立在创新主体相互合作和了解的基础上，继续巩固初步建立的相互信任关系。认知型信任主要形成于转移企业进入中期，这个阶段随着合作的深入，创新主体沟通频率增加，双方都能够理解和预测对方的行为，主体之间相互沟通、相互依赖，并不断总结和调整双方的交互行为，提升双方的信任度，从契约型信任过渡到认知型信任。最后，共识型信任是创新主体间最高程度的信任关系，是创新主体在共同目标和共同价值取向下的自觉行为。共识型信任主要形成于转移企业进入后期，伴随着合作频率的增加，创新主体的声誉在区域创新网络中广泛传播，拥有共同价值观的网络主体彼此间的合作意向强烈，会努力理解合作伙伴的意图，并按其意图调整自身行为。共识型信任相对稳固，进而可逐渐形成统一的、拥有共同合作信任氛围的网络实体。

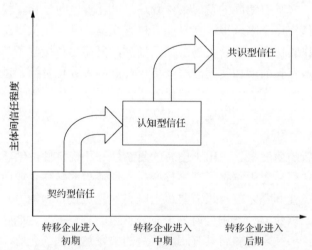

图 10.2　基于区际产业转移的欠发达地区区域创新网络合作信任建立的等级上升过程

信任机制是基于区际产业转移的欠发达地区区域创新网络的运行保障。信任机制的建立和完善可以通过增大行为主体间的交往频率，使创新主体能够保持长期稳定的关系，同时规范的合作关系又能巩固信任关系，从而形良性循环，促使区域创新网络的运行和发展，具体体现在以下几个方面：首先，在通过亲缘、地缘或多次重复交易过程中建立的信任关系的基础上，区域创新网络中创新主体搜寻信息的效率会更高，并且搜寻到的信息具有独特的价值。其次，良好的信任关系可以减少合作前认证、调查的成本，降低区域创新网络创新主体的交易成本，使得主体间合作所面临的复杂性和不确定性问题得到简化，从而建立和维护良好的合作关系，推动区域创新网络的运行和发展。再次，基于共同的企业文化和价值观建立的合作关系具有信任优势，在区域内能够实现较好的声誉传播，有效地抑制机会主义，降低合作风险，有助于良好合作关系的建立和维护，进而推动区域创新网络的运行和发展。最后，信任机制减少了创新主体间的不确定性，增强了创新主体行动的有效性，提高了合作伙伴对共同规则的遵守程度，进而推动了区域创新网络有序、良好的运行。

10.2.3　学习机制

网络主体间的相互学习是基于区际产业转移的欠发达地区区域创新网络的运行渠道，是实现区域创新网络动态持续创新的主要机制。区域创新网络主体的学习机制是以一系列集群共享的制度、规则、程序和规制为基础，网络主体通过相互协调行动，在解决问题时产生知识聚合同化(socialization externalization)、重组(combination)和激发创新(internalization)的动态过程。区域创新网络主体的学习机制在网络主体知识资源的创造、整合和互动中，以及在网络主体知识传递和积累的过程中形成。

基于区际产业转移的欠发达地区区域创新网络的学习机制可以从三个层面研究：核心学习网络、辅助学习网络和外围学习网络，这三个层次互相补充和互相合作，其层次分析图如图 10.3 所示。核心学习网络是指转移企业和欠发达地区企业通过相互交流和学习形成的网络，企业之间的关系互为竞争企业、互补企业、供应商和需求商等；辅助学习网络是指辅助网络向核心创新网络知识流入过程形成的网络，它通过中介机构、金融机构、高校与科研院所向网络中的转移企业和欠发达地区企业提供先进技术和信息等相关资源；外围学习网络是指通过区域外围网络向核心网络知识流入过程形成的网络，多为跨地域企业、各科研院所等。部分从外围学习网络流向核心学习网络的知识通过辅助学习网络的中间传递实现。

基于区际产业转移的欠发达地区区域创新网络以内部学习途径和外部学习途径相结合的方式进行学习。网络主体的学习方式主要有以下几种：①干中学和用中学。例如，欠发达地区区域创新网络主体通过使用转移企业的产品、机械和投入品获取相关知识和信息。②溢出中学习。例如，欠发达地区区域创新网络主体通过收集竞争转移企业的溢出而获取知识和信息。③互动学习。通过转移企业与欠发达地区企业的互动，如开展正式的研发活动来获取技术信息。④培训学习。转移企业对欠发达地区本地员工进行培训使其学习转移企业的先进技术和知识。

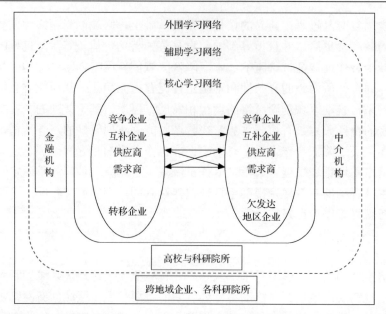

图 10.3　基于区际产业转移的欠发达地区区域创新网络的学习机制层次分析图

⑤搜索式学习。通过搜寻市场所需要的产品特性，将特性融合在设计里，了解新产品或新生产过程的设计。⑥人员流动学习。大部分企业技术知识以隐性知识的形态存在于员工的头脑中，因此企业间劳动力的流动程度越高，技术流动的速率就越大。区域人员流动以企业间的联系为主，部分人员也从辅助学习网络向核心学习网络流动。

10.2.4　协调与合作机制

协调与合作机制是指欠发达地区区域创新网络创新主体通过对声誉、承诺和信用的协调，整合网络资源，进行包括合作生产、合作研发、人才交流在内的各种以创新为目的合作活动，目的是追求资源共享和风险共担。协调与合作机制是实现区域创新网络动态持续创新稳定运行的主要机制，创新主体之间和组织之间能否进行高效的协调与沟通直接影响区域创新能力的强弱及区域竞争优势的建立。

区域创新网络的协调主要是指在不同组织之间直接进行双向、平行的信息交流，以及对组织行为的调节和协同。被协调的组织包括转移企业，欠发达地区企业、政府、高校与科研院所、中介机构和金融机构等创新主体。这些创新主体之间存在良好的合作意愿的同时，也存在着文化观念的冲突、内部外部资源的缺失等矛盾和顾虑。尤其是转移企业和欠发达地区本地创新主体之间，它们的创新文化和地域文化完全不同，转移企业在知识产权保护和核心资源维护等方面存在较多的顾虑。这些矛盾和顾虑损耗创新主体的精力，阻碍创新主体的合作进程。而在协调与合作机制的影响下，机会主义行为会使双方的利益都遭受损失，双方会相互依赖、互惠互利。创新主体只有遵守合约，才能实现利益最大化。即使出现纠纷事件，也能依照协调与合作机制进行最及时有效的处理。因此，有效的协调与合作机制能够维持欠发达地区区域创新网络的正常运转，它是基于区际产业转移的欠发达地区区域创新网络能够正常运行的必要渠道。

10.3　基于区际产业转移的欠发达地区区域创新网络的运行效应

10.3.1　理论解析

通过 10.2 节对基于区际产业转移的欠发达地区区域创新网络的四种运行机制的分析可知，这四种机制伴随着基于区际产业转移的区域创新网络的孕育与发展而运行。资源共享机制构成区域创新网络的运行基础，为区域创新网络初期的网络构建提供了动力；学习机制为区域创新网络协同创新提供了动态化、多元化的渠道，是实现知识激发创新的关键；协调与合作机制也为区域创新网络的运行提供了渠道，是区域创新网络运行的核心。无论是资源共享机制、学习机制还是协调与合作机制，都需要有完善的信用环境加以保障，因此信任机制为成员嵌入、结网和学习提供了运行保障，使区域创新网络能够高效运行。区域创新网络中的网络主体在完善的信用环境下，通过共享资源技术、互相学习、协调和发展合作关系，最终实现技术在网络内扩散的总体目标，进而切实加快创新过程。因此，创新扩散效应是基于区际产业转移的欠发达地区区域创新网络的最终运行效应。基于区际产业转移的欠发达地区区域创新网络运行效应示意图如图 10.4 所示。

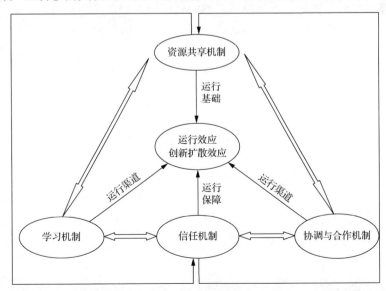

图 10.4　基于区际产业转移的欠发达地区区域创新网络运行效应示意图

创新扩散是指创新(新产品、新技术或新思想等)经由特定的渠道在社会成员中传播的过程,是由网络内潜在采纳者的微观采纳决策共同涌现出的宏观动力学行为。创新扩散在区域创新网络中的传播渠道是人际关系或工作关系,具体分为两种表现形式:一种是正式交流方式,这种交流方式主要通过企业与企业之间的正式合作渠道获得。由于正式交流程序较复杂,且交流形式较正式,其交流内容多为以显性知识为主的成熟性技术。在正式交流中,能获得产生创新思想的根本性技术和信息,使得交流者能快速掌握产业的主导性技术,进而加速了交流者创新思想的产生,促进了区域的创新扩散。另一种是非正式交流方式,这种交流方式主要通过个人之间的交流实现。由于非正式交流的交流环境宽松、自由,且交流内容广泛、交流表达丰富多样,其交流内容多为未编码的隐含经验类知识和技术。在面对面的非正式交流中,交流者能快速获得产生创新思想所必需的信息,从而促进了隐含经验类技术知识向编码式技术知识的转换,改变了技术知识的存在形态,加速了区域中的创新扩散速度。

10.3.2　欠发达地区区域创新网络运行效应的仿真模型构建

基于 Agent 的建模与仿真是通过对 Agent 的行为规则进行刻画,反映出 Agent 间交互作用所涌现的宏观现象[264],而区域创新网络的运行效应是潜在采纳者微观采纳决策相互影响和作用的宏观涌现现象。因此,基于 Agent 的建模与仿真方法为系统研究区域创新网络的运行效应提供了良好的研究工具。

创新的主观评价多数是通过区域创新网络从一个个体传达给另一个个体,即网络运行效应的载体是欠发达地区区域创新网络,因此本节在对欠发达地区区域创新网络的网络结构进行建模仿真的基础上,对网络的运行效应进行了仿真研究。为了使研究过程更符合现实情况,本节从空间约束视角出发,通过仿真成员关系抽象网络结构,探讨欠发达地区区域创新合作网络的运行效应。

1. 运行网络的构建

一般来讲,由于转移企业与区域内部企业合作历史较少,其选择合作伙伴时主要从知识互补性、能力互补性等任务因素进行考虑,对区域内部企业知识、能力等相关信息的掌握量便决定了转移企业合作伙伴的搜寻范围及搜寻模式。因此,可将合作伙伴搜寻模式分为局部搜寻和全局搜寻两类。在此基础上,根据不同的区域创新网络的自身特点,将欠发达地区区域创新网络结构分为局部搜寻网络、全局搜寻网络及混合搜寻网络三类。

1)局部搜寻网络

局部搜寻是指转移企业从地理邻近的企业中寻找合作伙伴的搜寻模式。当区域环境相对封闭、信息溢出量较少时，转移企业将企业家关系网络作为信息交换的通道[265]。企业家关系网络分为企业家纵向关系网络和横向关系网络，其中，企业家纵向关系网络指的是转移企业与政府的关系，横向关系网络指的是转移企业与区域内企业的关系。如果转移企业企业家关系网络的深度和广度不够，即与政府、与区域内企业关系较弱，那么转移企业无法从企业关系渠道、政府渠道掌握全面的区域企业信息，而由于信息的距离衰减性，较短的地理距离方便信息的溢出及传递，转移企业更容易掌握地缘相近的企业信息[266,267]。因此，这类转移企业往往从地理邻近的企业中搜寻合作伙伴。

局部搜寻网络是模拟仿真以中小型企业为主的竞争激烈的欠发达地区区域创新网络。这类欠发达地区小区域内存在多家生产同类产品的企业，形成了本地高强度的竞争环境，导致区域开放度低，信息交流环境封闭性高。转移企业多为一些中小型企业，与规模较大、社会资本较丰富的大型企业相比，企业家关系网络的深度和广度普遍不够。区域环境和企业家关系网络的双重作用使得此类区域中采用局部搜寻模式搜寻合作伙伴的转移企业数量较多。为仿真抽象此类区域创新网络，在相同的初始网络结构下，本书设置全部转移企业都采用局部搜寻模式搜寻合作伙伴。为方便论述，这种规则形成的创新网络称为局部搜寻网络。

2) 全局搜寻网络

全局搜寻是指转移企业突破空间约束从区域内所有主体中寻找合作伙伴的搜寻模式。当转移企业拥有一定深度和广度的企业家关系网络时，从与政府的关系角度来讲，鉴于我国国情的特殊性，我国还处在从计划经济向市场经济的转轨过程，仍然有大量信息处于政府控制之下，因此部分转移企业会通过企业家纵向关系网络与政府建立关系去获得市场信息，进而不受空间约束性的影响[268]；从与企业的关系角度来讲，部分转移企业是由跨国总公司或大型企业在本地投资建立，多年的经营运作使实力强大的总公司在全国各地拥有很深、很广的企业家横向关系网络，因此转移企业在信息掌控上具有很大优势，同样能突破地理限制掌握区域内企业的全局信息[130]。当然，一个信息开放的区域更利于转移企业进行全局搜寻。因此，上述这类转移企业往往能够突破空间约束从区域内所有主体中寻找合作伙伴。

全局搜寻网络是模拟仿真开放度较高的大型企业的区域创新网络。在这种欠发达地区区域创新网络中，一方面大型企业利用自己的品牌辐射能力，聚集众多的配套企业与其保持长期而稳定的合作关系，区域内部竞争激烈程度较低，区域环境较开放，有利于信息的交流和溢出[269]，转移企业较容易获取大量区域相关信息；同时由于大型企业区域创新网络自身的优势，许多国际或国内大型企业纷纷把企业研发中心、零部件分厂等转移到大型企业区域创新网络中，规模较大的大型企业实力强、社会资本较丰富，良好的企业家关系网络能够使其突破空间约束限制获取区域内大量企业的信息。因此，这两方面的双重作用使得该类区域创新网络中采用全局搜寻模式搜寻合作伙伴的转移企业数量较多。为仿真抽象此类区域创新网络，在相同的初始网络结构下，本书设置全部转移企业都采用全局搜寻模式进行合作伙伴搜寻。为方便论述，这种规则形成的创新网络称为全局搜寻网络。

3) 混合搜寻网络

混合搜寻网络是模拟仿真内部企业类型较复杂且以多种竞争合作形态共存的欠发达地区区域创新网络。在这类区域创新网络中，信息既不完全开放也不完全封闭，不同的转移企业依靠不同深度、广度的企业家关系网络获取不同的信息，从而采取不同的搜寻模式搜寻合作伙伴。因此，在这种区域内部，采用两种搜寻方式的转移企业各占一定比例。为仿真抽象此类区域创新网络，在相同的初始网络结构下，本书设置转移企业以 50%的概率选择局部搜寻模式或全局搜寻模式进行合作伙伴搜寻。为方便论述，这种规则形成的创新网络称为混合搜寻网络。

2. 仿真模型设置

1) 转移企业进入规则

初始时刻为区域创新网络的极端初始结构即全局耦合网络，网络中有 N 个节点，该模型的网络中的节点随机分布，任意节点对之间都存在连接。节点代表区域中的企业，节点之间的连线代表 Agent 之间的合作关系。每个时间步区域网络进入一个主体，主体随机选择地理位置，确定合作伙伴搜寻范围，并在搜寻范围内与 x 个企业建立联结。当区域创新网络中节点总数达到 M 时，网络增长结束。每个主体都位于二维地理空间 $R^+ \times R^+$ 中，主体 i 在该地理空间中的位置坐标为 (x_i, y_i)，主体 j 在该地理空间中的位置坐标为 (x_j, y_j)，主体 i 与主体 j 的地理距离 d_{ij} 为

$$d_{ij} = \sqrt{(x_j - x_i)^2 + (y_j - y_i)^2} \tag{10.1}$$

2) 合作伙伴搜寻模式的建模

局部搜寻网络转移企业搜寻规则 A_1：每个新进节点 i 进入网络后，由于受到空间限制，设搜寻区域以 m 为半径，若节点 j 与节点 i 的地理距离 $d_{ij} \leqslant m$，则将节点 j 作为节点 i 的备选合作伙伴。全局搜寻网络转移企业搜寻规则 A_2：每个新进节点 i 进入区域后，在区域内将所有节点均作为备选合作伙伴。混合搜寻网络转移企业搜寻规则 A_3：新进节点 i 进入欠发达地区后，以 50%的概率进行局部搜寻，以 50%的概率进行全局搜寻。

由于转移企业对欠发达地区缺乏了解等特殊性，企业更愿意与搜寻范围内较为著名的几个个体进行合作创新。一般认为，度值较高的节点即具有高的中心性，该节点关系能力较强[270]。因此，设置企业在搜寻范围内选取合作伙伴用度值优先的连接规则，新进节点 i 与搜寻范围内节点 j 相连接的概率 τ_j 为

$$\tau_j = \frac{k_j}{\sum_r k_r} \tag{10.2}$$

3) 区域创新网络创新扩散过程建模

根据 Albert 等[271]的阈值模型及扩展后的何铮和张晓军[272]的随机阈值模型，潜在采用企业在决定是否采用某项新技术时，主要从该技术是否能为企业带来经济效益方面进行评价。本书主要从企业自身和关联企业两方面来衡量新技术的经济效益评价。一方面，企业本身对新技术会有一个初始的效益评价，这个评价值取决于该技术的性能和价格。另一方面，潜在企业作为区域创新网络上的一个节点，与已采用该技术的关联企业进行信息沟通和交流，使区域内关联企业对该技术的使用情况和评价对潜在企业的采用决策产生流行性压力。每个企业都有一个阈值。当潜在企业对新技术的效益评价值超过企业的阈值时，潜在企业就会考虑采用这项技术。当关联企业所造成的流行性压力无法使更高阈值的企业也采用新技术时，扩散停止。综上，构建技术扩散的随机阈值模型：

$$W_{i,t} = H_i + F_{i,t-1} + a_{i,t-1} \tag{10.3}$$

其中，关联企业的评价对潜在企业产生的流行性压力为

$$F_{i,t-1} = \sum\nolimits_{j \in V} \theta_j \bar{\omega}_{j,i} \tag{10.4}$$

$$\bar{\omega}_{j,i} = \frac{k_j}{k_i} \tag{10.5}$$

3. 模型度量指标

1) 网络结构度量变量

区域创新网络是一种区域主体和供应链耦合的复杂网络[130]，借鉴复杂网络的相关研究，本书把网络拓扑结构的状态指标作为考察区域创新网络的重要表征参量，主要从平均路经长度、网络直径和平均聚类系数来分析不同合作伙伴搜寻方式对区域创新网络结构的影响。

2) 创新扩散度量变量

从宏观角度研究区域创新网络的创新扩散主要从创新扩散深度、创新扩散速度及创新扩散深度的波动性和创新扩散速度的波动性来衡量。创新扩散深度代表创新扩散的质量，指新技术的稳态扩散比例，即采纳者数量占社会成员总数量的比例[273,274]。创新扩散深度 $\varphi_{t'}$ 为

$$\varphi_{t'} = \frac{1}{n} \sum_{i=1}^{n} S_{i,t} \tag{10.6}$$

式中，n 为社会成员总数量。

如果把最终扩散水平理解为创新扩散质量，那么和创新扩散质量相对应的就是创新扩散速度。创新扩散速度用创新扩散达到稳定水平(最大值)时所需经历的周期数 t^* 表示，t^* 越大，创新扩散速度越慢，反之则越快。创新扩散深度的波动性指的是最终的采纳者比例波动，反映了随着时间的推进，采纳者比例波动的变化趋势，以及创新扩散结果的不确定性。创新扩散深度的波动性 $\gamma_{t'}$ 表示为

$$\gamma_{t'} = \frac{\sigma(\varphi_{t'})}{E(\varphi_{t'})} \tag{10.7}$$

创新扩散速度的波动性反映了创新扩散时间的不确定性，用仿真结果均值调整后的标准差来衡量。创新扩散速度的波动性 $\varepsilon_{t'}$ 表示为

$$\varepsilon_{t'} = \frac{\sigma(t^*)}{E(t^*)} \tag{10.8}$$

式中，$\sigma(t^*)$ 为标准差；$E(t^*)$ 为期望值。

式(10.2)~式(10.8)中的模型中的参数设定见表 10.1。

表 10.1　模型中的参数设定

符号	参数名称
k	节点的度值
$W_{i,t}$	第 i 个潜在采用企业在第 t 个周期对新技术的效益评价值
H_i	第 i 个潜在采用企业对新技术的初始效益评价值
$F_{i,t-1}$	已采用技术的关联企业在第 $t-1$ 个周期对企业 i 产生的效用
$a_{i,t-1}$	潜在采用企业 i 在第 $t-1$ 个周期所受的随机因素影响
θ_j	已采用技术的关联企业 j 对新技术的评价
$\bar{\omega}_{j,i}$	采用者 j 对潜在采用者 i 的重要程度
$S_{i,t}$	每个周期的采纳者数量
$\sigma(\varphi_{t'})$	50 次仿真扩散深度结果均值调整后的标准差
$E(\varphi_{t'})$	50 次仿真扩散深度结果均值调整后的期望

10.3.3 欠发达地区区域创新网络运行效应的仿真结果分析

模型只考虑了转移企业合作伙伴搜寻模式对区域创新网络的网络结构及创新扩散效率的影响，没有考虑其他网络结构因素及影响合作创新的因素，因此具有一定的随机性。为了尽量避免模型的随机性，每种搜寻网络规则都做 50 次仿真试验，在每次形成的区域创新网络下做 50 次创新扩散仿真试验，取所有仿真试验的均值作为最终结果。模型参数设置如下：M=500，N=300，x=4，θ_j=1 和-1（比例为 85%∶15%），$H_i \sim (0.6,0.3)$，$a_{i,t-1} \sim (0,0.01)$。

1. 合作伙伴搜寻模式对区域创新网络结构的影响

1）不同合作伙伴搜寻模式形成的区域创新网络特征分析

图 10.5 给出了不同合作伙伴搜寻模式形成的区域创新网络仿真示意图，图中节点大小代表度值大小，为了更清晰地体现度值差异，度值极小的节点不做大小区分。由图 10.5 可知，不同的合作伙伴搜寻模式对区域创新网络有很大的影响。局部搜寻网络中拥有连边的 hub 节点的数量要多于全局搜寻网络。这是因为转移企业如果受到空间约束的限制，只能在一定范围内寻找影响力较高，且与自身情况相匹配的合作伙伴，因此，高影响力的节点分布在各个区域内。而全局搜寻的企业由于掌握的信息丰富，可以在整个区域寻找影响力高的企业与之进行合作交流，使得区域内会出现少量度值很高的 hub 节点。此外，局部搜寻网络中，hub节点与 hub 节点之间连边较粗，联系较多，而全局搜寻网络中的 hub 节点大部分都与全局网络中少量 hub 节点相连，无标度网络特征比较显著。而混合搜寻网络的 hub 节点数介于局部搜寻网络和全局搜寻网络之间。

 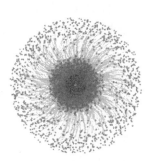 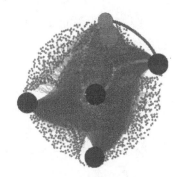

(a) 局部搜寻网络G_1'　　　　(b) 全局搜寻网络G_2'　　　　(c) 混合搜寻网络G_3'

图 10.5　不同合作伙伴搜寻模式形成的区域创新网络仿真示意图

2) 不同合作伙伴搜寻模式对区域创新网络拓扑结构的影响

表 10.2 统计了三种网络中，合作伙伴搜寻模式在平均路径长度、网络直径、平均聚类系数三个拓扑网络结构指标上的差异。全局搜寻网络的平均路径长度和网络直径是三种网络中最小的，较短的平均路径长度和网络直径有利于节点从远距离的节点处获取非冗余的新知识，可以有效提高知识传递效率和质量，从而更好地激发节点的创造力。全局搜寻网络的平均聚类系数是三种网络中最大的，由此可知全局搜寻网络中的节点一方面和自己周围的节点紧密连接，另一方面到达网络中任何其他节点都只需要经过少数几个节点[275]。较高的节点间聚簇程度有利于促成彼此间的紧密合作，进而提高创新扩散效率和准确度。相比之下，局部搜寻网络拥有最大的平均路径长度和网络直径，而其平均聚类系数是三种网络中最小的。与全局搜寻网络相比，局部搜寻网络周围节点的紧密程度较低，获取新技术知识所经节点数也较多，创新传递的效率和质量相对较低。而混合搜寻网络各个指标均介于局部搜寻网络和全局搜寻网络之间。

表 10.2　网络拓扑结构参数值

搜寻网络	平均路径长度	网络直径	平均聚类系数
局部搜寻网络	4.168	8	0.1698
全局搜寻网络	2.796	5	0.2210
混合搜寻网络	3.159	6	0.1820

2. 合作伙伴搜寻模式对区域创新网络创新扩散效率的影响

1) 合作伙伴搜寻模式对区域创新网络创新扩散深度的影响

图 10.6 为不同搜寻网络的创新扩散深度曲线。由图 10.6 可知，转移企业不同的合作伙伴搜寻模式会对区域创新扩散深度产生一定的影响。三种搜寻网络的创新扩散深度曲线均呈 S 形，随着时间的推进，全局搜寻网络第一周期后迅速上升到 0.5，局部搜寻网络和混合搜寻网络第一周期后都上升到 0.3 左右，三种搜寻网络均在某一时期达到最大值，之后便保持该值不变，该值即创新扩散的最终采纳者比例。从创新扩散的最终采纳者比例可以看出，三种搜寻网络均没有实现创新的完全扩散，但全局搜寻网络最终拥有最多的创新采纳者数量，局部搜寻网络最终拥有最少的创新采纳者数量，混合搜寻网络的创新采纳者数量介于全局搜寻网络和局部搜寻网络之间。

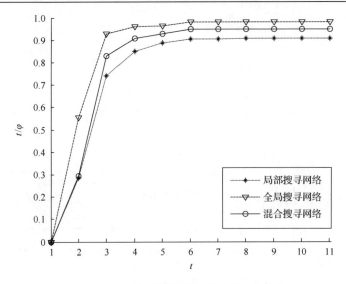

图 10.6　不同搜寻网络的创新扩散深度曲线

不同转移企业合作伙伴搜寻模式形成的区域创新网络创新扩散深度的仿真结果具有较明显的差异。究其原因，一方面，由于全局搜寻网络的度分布最不均匀，且 hub 节点数小于局部搜寻网络和混合搜寻网络，因此全局搜寻网络中极少数节点拥有很多的连边，这种拓扑结构使得少量的 hub 节点能够获得更多的创新评价信息，进而提高了其采纳创新的可能性；另一方面，由于节点间的路径也是主体间技术扩散的通道，拥有较短的平均路径长度和网络直径的全局搜寻网络能够更有效地将采纳者的评价信息传播给网络中的其他成员，使得潜在采纳者接收到更多的评价信息，进而提高了采纳创新的可能性。而平均聚类系数也代表着网络主体间沟通的相近度，潜在采纳者与采纳者沟通的相近度越高，采纳创新的可能性就越高，因此拥有最大平均聚类系数的全局搜寻网络拥有最多的创新采纳者数量。

2) 合作伙伴搜寻模式对区域创新网络创新扩散深度的波动性的影响

图 10.7 揭示了不同搜寻网络的创新扩散深度的波动性。由图 10.7 可知，转移企业不同的合作伙伴搜寻模式会对区域创新扩散深度的波动性产生一定的影响。从图中可看出，随着时间的增长，三种网络的创新扩散深度的波动性均呈先增大后减小的变化趋势。从最终采纳者比例波动可以看出，全局搜寻网络的创新扩散深度的波动性最小，局部搜寻网络的创新扩散深度的波动性最大，混合搜寻网络的创新扩散深度的波动性介于全局搜寻网络和局部搜寻网络之间。

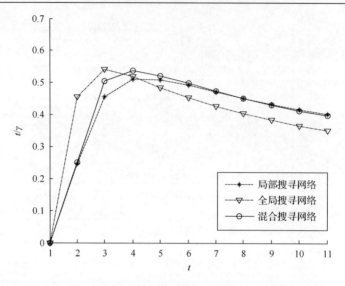

图 10.7　不同搜寻网络的创新扩散深度的波动性曲线

当管理者需要预测创新成功起飞与成功扩散的不确定性时，转移企业不同的合作伙伴搜寻模式也是不可忽略的因素。全局搜寻网络创新扩散深度的波动性的不确定性最小，那么在全局搜寻网络中，创新成功起飞及成功扩散的概率是最高的，而不确定性最大的局部搜寻网络，其创新成功起飞及扩散的概率是最低的。

3) 合作伙伴搜寻模式对区域创新网络创新扩散速度的影响

图 10.8 为不同搜寻网络的创新扩散速度。从图 10.8 可看出，转移企业不同的合作伙伴搜寻模式会对区域创新扩散速度产生一定的影响。综合图 10.6 创新扩散深度的 S 形曲线可知，三种搜寻网络创新扩散速度均呈先增大后减小的变化。由

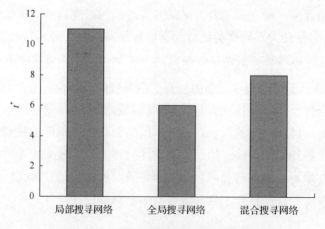

图 10.8　不同搜寻网络的创新扩散速度

图 10.8 可知，全局搜寻网络、混合搜寻网络、局部搜寻网络分别在第 6、第 8、第 11 个周期时，创新扩散达到了稳定水平。因此，全局搜寻网络的创新扩散速度最快，局部搜寻网络的创新扩散速度最慢，混合搜寻网络的创新扩散速度介于全局搜寻网络和局部搜寻网络之间。

不同转移企业合作伙伴搜寻模式形成的区域创新网络创新扩散速度的仿真结果具有较明显的差异。究其原因，也和不同搜寻网络节点间的路径及平均聚类系数有关。由于节点间的路径是主体间技术扩散的通道，拥有较短的平均路径长度和网络直径的全局搜寻网络能够快速有效地将采纳者的评价信息传播给网络中的其他成员，而平均聚类系数也代表着网络主体间沟通的相近度，因此拥有最大平均聚类系数的全局搜寻网络有利于促成彼此间的紧密交流，可以更高效地传播采纳者的创新评价信息。

4) 合作伙伴搜寻模式对区域创新网络创新扩散速度的波动性的影响

图 10.9 揭示了不同搜寻网络的创新扩散速度的波动性。由图 10.9 可知，转移企业不同的合作伙伴搜寻模式也会对区域创新扩散速度的波动性产生一定的影响，从图中可看出，全局搜寻网络的创新扩散速度的波动性最小，局部搜寻网络的创新扩散速度的波动性最大，混合搜寻网络的创新扩散速度的波动性介于全局搜寻网络和局部搜寻网络之间。

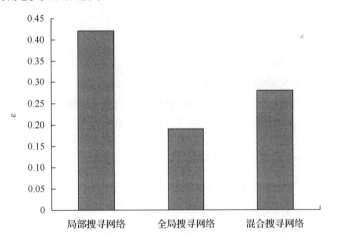

图 10.9　不同搜寻网络的创新扩散速度的波动性

当管理者需要预测创新成功起飞与成功扩散出现时间的不确定性时，转移企业不同的合作伙伴搜寻模式是不可忽略的因素。全局搜寻网络的创新扩散速度的波动性最小，那么在全局搜寻网络中，创新成功起飞及成功扩散出现的时间不确定性是最低的，而创新扩散速度的波动性最大的局部搜寻网络，其创新成功起飞及成功扩散出现的时间不确定性是最高的。

综合图 10.6～图 10.9 的结果可知，无论是从创新扩散深度、创新扩散速度、创新扩散深度的波动性还是从创新扩散速度的波动性来看，全局搜寻网络都是更有利于区域创新扩散的搜寻网络，全局搜寻也是更适合区域创新扩散的转移企业搜寻合作伙伴的方式。区域中采用全局搜寻模式搜寻合作创新伙伴的转移企业的数量越多，区域创新扩散效率越高。

10.4　基于区际产业转移的欠发达地区区域创新网络运行研究的结论

转移企业进入欠发达地区并进行相应的嵌入、结网等主体行为后，欠发达地区区域创新网络通过其自身具有的复杂适应性特征，对这些变化进行适应性处理，即区域创新网络的运行。为了促进欠发达地区区域创新网络的发展，需要深入研究转移企业进入欠发达地区后区域创新网络是如何运行的。在第 9 章对转移企业结网策略分析的基础上，本章重点揭示了基于区际产业转移的欠发达地区区域创新网络的运行规律。研究结果表明：

（1）在利益驱动、市场驱动、政府推动和环境支持的动力推动下，欠发达地区区域创新网络才能正常运行。资源共享机制是区域创新网络运行的基础，信任机制是区域创新网络能够高效运行的保障，学习机制、协调与合作机制为区域创新网络协同创新提供了动态化、多元化的渠道。

（2）创新扩散是基于区际产业转移的欠发达地区区域创新网络的最终运行效应。从创新扩散深度和创新扩散速度来看，在开放度较高的以大型企业为主的欠发达地区，其区域创新网络拥有最多的创新采纳者数量且创新扩散速度最快；在以中小型企业为主的竞争激烈的欠发达地区，其区域创新网络拥有最少的创新采纳者数量且创新扩散速度最慢；在内部企业类型较复杂且多种竞争合作形态共存的欠发达地区，创新采纳者数量和创新扩散速度介于二者之间。从创新扩散深度的波动性和创新扩散速度的波动性来看，在开放度较高的以大型企业为主的欠发达地区，其区域创新网络的波动性最低；在以中小型企业为主的竞争激烈的欠发达地区，其区域创新网络的波动性最高；在内部企业类型较复杂且多种竞争合作形态共存的欠发达地区，其区域创新网络的波动性介于二者之间。在开放度较高的以大型企业为主的欠发达地区，区域创新网络是更利于创新扩散的区域创新网络，区域创新网络中采用全局搜寻模式搜寻合作创新伙伴的转移企业数量越多，区域创新网络创新扩散效率越高。

10.5　本 章 小 结

　　本章首先研究了基于区际产业转移的欠发达地区区域创新网络的运行动力，主要从利益驱动、市场驱动、政府推动和环境支持四个角度进行研究，并研究了各动力之间的互动关系。其次，对基于区际产业转移的欠发达地区区域创新网络的运行机制进行分析研究，主要包括资源共享机制、信任机制、学习机制、协调与合作机制。最后，从理论角度解析了基于区际产业转移的欠发达地区区域创新网络的运行效应，在此基础上，运用多智能体仿真的方法，构建了空间约束下的欠发达地区区域创新网络运行效应的仿真模型，分别比较分析了局部搜寻网络、全局搜寻网络、混合搜寻网络这三种区域创新网络的基本拓扑结构特征及区域创新网络的创新扩散效率。

第11章　基于区际产业转移的欠发达地区
区域创新网络的演化研究

11.1　基于区际产业转移的欠发达地区区域
创新网络演化的分析基础

11.1.1　基于区际产业转移的欠发达地区区域创新网络演化的内涵

演化源于生态学，主要是指为适应环境而产生的变化、选择和保持的不断迭代的过程，其体现的是对环境变化的适应性特征[276]。区域创新网络的演化是指区域创新网络的结构、状态、特性、行为和功能等随着时间推移而逐渐发展变化的过程，该过程具有动态复杂性。区域创新网络的演化主要表现为伴随着区域创新网络内部和外部环境的变化，网络主体通过其具有的复杂适应性特征，对环境变化做出相应的适应性调整。

转移企业的进入，使欠发达地区区域创新网络的内部和外部环境发生了巨大变化，很多外部主体加入欠发达地区区域创新网络并参与合作创新活动，将导致区域创新系统的个体、个体间的联系和相互作用发生变化。为了适应环境变化，欠发达地区区域创新网络各主体通过其具有的复杂适应性特征做出相应的适应性调整。网络主体之间的合作创新关系在区际产业转移的刺激下不断得到强化，主体间互动能力增强、关系更加紧密，区域创新网络变得更加有序，且在整体层面上显现出网络结构特征动态演化的非线性特征，如网络主体规模、合作创新关系等的发展变化，进而推动区域创新网络的不断演化。其中，网络主体规模的演化包含新增网络主体和网络主体退出等情形，合作创新关系的演化包括新增网络主体，如转移企业与欠发达地区原有的区域创新网络主体之间新增的合作关系、区域创新网络内部合作创新关系(增加、终止、调整等)的变化。基于区际产业转移的欠发达地区区域创新网络演化内涵示意图如图11.1所示。

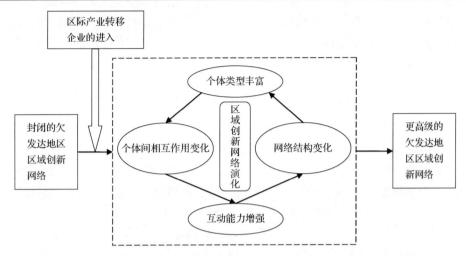

图 11.1　基于区际产业转移的欠发达地区区域创新网络演化内涵示意图

11.1.2　基于区际产业转移的欠发达地区区域创新网络演化的动力因素

1) 微观演化动力因素

基于区际产业转移的欠发达地区区域创新网络的微观演化动力因素主要是指网络主体之间的相互作用和相互影响。在网络中，网络主体以降低创新风险、创新不确定性和创新成本及整合创新资源、加速创新进程、提高创新效率等为目标在区域创新网络中进行合作创新活动，在这个过程中不同类型的网络主体之间的动态的、非线性的合作创新关系的循环累积作用推动着区域创新网络的演化。

2) 宏观演化动力因素

从宏观视角来看，基于区际产业转移的欠发达地区区域创新网络演化的动力因素可分为外部因素和内部因素。其中，外部因素包括政府政策导向、市场需求、外部竞争等。政府政策导向因素是指政府通过实行如优惠税收等政策，刺激转移企业进入区域创新网络并与网络主体强化网络内部的关系强度。市场需求因素和外部竞争因素是指区际产业转移的进入会打破了欠发达地区原有的市场平衡，加大了欠发达地区企业间的竞争力度，导致市场对产品创新性的需求越来越高，产品研发创新的方向也随之改变，网络主体在合作创新领域的分工也不断深化，从而导致网络主体之间的作用机制、合作创新关系发生调整。

内部因素包括集体学习和技术标准的制定等。集体学习因素是指网络主体基于区域创新网络进行知识学习、技术创新的过程，主体在学习过程中提升了合作创新的协调性，同时强化了网络主体合作创新关系的强度，从而推动了区域创新网络的演化发展。为了维持核心竞争力，企业需提高行业标准和准入门槛，而制定技术标准是其必要条件。在区域创新网络中，制定技术标准需要网络主体的共同参与，因此其也成了驱动区域创新网络演化的重要因素。

11.1.3 基于区际产业转移的欠发达地区区域创新网络演化的影响因素

1) 区际产业转移规模

区际产业转移是建立在经济联系的基础上的，区域经济联系的强弱在很大程度上会影响产业转移规模的大小。一方面，区际产业转移规模的大小决定着劳动力投入量和资本投入量的大小。当区际产业转移规模较大时，进入欠发达地区的主体个数较多，劳动力和资本的大量投入使欠发达地区的知识多样性、技术丰富性均有大幅度的提高，为了获取知识、提高知识储备，企业间会增强其合作创新关系，进而影响区域创新网络的演化。另一方面，根据复杂网络理论基础，区际产业转移规模可表示为进入网络的主体个数。网络主体规模的发展变化也是区域创新网络不断演化的表现形式之一，因此区际产业转移规模的大小是区域创新网络演化的重要影响因素。

2) 技术差异性程度

技术不仅包括有形的物质性因素，也包括无形的观念性因素，技术的更高抽象即为知识，它以显性和隐性等方式进行储存和传递。田钢和张永安[150]根据霍兰理论研究指出创新主体之间的知识水平差距会影响合作的发生，即如果两个创新主体之间的知识水平相差过大，那么合作也不会发生。不同的产业转移模式导致转移企业与欠发达地区创新网络主体的技术差异性程度不同，如新产品或研发部门转移导致转移企业与欠发达地区创新网络主体之间的技术差异性较大，而进行生产制造部门转移或单独的外包式转移的企业和欠发达地区创新网络主体之间的技术差异性较小。

当企业间的技术差异性较小时，其知识类型相似性较高，并且占有相似的市场地位，其对伙伴企业知识的吸收能力也更强[277]。但为了保持在市场上的竞争优势，它们会采取学习竞赛等机会主义行为，因此合作将面临更多的关系风险。而当企业间的技术差异性较大时，它们拥有的知识类型差异性较大，其对伙伴企业知识的吸收能力较弱[278]，为了提高知识获取的效率，企业间会加强沟通和交流，通过强化企业间的关系实现互动理解伙伴企业的知识。因此，技术差异性程度将直接影响企业间的关系建立和关系强度的大小，进而影响区域创新网络的演化。

11.2　基于区际产业转移的欠发达地区区域创新网络演化仿真模型构建

11.2.1　仿真模型规则设置

1) 初始状态设置

大量研究表明，网络演化的长期结果与初始状态无关，而是取决于网络主体的行为[163]。因此，本书选择接近现实中存在的社会网络结构的小世界网络作为初始网络，用其代表欠发达地区的初始创新网络。初始网络有 N 个节点，网络中每个节点都有一个 l 维的知识向量，表示为

$$\boldsymbol{K}_i = \left[k_i^1, k_i^2, k_i^3, \cdots, k_i^l \right], i \in \left[1, N \right] \tag{11.1}$$

其技术水平为

$$\left| \boldsymbol{K}_i \right| = \sqrt{\sum_{l=1}^{l} \left(k_i^l \right)^2} \tag{11.2}$$

$\boldsymbol{K}$ 的每个维度代表实现一个知识种类，知识向量的每一个分量 $k_i^c \geqslant 0$ 代表创新主体 i 所拥有的第 c 种知识的知识含量。如果 $k_i^c = 0$，那么表示节点 i 目前没有这种知识。

2) 转移企业进入和结网规则

在第 t_a 个时间步进入 IS 个新节点，用其代表转移企业，新节点的知识向量表示为

$$\boldsymbol{K}_j = \left[k_j^1, k_j^2, k_j^3, \cdots, k_j^l \right] \tag{11.3}$$

其技术水平表示为

$$\left| \boldsymbol{K}_j \right| = \sqrt{\sum_{l=1}^{l} \left(k_j^l \right)^2} \tag{11.4}$$

新节点具有网络位置 $S \in \left[0, S' \right]$ 及环境不确定性 E 两个属性。另外，转移企业与欠发达地区企业的技术差异值为

$$\mathrm{TD} = \left| \boldsymbol{K}_j \right| - \left| \boldsymbol{K}_i \right| \tag{11.5}$$

衡量技术差异程度的量值为

$$TD' = \frac{|K_i|}{\psi} \tag{11.6}$$

根据第 9 章的研究,转移企业根据其所处的网络位置中心度和环境不确定性,分别采用知识深度导向策略、知识宽度导向策略和融合式导向策略进行结网。

3) 合作创新过程

根据第 9 章的研究,通过知识深度导向规则建立合作关系的两节点采用利用式创新的合作创新模型;通过知识宽度导向规则建立合作关系的两节点采用探索式创新的合作创新模型;通过融合式导向规则建立合作关系的两节点综合利用式创新和探索式创新的合作创新模型。

另外,当企业自身能力较低导致其已无法在区域创新网络中生存时,企业会呈现倒闭消亡状态。企业知识陈旧是企业消亡的重要因素[279],因此,当节点 k 的技术水平低于网络内所有主体技术水平平均值的二分之一时,表示为

$$|K_k| \prec \frac{\sum\limits_{i=1}^{N} |K_i| + \sum\limits_{j=1}^{IS} |K_j|}{2(N + IS)} \tag{11.7}$$

此时,企业消亡并退出网络。

11.2.2　模型的变量描述

区域创新网络是一个复杂网络[263],借鉴复杂网络的相关研究,把网络拓扑结构的状态指标作为考察区域创新网络的重要表征参量,主要从平均路径长度、平均聚类系数、图密度等拓扑结构指标来分析基于区际产业转移的欠发达地区区域创新网络演化趋势。

11.3　基于区际产业转移的欠发达地区区域创新网络演化仿真结果分析

为了对比分析不同产业转移规模、技术势差情况下的区域创新网络演化情况,本书运用多智能体仿真的方法,将仿真设置在大中小规模产业转移和高中低技术差异两种仿真情景下进行,每种情境分别设置反映技术差异程度高低的 $\psi = 1$、50、100,设置产业转移规模 $\omega = 60$、160、260。通过对转移企业进入网络、转移企业结网及企业间合作创新过程的仿真,分析比较涌现的三种网络的特征结构的变化

趋势，从而比较区域创新网络演化的结构变化。为了尽量避免模型的随机性，共做 100 次仿真试验，每次运行 80 个周期，取所有仿真试验的均值作为最终结果。模型参数设置如下：N=500，e=3，η~(1,11)，θ=0.8，A=0.5，γ=0.2。

11.3.1　基于区际产业转移的不同技术差异度下的欠发达地区区域创新网络演化特征

图 11.2 分别展示了在每个演化阶段，不同技术差异程度下的欠发达地区区域创新网络演化的仿真过程输出。由图 11.2 的输出结果可知，转移企业与欠发达地区创新网络主体的技术差异程度对欠发达地区区域创新网络演化具有显著影响。在产业转移初期（t=10），转移企业在技术差异程度较高（ψ=1）的网络中的结网数量少于技术差异程度较低（ψ=100）的网络；而在产业转移末期（t=80），在技术差异程度中等的区域创新网络中（t=80，ψ=50），网络拓扑结构较为紧密，网络密集度最高。

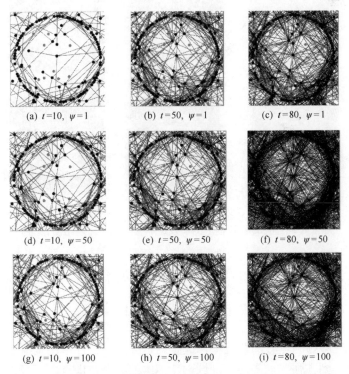

图 11.2　不同技术差异程度下的欠发达地区区域创新网络演化的仿真图

11.3.2　不同产业转移规模下的欠发达地区区域创新网络演化特征

图 11.3 分别展示了在每个演化阶段中，不同产业转移规模下的欠发达地区区

域创新网络演化的仿真过程输出。由图 11.3 的输出结果可知，区际产业转移规模对欠发达地区区域创新网络演化具有显著影响。在产业转移初期(t=10)，产业转移规模较大(ω=260)的区域创新网络中主体结网数量多于产业转移规模较小（ω=60）的网络。在产业转移规模较小的区域创新网络中，网络拓扑结构较为松散，网络密集度最低。

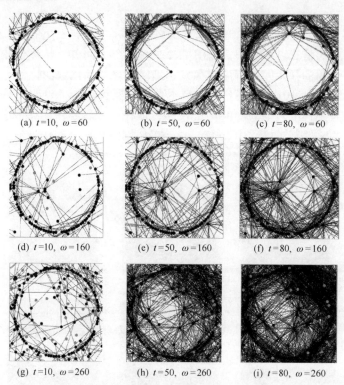

(a) t=10, ω=60　　　　(b) t=50, ω=60　　　　(c) t=80, ω=60

(d) t=10, ω=160　　　(e) t=50, ω=160　　　(f) t=80, ω=160

(g) t=10, ω=260　　　(h) t=50, ω=260　　　(i) t=80, ω=260

图 11.3　不同产业转移规模下的欠发达地区区域创新网络演化的仿真图

11.4　基于区际产业转移的欠发达地区区域创新网络演化研究的结论

在网络能够顺利运行的情况下，欠发达地区区域创新网络变得更加有序，网络关系等均得到了强化，实现了区域创新网络的升级，即区域创新网络的演化。为了促进欠发达地区区域创新网络的发展，需要深入研究欠发达地区区域创新网络是如何演化的。在第 10 章对欠发达地区区域创新网络运行分析的基础上，本章重点揭示了基于区际产业转移的欠发达地区区域创新网络的演化规律。研究结果表明：

(1)转移企业的进入会增加欠发达地区区域创新网络的网络规模和网络密度。其增加了区域创新网络的主体数量，同时也加强了创新网络主体之间的合作创新关系，使欠发达地区区域创新网络变得更加紧密，网络内主体之间的紧密性、关联性更强，更有益于主体之间的交流和合作。

(2)转移企业与欠发达地区区域创新网络创新主体的技术差异程度及区际产业转移规模这两个因素显著地影响区域创新网络的演化规律。从技术差异程度角度来看，在产业转移前期，转移企业与欠发达地区创新主体的技术差异程度越高，网络密集度越低；在产业转移末期，转移企业与欠发达地区创新主体的技术差异程度中等地区，区域创新网络的结网数量多，网络密集度最高。从区际产业转移的规模角度来看，产业转移规模较大的区域创新网络中，创新主体直接建立的合作创新关系数量多；在产业转移规模较小的区域创新网络中，创新主体直接建立的合作创新关系数量较少，网络密集度较低。

11.5　本　章　小　结

本章首先探讨了基于区际产业转移的欠发达地区区域创新网络演化的分析基础，主要从演化的内涵、演化的动力因素和演化的影响因素三方面进行研究。其次，以影响因素为基础，运用多智能体的方法，构建了基于区际产业转移的欠发达地区区域创新网络演化仿真模型。在构建模型过程中，设置了仿真模型的规则和模型的变量，并对其进行描述。最后，对基于区际产业转移的欠发达地区区域创新网络演化的仿真结果进行了分析，主要对基于区际产业转移的欠发达地区区域创新网络演化的涌现特征、模型中各参数的敏感性及欠发达地区区域创新网络的演化规律和特征进行了分析和探讨。

第三部分　区际产业转移与欠发达地区区域创新系统构建的对策建议

欠发达地区的特殊性决定了其不能直接模仿发达地区区域创新系统的发展模式，需根据自身的特点另寻途径。前面揭示了区际产业转移对欠发达地区区域创新系统的影响机理及区际产业转移主体行为和欠发达地区区域创新网络涌现特征，这些研究成果均有助于欠发达地区正确认识和科学应对区际产业转移，进而利用区际产业转移来推动区域创新系统及创新网络的发展。因此，本部分主要研究区际产业转移与欠发达地区区域创新系统构建的对策建议，具体包括第 12 章和第 13 章的内容。

第12章 基于区际产业转移促进欠发达地区区域创新网络发展的对策建议

12.1 促进转移企业嵌入欠发达地区区域创新网络的建议

基于区际产业转移的欠发达地区区域创新网络嵌入研究表明，加强政府等第三方推动、加强区域创新主体间的信任关系及培育企业家社会资本是促进转移企业嵌入欠发达地区区域创新网络的重要方式。为了促使转移企业嵌入欠发达地区区域创新网络，从而促进欠发达地区区域创新网络的发展，主要应从以下几个方面进行。

12.1.1 加强政府等第三方的推动作用

研究表明，政府等第三方的推动可以推进转移企业与欠发达地区创新网络主体的关系变化，使双方关系逐渐深入直至实现转移企业嵌入区域创新网络。因此，政府应发挥自身职能，大力促进转移企业成功嵌入欠发达地区区域创新网络，从而带动区域创新网络的发展。

1）鼓励中小型企业主动与转移企业交流合作

先进的合作创新意识和思想是欠发达地区中小型企业能够积极地直接或间接地与转移企业合作并共同构建区域创新网络的前提，但由于欠发达地区中小型企业自身资金有限、科研部缺失、信息沟通渠道少，其没有能力也缺乏与转移企业合作创新的意识，欠发达地区中小型企业依然以追求产品规模为主，游离在产品更新和先进技术更新之外，长此以往欠发达地区创新网络主体尤其是中小型企业会因为技术守旧而逐渐消亡，而区域创新网络本身也需要多种主题类型共存，时刻保持网络复杂性，才能保证网络的升级和演化。因此，一方面，政府应致力于放宽中小型企业的准入条件，帮助中小型企业成长壮大，为中小型企业提供便利条件，鼓励其与转移企业进行交流合作、结网连接；另一方面，政府也应利用转移企业需要掌握欠发达地区产业和企业信息的特点，鼓励中小型企业通过与转移企业交流区域内部隐性资源的方式，与转移企业交流并向其学习，使中小型企业从技术守旧向注重技术更新、产品更新和观念更新转变，从低技术含量的规模生产向高技术含量的高科技生产转变。

2) 搭建对接平台等沟通平台

欠发达地区经济相对滞后，仅靠市场机制和欠发达地区创新网络主体自身的力量，实现转移企业成功嵌入区域创新网络将是一个缓慢的过程。政府可以发挥其中间作用，通过各种形式搭建产业转移双方的对接平台，如贸易投资洽谈会、校企联合对接会、专项项目对接会等，为转移企业和欠发达地区企业、高校、科研院所等主体搭建沟通平台，使双方在政府的促进作用下，更高效地将关系深入化、明朗化。同时，政府也可举办各类文化节等能够展示地方产业特征的活动，使转移企业能了解欠发达地区的产业优势，从而推进转移企业与欠发达地区区域创新网络主体认真对接项目，促进转移企业嵌入欠发达地区区域创新网络中。

12.1.2　培育企业家社会资本

研究表明，企业家社会资本能够推动转移企业成功嵌入欠发达地区区域创新网络。因此，如何培育企业家社会资本、大量积累企业家社会资本是欠发达地区面临的重要问题。具体解决措施如下所述。

1) 加入正式或非正式组织

随着生活水平的提高和企业文化的丰富，越来越多的正式或非正式组织涌现出来，如各类协会、商会、俱乐部等。这些组织既可以丰富企业家的业余生活，同时也是企业家丰富扩大社会资本的重要渠道。在积极参加组织举办的活动中，企业家可以与活动参与者建立联系，扩大自身的关系网络。例如，转移企业的企业家可以积极参加欠发达地区的行业协会等，与更多的欠发达地区企业家建立社会联系，获得欠发达地区企业的第一手信息和资料，有助于其更好地嵌入欠发达地区区域创新网络中。

2) 利用教育和培训机会

企业家可以利用 EMBA、各类培训进修等教育培训机会，与接受培训的成员建立跨越地域、组织界限的社会交往，结识各类中高级管理人员和企业管理精英等，进而扩大自身的社会资本。

3) 参与工作轮换计划

正规的工作轮换计划也是企业家扩大社会资本的重要渠道之一。企业家可以利用到不同的职能单位或不同地点进行工作的机会，一边增加自己对组织的了解和相关的商业知识，一边建立自身的社会关系网络，并不断地对其进行完善和充实。例如，一些知名转移企业的企业家可以任职高校的名誉院长、作为其客座教授和兼职教授等，在工作中与欠发达地区的高校、企业中的管理精英和精英学者建立良好的社会关系，扩大自身的社会资本，从而实现根植于欠发达地区、嵌入欠发达地区区域创新网络的目标。

12.1.3　加强区域创新主体间的信任关系

信任关系推动转移企业嵌入欠发达地区区域创新网络。因此，加强主体间的信任关系是促进转移企业嵌入本地的重要方式之一。从根本上说，区域创新网络中主体自身的行为与认知是提高创新主体间信任关系最为关键的要素，它决定了创新主体间能否建立并且保持长久的信任关系。从认知的角度考虑，创新主体应当培养合作精神，树立主动信任的意识；从行为的角度考虑，主体应充分合理地利用欠发达地区的社会优势，从而与其他主体之间加强信息的沟通与交流。

1) 培养合作精神，树立主动信任的意识

创新主体应当主动树立信任意识，在交易过程中的主动表现出善意，并表达想要合作的意愿，这对双方构建信任关系十分有益。目前欠发达地区企业信任意识薄弱，依然存在只片面追求自身利益的现象，因此，应促使欠发达地区企业培养合作精神，将关联企业的角色从竞争对手更正为合作伙伴，主动信任，实现双赢发展。信任意识的树立可以从两方面进行：一方面，欠发达地区企业应树立主动信任转移企业的意识，以积极的情感善意维护与转移企业的关系，将构筑信任关系视为投资而非成本费用。虽然在初期，构建信任需要投入一定的经济成本和情感成本，同时要承担对方失信所带来的风险，但欠发达地区也需要意识到信任促使转移企业嵌入欠发达地区区域创新网络中后，从长期来看会显著降低双方的交易成本，有利于双方竞争优势的构筑。另一方面，欠发达地区企业应树立长远导向的经营观，在与转移企业的交往过程中，加强自我约束，在市场中树立较高的企业声誉，避免有损双方关系的机会主义行为，提高企业诚信度，进而拓宽合作伙伴范围，通过与转移企业发展关系提升自身的区域创新能力。

2) 加强与转移企业信息的沟通与交流

加强与转移企业信息的沟通与交流是加强主体间信任关系的重要方式。欠发达地区企业与转移企业通过信息的沟通与交流，可以更清晰地了解对方的行事风格和交往意愿，从而更容易在情感上建立认同感，有利于转移企业嵌入区域创新网络中。另外，信息的沟通与交流也能使双方企业更清晰地了解对方的企业能力和经营水平，这也是判断是否需要投入大量信任资本给对方的重要凭据。因此，欠发达地区企业应在与转移企业沟通的过程中保持信息传递的畅通：一方面，应建立正式的信息交流机制，如聘请转移企业的高级管理人员和技术人员担任欠发达地区企业的顾问，企业可以通过顾问团等途径进行广泛的交流和沟通，与对方合作开发新的产品项目。另一方面，应注重转移企业与欠发达地区企业间员工之间的非正式交流和沟通，如鼓励双方企业的员工通过联谊会等非正式渠道进行情感上的交流，或双方的技术人员或市场人员通过一些灵活的方式和渠道进行经验交流等。这种交流能够提高转移企业与欠发达地区企业行为和决策的透明度，减少不同区域间、企业间的文化差异，形成双方能够共同认同的行事方法，为相互信任建立一致的文化基础及良好的交流氛围。

12.2　促进转移企业与欠发达地区区域创新网络
主体结网的建议

降低区域环境不确定性，建设欠发达地区区域创新网络的创新环境是促进转移企业与欠发达地区区域创新网络主体结网、提高欠发达地区知识水平的重要途径。在欠发达地区承接产业转移的过程中，面临环境不确定性高、创新环境信任度低等诸多问题。为了促使转移企业顺利嵌入欠发达地区企业并与其结网，欠发达地区政府应致力于构建信任、合作的区域创新环境，为企业家社会资本的积累提供现实基础，从而促进转移企业对欠发达地区信息的掌控。

12.2.1　建立标杆转移企业主导的行业协会

行业协会作为介于政府和企业之间的中介机构，是连接政府与企业的桥梁和纽带。对于欠发达地区的创新发展具有举足轻重的作用。建立标杆转移企业主导的行业协会主要从以下几个方面进行。

首先，应在遵循共同准则的前提下，建立以龙头标杆转移企业为主导，其他各企业共同参加，行业内的专家人才共同加入，当地政府相关部门参与指导的行业协会。行业协会作为面向市场、为会员服务、为行业服务、为社会服务、为政府服务的非营利性组织，应利用其权威性，有效地整合行业内的资源，组织转移企业和欠发达地区企业之间的信息交流、技术合作，使其跨越技术差距、区域差距，突破单个企业技术、资金等的薄弱性，进行联合创新，创建共有技术，建立联合品牌，进而形成规模效应，从而带动区域发展。

其次，根据国家相关法律法规、行业标准及行业未来发展规划，以规范市场行为、维护行业利益、推进行业自律、保护成员合法权益为目的，建立行业协会的行业准则。在面对外部风险的时候，拥有科学的行业准则的行业协会能够促使行业内成员联合起来，使转移企业和欠发达地区企业抛开地域隔阂，共同保护行业利益，应对各类风险，从而联合抵制外部的威胁。另外，行业标准也需要与时俱进、时刻更新，使欠发达地区的创新网络成为一个开放的、紧跟行业发展潮流的区域创新网络。

再次，重视行业协会的专业化人才，促使其承担相应的责任和义务。利用区际产业转移促进欠发达地区区域创新的发展不能仅仅依靠单个企业领导者，需要各方面专业化的人才提供能够促使欠发达地区企业与转移企业合作的政策建议、管理咨询、科学定位及企业宣传等一系列的服务。作为提供服务的组织，行业协会需要积极组织引导各类中小培训机构，针对欠发达地区企业的人才需求情况，组织先进技术的交流和培训，加大科技人才的培养力度。同时行业协会需集合行业内的权威专家、学者，开展相关市场调查，制定更为灵活的培训计划，提供及时的市场信息及相关资源，并开展技术信息咨询等服务，突破欠发达地区信息单一化的瓶颈。

最后，建立面向行业的技术服务中心。在面临转型升级的欠发达地区中，产业转移的进入必然使区域内的竞争变得激烈，很多不符合标准的中小型企业濒临消亡，而大型企业也面临着技术升级和改造。在这样的背景下，行业协会的技术服务中心可以发挥其优势，可以聘请行业内的权威专家为企业提供技术辅导和培训，顺利实现欠发达地区大中小型企业的转型升级。

12.2.2　构建科技人才支撑体系

任何创新、创造都离不开人才。创新型人才对区域的创新发展具有不可估量的作用。随着区际产业转移的进入，欠发达地区的竞争越加激烈，建立一支较为稳定的推进经济社会发展的高素质人才队伍，是政府不可推卸的重要责任。构建科技人才支撑体系主要从科技人才队伍和企业家队伍两方面进行建设。

(1)加强科技人才队伍的建设。政府需制定寻找、发现、培养、引进和保护科技创新人才的政策法规，并确立创新科技人才的培养、引进和使用方式。首先，运用创新激励的方式，重点培养具有超前意识、善于开拓、能与转移企业的先进理念和技术接轨的专业技术骨干、优秀青年复合型创新人才，从而优化科技人才队伍结构。其次，政府需改善人才的物质环境并优化其精神环境。例如，将引进人才纳入优秀人才资源库，让其在户籍、住房和各类保险等方面享有优惠条件；鼓励、支持引进人才入股，使其成为企业股东；引导海外归来的科技人才自主创业等。最后，健全科技人才使用机制。对引进的科技创新人才建立灵活的用人制度，实现对科技创新人才资源的最佳配置，从而最大限度地发挥人才效益，使其为欠发达地区区域创新网络服务。

(2)加强企业家队伍的建设。企业家的本质是创新者，其在创造和引进新的生产方法、介绍新产品和新的工业组织形式、与转移企业建立关系等方面作用巨大。区际产业转移为我国欠发达地区产业集群的发展提供了某种契机，其必须与企业家社会资本和企业家精神相结合，才能发挥作用。根据前面的研究，企业家在转移企业与欠发达地区企业的关系发展中起着决定性作用，其社会资本和企业家精神均影响着二者的嵌入和结网，从而对欠发达地区企业是否能够利用区际产业转移提升自身的创新能力产生影响。因此，欠发达地区要认识到科技创新企业家队伍建设的重要性，应把建设勇于创新、善于经营、富有社会责任感的科技创新企业家队伍放在战略位置，建立健全科技创新企业家产生和成长的机制，营造良好的科技创新企业家成长环境，加大对科技创新企业家的培养力度，使其主动服务、用心服务，促进科技创新企业家队伍不断发展壮大，带领欠发达地区区域创新网络的健康发展。欠发达地区加强企业家队伍的建设具体需要做好以下几个方面的工作。

首先，要加强制度建设，推动制度创新，创造一个良好的企业家队伍制度环境。欠发达地区需完善相关制度，如健全知识产权制度及鼓励和保护创新的机制。制度的存在能够为企业家提供理性的预期，进而减少交易成本，提高活动效率，而制度的缺失必然会导致交易风险和成本的增加。在良好的制度安排下，企业家对自己的经济活动有相对比较稳定的预期，才能在承担风险的情况下进行各类相关的创新活动。

其次，欠发达地区需从观念上认识到企业家的重要作用，实现文化认同。欠发达地区需抛弃传统观念，接受以市场经济为基础的企业家精神和对关系发展起决定性作用的企业家社会资本，才可以找到新的增长点，实现自身的发展。欠发达地区可以通过政策支持、新闻宣传等方式，鼓励敢于冒险、勇于创新的企业家精神，促进其扩大自身的社会资本，从而更好地为欠发达地区服务。

最后，建立企业家培育载体。一方面，可以通过建立青年企业家发展委员会的方式促进企业家的成长；另一方面，可以利用学校教育甚至是整个社会的大教育环境进行企业家的培养。通过对企业家的培养，为欠发达地区的企业家队伍注入新鲜血液。

12.2.3　加大金融体系的服务力度

加大金融体系的服务力度是完善欠发达地区区域创新网络创新环境的重要组成部分。一方面，良好的金融体系可以使转移企业提高资金使用效率，降低交易成本，降低产业转移的风险，促使其根植于欠发达地区。另一方面，良好的金融体系也可以通过完善的中介服务为转移企业嵌入欠发达地区企业并与其结网等提供信息支持。这是由于金融部门处于社会资金流动的中心环节，联系着众多创新主体，信息来源多且范围广泛，其除了能为转移企业提供欠发达地区企业的资金流信息和信用状况外，还能为它们提供市场动向、产业政策、商品信息等情报。现代金融体系是以金融机构为核心的运行体系，制定针对产业转移的金融支持政策应以金融机构为主，应充分发挥市场的作用，同时要有政府的参与和指导。具体如下所述。

首先，成立有针对性的金融服务机构，如成立社区银行。社区银行是指资产规模较小的为区域内中小型企业服务的地方性小型商业银行。通过区际产业转移落地欠发达地区的中小型企业的土地、厂房多属于政府，无法抵押贷款，且银行对其情况的了解程度也不够，转移企业很难从大型商业银行获得资金支持开展创新活动。而相比之下，社区银行具有定位优势、信息优势和地区优势，其在中小型企业贷款等方面更专业、服务水平更高，对促进转移企业落地发展具有很大的推动作用。另外，政府也可建立针对区际产业转移的专项基金。虽然金融支持应该以金融机构为主，但政府的作用必不可少。专项资金补充了金融机构无法融资的部分，具有适用范围广、使用灵活度高和适用项目多等特点。

其次，完善担保机制。转移企业在初入欠发达地区时，较难获得担保，从而在创新活动中会有很多困难。因此，完善担保机制对支持西部承接产业转移具有重要作用。一方面，欠发达地区应针对区际产业转移组建担保机构，建立市域、县域的担保公司，并制定相应的支持政策，发挥在银行信贷和转移企业资金需求之间的桥梁作用，在帮助转移企业获得资金的同时使其对欠发达地区产生认知感，促使其根植于欠发达地区区域创新网络，进而促进欠发达地区的经济发展。另一方面，转移企业也可相互担保。将信用良好的企业建立成一个"担保集合"，集合内部企业互相担保，共同面对困难，这种担保方式能极大地促进转移企业在融资方面的主动权。"担保集合"的建立同样需要政府的推进，政府起着互通企业的信誉度、促进建立担保机制的作用。

最后，创新针对承接产业转移的金融业务。欠发达地区为了满足转移企业的金融服务需求，需要创新具有针对性的金融工具和产品。由于发达地区和欠发达地区在金融服务上存在差异，转移企业在欠发达地区的融资渠道相对狭窄，融资品种也较少且一般以单一的银行贷款为主。欠发达地区金融机构应根据转移企业的实际情况，采取订单、库存商品等有效抵押的方式，以及开展账户信息管理、流动资金管理等综合性金融服务。用"一事一议"的方式给予转移企业金融支持，进而推动欠发达地区的经济发展。

12.3　基于区域创新网络的运行促进区域创新网络发展的建议

提高信息的开放性能够提高欠发达地区区域创新网络的运行效率，有利于欠发达地区区域创新网络的长期发展。因此，为了促进区域创新网络的发展，主要应从拓展各类中介机构的服务、促进中直企业的信息开放度和加快信息化进程三方面进行。

12.3.1　拓展各类中介机构的服务

根据前面的研究，信息开放度是决定产业转移能否顺利嵌入和结网、区域创新网络能否高效运行的重要因素。因此，建立中介机构、拓展各类中介机构的服务可以为转移企业提供市场需求信息、本地生产信息及企业创新信息，使转移企业有获取信息的渠道，进而促进欠发达地区区域创新网络的发展。

　　创新中介组织从形态上看主要包括生产力促进中心、技术服务中心、创业服务中心、企业孵化器、风险资本市场、金融服务市场、技术交易市场及知识产权评估机构等。创新中介服务体系是创新主体间联系的重要组织支撑，创新中介的服务主要包括技术孵化与技术咨询、信息供给、技术和知识产权的评估与转让、猎头、融资与投资咨询、信用担保等。目前，欠发达地区创新中介服务体系普遍发展滞后，使得转移的企业与欠发达地区企业之间的联系缺乏组织支撑。其存在的主要问题包括中介组织类型单一，创新服务的内容较少且质量较低，有些服务还处于发展的早期阶段；创新服务的覆盖面太窄，很多中小型企业很难提供相关的高质量服务；创新服务自身之间的衔接与合作不够，导致创新服务整体质量较低；政府提供的创新服务依旧起到主导作用，而非政府的私营中介机构提供的服务则明显不足。因此，完善科技中介服务门类，拓展各类中介机构的服务，提高服务质量，培育和健全中介服务市场是政府建设欠发达地区区域创新环境的重要环节。

　　首先，在学习发达地区政府在扶持、引导和管理方面的成熟经验的基础上，欠发达地区政府要逐步建立有利于科技中介机构发展的政策法规体系，制定相关规范和制度，营造公平有序的市场环境，为科技中介机构开展转移企业与欠发达地区企业的合作提供渠道。其次，政府需组织和动员专业技术力量大力发展中介机构，完善中介机构服务门类，提高服务质量，同时也要扶持和培养一批大型骨干中介结构，充分发挥优秀"人才"的作用。再次，要充分发挥行业协会的作用。健全行业协会是完善科技中介管理体制的重要环节。政府部门要大力提高科技中介机构的规范性，以促进中介机构的健康发展为宗旨，以会员制为主要方式，以自愿为前提，用平等的原则建立各种科技中介及行业协会，同时还需组织开展同行业相互沟通、跨行业相互合作及各种开发市场的活动，建立科学和明确的决策程序，以及有效的自我管理模式和共同发展方式。最后，要加强对科技中介机构建立良好信誉体系的沟通和引导，要公正、客观地评价科技中介机构的服务能力、服务业绩及其在区域内和社会中的知名度，同时也不能忽略对中介机构内部运作水平、遵纪守法情况、用户满意程度的评价。

12.3.2　促进中直企业的信息开放度

　　在欠发达地区，部分中直企业自成体系，信息开放度较低，但其规模大、根基深，掌握较多的行业信息。例如，大庆油田、中国石油大庆石化公司等中直企业隶属于中国石油天然气集团公司，其自成体系，内部有分工合作，较少与集团外的企业配套合作，信息紧闭性高，但这些企业在当地起着骨干作用，且在当地扎根已久，掌握着大量的行业内部信息。因此，欠发达地区政府应促进中直企业发挥其龙头作用，充分利用中直企业的品牌优势，推动中直企业在信息共享方面的战略合作，使转移企业能够及时、全面地了解中直企业的信息，进而突破空间约束以便在更大的范围内搜寻合作伙伴。

12.3.3　加快信息化进程

加快信息化进程也是能够提高信息开放度进而提高欠发达地区区域创新网络运行效率的重要途径。具体可以从以下三方面实施。

1) 加大投资力度和政策倾斜

政府应加大对信息化建设的投资力度，设立专项服务基金，把信息化建设工程纳入预算中，多方面吸纳资金，逐渐形成政府主导，由转移企业、欠发达地区企业、社会等组成的多元化的信息化建设体系。同时，欠发达地区政府也应根据国家相关政策，结合欠发达地区的实际情况，制定相应的政策、法规和管理办法，建立和完善信息化建设政策体系，同时也要与发达地区加强合作，借助发达地区的力量加快信息化进程。

2) 加快信息基础设施建设

信息基础设施主要是指通信网络、各类网络等信息化基础设施平台。欠发达地区在承接区际产业转移时，会对道路、桥梁、水利等方面投入大量人力物力，以吸引转移企业的进入，但同时政府也应意识到信息技术设施建设对欠发达地区区域创新网络运行的影响，即政府不能单纯地致力于吸引区际产业转移，也应致力于使转移企业根植于欠发达地区，并发挥其应有的作用，推动欠发达地区区域创新网络的运行和发展。因此，政府应将信息基础设施建设考虑到政策中，加大对信息基础设施的投入，并提高信息基础设施的使用率和信息利用率。

3) 依托外部技术力量

政府也可以依托外部技术力量，共同加快信息化进程。例如，邀请转移企业的高技术人才、信息化专家给欠发达地区的工作人员培训，开展高层次的培训班，使欠发达地区的领导干部和技术人员对信息化知识和发展情况了解得更加深入；制定优惠政策，邀请和吸引高级人才在欠发达地区开展信息化建设项目，从而推进欠发达地区信息化建设的脚步。

12.4　基于区域创新网络的演化促进区域创新网络发展的建议

引入技术含量与欠发达地区企业技术含量差异程度适量的转移企业是促进欠发达地区区域创新网络长期发展的重要途径，且大规模产业转移的进入增加了网络易达性，进而提高了区域创新网络的运行效率。因此，欠发达地区承接发达地区的产业转移，不能仅仅充当"代工角色"，只是将企业转移到欠发达地区或在欠发达地区建立分工厂或分公司，扩大企业的生产规模，更重要的是在承接区际产业转移前，欠发达地区政府应制定明确的原则、目标和标准，并根据这些承接产业的经济评价指标，尽量杜绝只为单纯追求经济增长而盲目承接产业转移导致产业同构和重复建设，充分利用欠发达地区的原有产业为承接产业提供配套服务，提高欠发达地区的产业竞争力和产业发展水平，缩小区域差距。

12.4.1 重点承接与欠发达地区技术差异性适度的产业

欠发达地区在承接区际产业转移时，要制定明确的承接产业的标准，并出台相关政策引导能够真正促进经济发展的产业转移到本地区。欠发达地区应该重点承接与欠发达地区技术差异性适度的产业。虽然高技术水平的转移企业会增加欠发达地区的知识种类，丰富欠发达地区的知识多样性，但在发展后期过高的技术差异性不利于转移企业与欠发达地区企业结网。因此，政府需根据欠发达地区自身的技术水平，规划出能够带动欠发达地区发展的产业类型和技术特点，大力引导这类产业其进入本地，并在政策上给予优惠，促使其发挥应有的作用，不能因为盲目追求经济效益，而降低对承接产业的选择标准。

12.4.2 重点承接与欠发达地区关联性强的产业

欠发达地区应该重点承接与欠发达地区关联性强的产业。欠发达地区区域创新网络是一个相互关联、相互依存且极其复杂的庞大网络，不同产业由于产品生产方式和技术复杂程度的不同，与其他产业之间的关联性强度不同。关联性强度代表着产业之间技术结构和产品需求结构的相互扩散程度及相互依赖和互相助力程度。通过承接与本地具有高关联强度的产业，可以使产业关联进而产生对其他产业的促进和推动作用，使其他产业进一步发展，从而产生经济发展中的连锁效应，同时也能产生加速效应，这样一方面可以推动和促进欠发达地区各产业的发展；另一方面也可以避免当要素条件发生变化以后，出现产业"空心化"的问题。

在重点承接关联性强的产业的同时，要着重承接和发展优势产业。因为优势产业不仅具有产业关联效应强的特性，而且其市场发展前景广阔、市场竞争力强、经济效益高、规模大、持续性强。优势产业一般指通过技术优势可促进带动经济发展和产业结构演化的产业。对欠发达地区来说，虽然其在资金、技术和管理方面相对处于劣势，但其在资源、环境生态等方面具有一定的优势。因此，欠发达地区应该利用自己的优势，把发展优势产业和承接关联性强的产业结合起来，不仅可以利用产业关联带动和推动相关关联产业的发展，也能突出自己的优势，有效地对接发达地区的转移产业和经济资源，使区域创新网络步入快速发展的轨道。

12.4.3　重点承接可持续发展能力强的产业

为了更好地促进欠发达地区区域创新网络的升级和发展，欠发达地区应该重点承接可持续发展能力强的产业，减少对粗加工项目、资源密集型产业的承接。要以可持续发展为准则，促进欠发达地区自然资源高效、合理的利用，尝试在技术升级、节能环保的前提下承接区际产业转移，从"代工角色"升级为"合作伙伴"。坚守环保门槛，不能引进浪费资源、污染严重、破坏生态环境的项目；防止引进淘汰、落后的技术，不能只注重眼前的经济效益而忽略了创新网络的长远发展；注重对转移产业可持续发展能力的培养，不断提高区际产业转移的质量和效益。

12.5　本 章 小 结

本章基于前面的研究结果，从促进转移企业嵌入欠发达地区区域创新网络、促进转移企业与欠发达地区区域创新网络主体结网、基于区域创新网络的运行促进区域创新网络发展及基于区域创新网络的演化促进区域创新网络发展四个方面提出促进欠发达地区区域创新网络发展的对策建议。其中，从促进转移企业嵌入欠发达地区区域创新网络角度提出了加强政府等第三方的推动作用、培育企业家社会资本和加强区域创新主体间的信任关系三条建议；从促进转移企业与欠发达地区区域创新网络主体结网角度提出了建立标杆转移企业主导的行业协会、构建科技人才支撑体系、加大金融体系的服务力度三条建议；从基于区域创新网络的运行促进区域创新网络发展角度提出了拓展各类中介机构的服务、促进中直企业的信息开放度和加快信息化进程三条建议；从基于区域创新网络的演化促进区域创新网络发展角度提出重点承接与欠发达地区技术差异性适度的产业、重点承接与欠发达地区关联性强的产业和重点承接可持续发展能力强的产业三条建议。通过本章的研究，明晰了基于区际产业转移的欠发达地区区域创新网络研究的管理学意义。

第13章 基于区际产业转移提升欠发达地区区域创新系统创新能力的对策

13.1 企业层面的对策

13.1.1 提升企业技术创新能力

首先，欠发达地区的企业要加大科技研发投入力度，为技术创新提供必要的资金支持；要从战略高度出发，多渠道筹集研发资金，保证企业技术创新资金需求；在扩大技术创新资金来源渠道方面，企业除了可以按照销售额提取必要的技术创新资金外，还可以通过银行贷款和争取政府财政补贴等方法获得资金。其次，欠发达地区的企业要加强创新政策的实践能力，尽可能引进新技术、新工艺；同时在充分利用政府给予优惠的财政税收政策和银行信贷及利率政策，对风险较高的技术进行创新时，可申请与国家共同承担风险后果等方式。最后，欠发达地区的企业要树立正确的技术创新战略意识，在区际产业转移的驱动下，采用以技术引进为主的技术创新发展战略，使企业在节约资金和人力的同时，获取较为先进的技术，通过渐进型的技术渗透方式，提高企业技术创新能力。

13.1.2 提升企业新产品研发能力

欠发达地区的企业在产品研发方面缺乏正确认识和有效管理，因此在新产品研发过程中存在较高的风险。为了降低研发风险，提高研发的产出速度及质量，区域内的企业可以在新产品研发过程中采取以下对策：首先，加强企业自身对新产品研发的认知程度，通过多方式、多渠道获取市场信息，以此来对新产品研发做出准确和科学的决策，为企业研发的新产品迅速抢占市场带来优势，增强企业的竞争力。其次，加强企业在新产品开发过程中对研发成本的控制，在保证新产品质量的前提下，从研发的技术路线、产品结构、原材料等方面寻求降低成本的方式，提高企业利润空间。最后，加强企业对国家和区域内新产品相关政策的研究力度。国家和区域会相继出台一系列鼓励企业进行创新的优惠政策，如为企业的研发行为提供资金支持和税收优惠，企业要加强对这些政策的利用，缩减创新成本，提高盈利水平。同时，企业应培养研发人员在新产品研发上的前瞻性，并及时地对其进行本行业产品研发前沿技术等方面的培训。

13.1.3　提升企业市场创新能力

首先，欠发达地区的企业要重视市场细分及市场定位。企业在对市场进行细分和准确定位后，欠发达地区的企业特别是一些中小型企业能够发现最佳的市场机会，针对已有市场采取适合的市场营销战略，提升市场占有份额，这样可以使企业以最少的营销费用来获得较大的经营效益。其次，欠发达地区的企业要重视营销渠道的选择和管理。合理的市场营销渠道不仅应考虑市场的集中程度，还应考虑市场的空间分散性、产品价值量及营销环境等要素。欠发达地区的企业在选择合理的销售渠道后，应加强对营销渠道进行有效管理，适时对其进行调整和管理。最后，欠发达地区的企业要重视使用非价格竞争策略，强化运用非价格竞争手段，使企业生产的产品与其他同类企业生产的产品有所区别，提高产品的差别化优势，增强企业的市场营销能力。非价格竞争得以实现的前提是消费者对产品需求的多样化和动态化，一般通过产品差别化、服务差别化及广告诱导等营销策略实现。

13.1.4　提升企业文化创新能力

欠发达地区在承接区际产业转移过程中要注重对企业文化创新能力的建设。首先，要完善企业文化的创新机制，积极地借鉴和学习转移企业带来的先进的文化创新理念，在企业内营造良好的创新氛围，提升企业文化的创新能力；同时，实施开放的企业文化管理模式，使每个员工都能参与进来，形成良好的开放式的企业创新文化氛围。其次，企业应加强内部团队建设。区际产业转移使欠发达地区的企业竞争环境发生了改变，因此，欠发达地区的企业在运行及创新过程中必须加强组织内部的交流与沟通。欠发达地区的企业在发展过程中，要注重团队内部核心价值及凝聚力的建设，以此来加强企业自身的文化创新水平，提高企业员工对企业文化建设及创新重要性的意识。最后，提升欠发达地区企业创新文化能力也能通过加强企业文化多元性的发展来实现。区际产业转移为欠发达地区带来了先进的文化，为本地企业的发展提供了契机，同时，本地企业的文化水平也因经济的发展产生了改变，两者共同作用，使本地企业的文化创新呈现出多元化的发展趋势。随着转入企业与本地企业间文化交流程度的加深，不同的企业文化共同发展与互补。因此，欠发达地区的企业需要通过加强多元化的企业文化机制建设，来减少文化碰撞对企业间交流与学习的影响，这一过程可以通过借鉴及学习转入企业的先进文化和汲取外来的优势文化来实现。在区际产业转移的影响下，欠发达地区应借此契机发展适合自身发展的企业文化。

13.2　产业层面的对策

13.2.1　有选择地承接区际产业转移

对承接区际产业的欠发达地区来说，首先要根据其自身条件，科学地制定适合其发展的目标及规划。转移企业在欠发达地区进行投资之后，将利用欠发达地区的资源优势扩大生产规模，这一过程能够促使欠发达地区完善相关的服务配套业。区际产业转移带来了生产水平较高的转入企业，转入企业在欠发达地区的发展增强了欠发达地区相关产业的市场竞争水平，优化并升级了该产业的市场结构。因此，欠发达地区应优先选择有利于提升其创新能力的相关产业，制定发展目标及承接重点，而不仅仅只是盲目地追求地方经济的增长。也应避免承接高污染、高能耗的产业，不能采用"以环境换经济"的增长模式。欠发达地区应针对区际产业转移，建立相应的区际产业转移评价体系，选择有效的评价指标及方法，对转移企业进行评价，如其对技术进步、经济发展及生态环境的影响等，以此来加强承接区际产业转移的针对性，以及提高承接区际产业转移的有效性。

13.2.2　优化区域产业结构

通过研究发现，目前我国欠发达地区第一产业的地位已逐渐降低，但第二、第三产业的地位与发达地区仍具有一定的差距，欠发达地区的产业结构已经趋于高度化，但内部结构并不十分合理。

首先，区域经济的发展与产业结构密切相关。欠发达地区在承接区际产业转移的过程中，产业发展的总体目标应为优化区域产业结构。为防止区域间的产业趋同产生激烈的竞争，应尽量避免承接其他区域已大量承接或发展较为成熟的产业；同时，对于与原产业相关性较强的企业，应鼓励其持续转入，并加强与该产业相配套的产业建设，促进其协调发展。在承接区际产业转移过程中，要准确把握区域现有的产业结构及变化趋势，明确每个阶段中主导产业的类型，以期缩小与发达地区产业结构和技术水平之间的差距，实现欠发达地区内部和全国范围内区域间的协调发展。

其次，要调整区域内的工业产业所有制结构。在区际产业转移的推动下，欠发达地区要调整市场准入政策，进一步加强市场的开放程度，并发展民营企业，实现公有制和非公有制投资主体相融合，优化非公有制发展的投资环境。通过学习区际产业转移带来的高新技术，改造区域内落后的传统产业。此外，还要注重建设良好的工业园区，加强工业园区建设和工业中心合理布局，形成具有区域特色的产业转移工业园区，促进落后的传统产业向高新技术产业发展。

最后，还应注重基础设施建设及配套产业的发展，通过加强地区道路、航运、通信、能源等的建设，为区际产业转移在欠发达地区区域内的运行奠定基础。同时加强教育、金融、信息等产业的发展，提高区域接纳及转化新知识、新技术的能力，为区际产业转移在欠发达地区的发展奠定人力、资本和信息等基础。

13.3　政府层面的对策

13.3.1　促进区域创新环境建设

欠发达地区的政府应加强对创新硬环境的建设，包括：①加强对创新基础设施的建设，包括加强区域内电力系统、交通运输系统及信息通信网络等的覆盖；②加强对区际产业转移承接工业园区的建设力度，发展专业化分工的细分市场及加大对开放区域的投资力度；③加强政府对自然环境的管理及保护，对现有污染企业进行整改，控制污染企业的进入，实现对环境的综合治理；④通过提高系统内的网络覆盖率及加强区域内信息化硬件设施的建设，实现生产资料、劳动力资源及市场需求的信息化。

欠发达地区政府还应加强对创新软环境的建设，包括：①降低转入产业的进入壁垒，通过转移企业的加入来促进欠发达地区有效的市场竞争，优化市场交易环境，引导行业的自律性，加强企业的诚信建设，同时，通过政策的调整降低相关产品的市场交易成本，通过规范市场行为，营造出良好、公平、有序的竞争环境；②通过如网络、电视、报纸及广播等方式，加强媒体及舆论对创新思想的宣传力度，并通过对典型案例的报道等方式鼓励创新，营造敢于创新、诚信合作的舆论及社会理念，培养开放的文化氛围，积极地营造适合创新的社会文化环境；③政府应给予转移企业相应的政策支持，同时对转移企业及相关本地企业给予信贷、税收等优惠，在欠发达地区营造出有利于创新的政策环境；④加强政府的执法环境建设，提高专利及知识产权的保护能力，保证市场竞争和技术创新合作的有效进行，同时将政府职能转变为以服务企业为主，优化对转移企业嵌入生产的服务过程，简化审批手续，在欠发达地区营造有利于创新的法律环境；⑤人才是现代企业有效整合技术、资本和信息资源的核心要素，良好的人力资源能够促进区域形成一定的市场竞争优势，欠发达地区应推行人才培育战略，为人才培养及保护提供财政支持，营造良好的人才供应环境。

13.3.2　构建合理的政策体系

欠发达地区在制定区际产业转移承接政策时，应根据自身的经济发展情况及区域创新能力，明确区域政策体系的目的性与协调性。区域政策体系的合理性与经济持续稳定的发展密切相关。同时，合理的政策体系也能够为经济发展提供战略导向和后备保障。受区际产业转移的影响，欠发达地区区域创新系统的政策体系具有较强的复杂性。因此，在制定相关政策时，应从系统的角度出发，全面考虑政策工具之间的相互关系，增强整体的协调性，从宏观方面整合和加强职能部门的关联性。出于对承接区际产业转移的考虑及需要，欠发达地区的政府在制定区域政策、构建区域政策体系的过程中，要考虑以下几个方面的内容：①要考虑自身的经济状况及市场的经营和供求状况，选择相应的转移产业，在对区际产业转移进行吸引的同时，加强自主创新能力的建设；②欠发达地区的政府应鼓励转移企业在欠发达地区设立更多的研发中心，这样可以使欠发达地区在本地就能接触到先进的技术，有利于改善欠发达地区的科技资源和人才资源，通过广泛合作，提升欠发达地区整体的科技创新水平；③注重区域创新硬环境及软环境的建设，为本地的高校、科研院所及中介机构等的发展提供政策支持，形成共同发展的合作关系及学习机制，加快创新的产出和扩散速度，引导及促进高校及科研院所与其进行合作，加强对新知识及新技术的吸收和转化，并形成长期稳定的合作关系。

13.3.3　推动区域的制度创新

区域内的制度环境能够保障创新参与者的利益，有利于区域创新的顺利进行。加强欠发达地区制度创新的方式如下：①在对区际产业转移的审批过程中，应根据转移产业的资源需求、劳动力需求及资金和技术状况判断其是否能够促进本地区经济及创新的发展，在此基础上简化审批程序，提高审批效率；②明确各个创新主体之间的权益关系，完善知识产权保护体系，为创新主体的创新行为提供制度保障，促进自主创新技术合理有偿地扩散，使各个创新主体积极主动的参与创新；③形成完善的激励制度，构建包含产权激励、管理激励、制度激励等激励制度体系；④提高对税收及就业等社会指标的重视程度，将其纳入政府绩效的考虑范畴，弱化区域生产总值及销售额等的重要程度，为欠发达地区持续健康地发展提供空间；⑤营造自由、积极的创新氛围，形成一定程度的竞争环境，为社会的制度创新提供保障。

13.4　本章小结

本章从企业、产业和政府三个层面提出了基于区际产业转移提升欠发达地区区域创新系统创新能力的对策。在企业层面，认为应提升欠发达地区企业的技术创新能力、新产品研发能力、市场创新能力、文化创新能力。产业层面，认为应有选择地承接区际产业转移、优化区域产业结构。在政府层面，认为应加强区域创新软环境和创新硬环境的建设、在区域内构建合理的政策体系并推动区域的制度创新。

参 考 文 献

[1] Freeman C. Technology Policy and Economic Performance: Lessons From Japan[M]. London: Pinter, 1987.

[2] Lundvall B A. National Systems of Innovation: Towards a Theory of Innovation and Interactive Learning[M]. London: Pinter, 1992.

[3] Edquist C. System of Innovation: Technologies, Institutions and Organizations[M]. London and Washington: Printer, 1997.

[4] Ohmae K. The rise of the region state[J]. Foreign Affairs, 1993, (72): 78-87.

[5] Saxenian L. Regional Advantage: Culture and Competition in Silicon Valley and Route [M]. Cambridge: Harvard University Press, 1996.

[6] Cooke P, Morgan K. The Associational Economy: Firms, Regional and Innovation[M]. Oxford: Oxford University Press, 1999.

[7] Cooke P N, Braczyk H J, Heidenreich M H. Regional innovation system: the role of govermance in a globalized word[J]. European Urban & Regional Studies, 2004, 6(2): 187-188.

[8] Asheim B, Isaksen A. Location agglomeration and innovation: toward regional innovation systems in Norway[J]. European Planning Studies, 1997, 5(3): 299-330.

[9] Doloreux D, Edquist C, Hommen L. The institutional and functional underpinnings of the regional innovation system of East Gothia in Sweden[R]. Copenhagen: Paper presented at the Druid Summer Conference 2003 on Creating, Sharing and Transferring Knowledge: The Role of Geography, Institutions and Organizations, 2003: 141.

[10] 刘强, 李晓娣, 杨威, 等. 跨国公司 R&D 机构与区域创新系统 RIS 耦合机制研究[J]. 科研管理, 2015, (S1): 42-46.

[11] Su Y S, Chen J. Introduction to regional innovation systems in East Asia[J]. Technological Forecasting and Social Change, 2015, 11(100): 80-82.

[12] Doloreux D. What we should know about regional systems of innovation[J]. Technology in Society, 2002, 24(3): 243-263.

[13] 陈凯华, 寇明婷, 官建成. 中国区域创新系统的功能状态检验——基于省域 2007-2011 年的面板数据[J]. 中国软科学, 2013, (4): 79-98.

[14] Autio E. Evaluation of RTD in regional systems of innovation[J]. European Planning Studies, 1998, 6(2): 131-140.

[15] Carayannis E G. Assessing the value of regional innovation networks[J]. Journal of the Knowledge Economy, 2010, 1(1): 48-66.

[16] 张慧颖, 吴红翠. 基于创新过程的区域创新系统协调发展的比较研究——兼析天津市区域创新复合系统协调性[J]. 情报杂志, 2011, (8): 12-16.

[17] 陈蕾, 张军涛. 基于区域创新系统的我国区域自主创新能力评价指标体系研究[J]. 税务与经济, 2011, (3): 48-53.

[18] 王利军, 胡树华. 基于"四三结构"的区域创新系统产出投入回馈机制研究[J]. 软科学, 2012, (7): 65-69.

[19] 张小峰, 孙启贵. 区域创新系统的共生机制与合作创新模式研究[J]. 科技管理研究, 2013, (5): 172-177.

[20] 王景荣, 徐荣荣. 基于自组织理论的区域创新系统演化路径分析——以浙江省为例[J]. 科技进步与对策, 2013, (9): 27-32.

[21] 刘明广. 珠三角区域创新系统的复杂适应性及演化机理[J]. 技术与创新管理, 2013, (3): 181-184.

[22] 杨忠泰. 基于国家创新体系区域化的西部局部地区区域创新体系建设[J]. 科学学与科学技术管理, 2009, 30(11): 100-105.

[23] Porter M E. The competitive advantage of nations[J]. Harvard Business Review, 1990, 68(2): 180.

[24] Cooke P. Regional innovation systems: gerneral finding and some new evidence from biotechnology clusters[J]. Journal of Technology Transfer, 2002, 27: 133-145.

[25] 赵树宽, 刘战礼, 陈丹. 基于产业集群的东北跨行政区域创新系统构建研究[J]. 科学学与科学技术管理, 2010, (2): 118-123.

[26] 郑小碧, 陆立军. 产业集群转型升级视阈下的区域创新平台研究[J]. 科学学与科学技术管理, 2011, (8): 65-70.

[27] 邱国栋, 马鹤丹. 创新孵化与风险投资互联的区域创新系统研究[J]. 中国软科学, 2010, (2): 97-106.

[28] 曲忠一, 朴恩哲. 基于产业集群的区域创新系统建设——以哈尔滨为例[J]. 北方经贸, 2012, (5): 30-31.

[29] 黄田斌. 深圳区域创新系统建设及创新绩效评价研究[D]. 广州: 广东工业大学, 2013.

[30] Gerstlberger W. Regional innovation systems and sustainability selected examples of international discussion[J]. Technovation, 2004, 24(9): 749-758.

[31] Kubeczko K, Rametsteiner E, Weiss G. The role of sectoral and regional innovation systems in supporting innovations in forestry[J]. Forest Policy and Economics, 2006, 8(7): 704-715.

[32] Buesa M, Heijs J, Pellitero M M, et al. Regional systems of innovation and the knowledge production function: the Spanish case[J]. Technovation, 2006, 26(4): 463-472.

[33] 高雅群. 知识溢出对区域创新系统的影响机制研究——基于生命周期的视角[J]. 工业技术经济, 2014, (8): 45-50.

[34] 苏屹, 李柏洲. 基于随机前沿的区域创新系统创新绩效分析[J]. 系统工程学报, 2013, (1): 125-133.

[35] Hyungseok Y. Entrepreneurship in east Asian regional innovation systems: role of social capital[J]. Original Research Article Technological Forecasting and Social Change, 2015, 100: 83-95.

[36] Antonio K W. Regional innovation system absorptive capacity and innovation performance: an empirical study[J]. Original Research Article Technological Forecasting and Social Change, 2015, 92: 99-114.

[37] 唐书林, 肖振红, 刘强, 等. 基于超网络模型的区域创新系统双重激励机制研究[J]. 运筹与管理, 2015, (4): 254-263.

[38] 牛夏然. 山西省科技型人才聚集与区域创新系统的关系研究[D]. 太原: 太原理工大学, 2015.

[39] Debresson C. Estimating gaps disparities, complementary and propensities to innovate[R]. Pretoria: Seminar on Measurement of Innovation Activities in OECD and non-OECD Countries, 2001: 28-29.

[40] 吴贵生, 魏守华, 徐建国. 区域科技论[M]. 北京: 清华大学出版社, 2007.

[41] 张玉明, 李凯. 省际区域创新产出的空间相关性研究[J]. 科学学研究, 2008, 26(3): 659-665.

[42] 白俊红, 李婧. 中国区域创新效率的收敛性分析[J]. 财贸经济, 2008, (9): 119-123.

[43] 魏守华. 区域创新能力的空间分布与变化趋势[J]. 科研管理. 2011, (4): 152-160.

[44] 张东东. 省域创新活动空间差异及其影响因素研究[D]. 天津: 天津财经大学, 2012.

[45] 孙建, 吴利萍. 中国区域创新效率及影响因素研究——空间过滤与异质效应 SFA 实证[J]. 科技与经济, 2012, (2): 25-29.

[46] 周雪蓉, 涂建军. 区域创新环境对高新技术产业创新效率的影响研究[J]. 西南大学学报(自然科学版), 2015, (6): 118-123.

[47] Cooke P. From technologies to regional innovation system: the evolution of localized technology development policy[J]. Canadian Journal of Regional Science, 2001: 24-40.

[48] Faggian A, Mccann P, Capital H. Graduate migration and innovation in british regions[J]. Cambridge Journal of Economics, 2009, 33(2): 317-334.

[49] 李习保. 区域创新环境对创新活动效率影响的实证研究[J]. 数量经济技术经济研究, 2007, (8): 13-24.

[50] 白俊红, 江可申, 李婧, 等. 区域创新效率的环境影响因素分析——基于DEATobit两步法的实证检验[J]. 研究与发展管理, 2009, (2): 96-102.

[51] 苏屹, 李柏洲, 喻登科. 区域创新系统知识存量的测度与公平性研究[J]. 中国软科学, 2012, (5): 157-174.

[52] 周洪文, 宋丽萍. 区域创新系统能力动态变迁的测度与评价[J]. 管理学报, 2015, (9): 1343-1350.

[53] 刘明广. 区域创新系统的创新效率动态评价——基于省级面板数据的实证研究[J]. 科技管理研究, 2015, (1): 70-76.

[54] Cooke P. Transition regions: green innovation and economic development[C]. Fredericksburg: Druid Conference, 2013: 105-125.

[55] Kaiser R, Prange H. Managing diversity in a system of multi-level governance: the open method of coordination in innovation policy[J]. Journal of European Public Policy, 2004, 11(2): 249-266.

[56] 张屹. 基于生命周期理论的区域创新系统中地方政府职能分析[J]. 经营管理者, 2013, (4): 78.

[57] 戴诗茜, 史莉桦, 胡甜. 昆明区域创新系统视角下的政策环境建设现状与对策研究[J]. 科技创新导报, 2014, (9): 180-181.

[58] 尚倩. 区域创新系统中政策动态定位研究[J]. 科学学与科学技术管理, 2011, (7): 81-85.

[59] Akamatsu K. Synthetic dialectics of industrial development of Japan[J]. Journal of Nagoya Commercial High School, 1937, 15: 179-210.

[60] Vernon R. International investment and international trade in the product cycle[J]. Quarterly Journal of Economics, 1966, 80(2): 307-324.

[61] Kojima K. Direct Foreign Investment: A Japanese Model of Multinational Business Operations[M]. London: Groom Helm, 1978.

[62] Dunning J. The eclectric paradigm of international production: a restatement and some possible extensions[J]. Journal of International Business Studies, 1988, (1): 1-31.

[63] 卢根鑫. 试论国际产业转移的经济动因及其效应[J]. 上海社会科学院学术季刊, 1994, (4): 33-42.

[64] Akamatsu K. A Historical Pattern of Economic Growth in Developing Countries[M]. Washington: The Developing Economies, 1962: 3-25.

[65] 王勋. 科学发展观视域下西部地区承接产业转移问题研究[D]. 兰州: 兰州理工大学, 2014.

[66] 刘红光, 王云平, 季璐. 中国区域间产业转移特征、机理与模式研究[J]. 经济地理, 2014, (1): 102-107.

[67] 李松志, 杨杰. 国内产业转移研究综述[J]. 商业研究. 2008, (2): 22-26.

[68] 李新春. 企业联盟与网络[M]. 广州: 广东人民出版社, 2000.

[69] 陈刚, 刘珊珊. 产业转移理论研究: 现状与展望[J]. 当代财经, 2006, (10): 91-96.

[70] 张公嵬, 梁琦. 产业转移与资源的空间配置效应研究[J]. 产业经济评论, 2010, 9(3): 1-21.

[71] 刘红光, 刘卫东, 刘志高. 区域间产业转移定量测度研究——基于区域间投入产出表分析[J]. 中国工业经济, 2011, (6): 79-88.

[72] 王文成, 杨树旺. 中国产业转移问题研究: 基于产业集聚效应[J]. 中国经济评论, 2004, (8): 16-20.

[73] 王先庆. 产业扩张[M]. 广州: 广东经济出版社, 1998.

[74] 顾朝林. 产业结构重构与转移——长江三角地区及主要城市比较研究[M]. 南京: 江苏人民出版社, 2003.

[75] Kojima K. Direct Foreign Investment: A Japanese Model of Multinational Business Operations[M]. New York: Rraeger, 2010.

[76] Arthur W L. The evolution of the international economic order[M]. London: George Allen & Urwin, 1978: 460-461.

[77] Dowling M, Chean T C. Shifting comparative advantage in Asia:new tests of the Flying Geese Model[J]. Journal of Asian Economics, 2000, 11: 443-463.

[78] Ozawa T. Flying-Geese-style comparative advantage recycling and regional clusters growth: theoretical implications of the East Asia experience[C]. San Juan, Economics at Different Stages of Development, Workshop Paper, 2002.

[79] Okubo T. Eiichi Tomiura industrial relocation policy, productivity and heterogeneous plants: evidence from Japan[J]. Regional Science & Urban Economics, 2011, 42(1-2): 230-239.

[80] 陈建军. 中国现阶段的产业区域转移及其动力机制[J]. 中国工业经济, 2002, (8): 37-44.

[81] 余慧倩. 论国际产业转移机制[J]. 江汉论坛, 2007, 10: 43-46.

[82] 杨本建, 毛艳华. 产业转移政策与企业迁移行为——基于广东产业转移的调查数据[J]. 南方经济, 2014, (3): 1-20.

[83] 宋哲. 我国产业转移的动因与效应分析[D]. 武汉: 武汉大学, 2013.

[84] 傅强, 魏琪. 全球价值链视角下新一轮国际产业转移的动因、特征与启示[J]. 经济问题探索, 2013, 10: 138-143.

[85] 刘红光, 李浩华, 王云平. 中国产业跨区域转移的总体特征与趋势[J]. 地域研究与开发, 2014, 33(5): 1-5.

[86] 石奇. 集成经济原理与产业转移[J]. 中国工业经济, 2004, 10: 5-12.

[87] 李海舰, 聂辉华. 全球化时代的企业运营——从脑体合一走向脑体分离[J]. 中国工业经济, 2002, 12: 5-14.

[88] Zedtwitz V M, Gassmann O. Market versus technology drive in R&D internationalization: four different patterns of managing research and development[J]. Research Policy, 2002, 31: 569-588.

[89] 王建平, 刘彬. 国际产业转移的模式与效应分析[J]. 管理现代化, 2013, (3): 24-26.

[90] Chen J H. Intellectual property rights and skills accumulation: a product-cycle model of FDI and outsourcing[J]. Original Research Article Journal of Macroeconomics, 2015, 46: 328-343.

[91] 刘友金, 袁祖凤, 周静, 等. 共生理论视角下产业集群式转移演进过程机理研究[J]. 中国软科学, 2012, (8): 119-129.

[92] 唐根年, 许紫岳, 张杰. 产业转移、空间效率改进与中国异质性大国区间"雁阵模式"[J]. 经济学家, 2015, (7): 97-104.

[93] 郭丽娟, 邹洋. 产业升级与空间均衡视角下成渝经济区承接产业转移模式创新[J]. 经济问题探索, 2015, (5): 123-130.

[94] 陶权, 黄汉民. 技术壁垒对国际产业转移及创新效率的影响[J]. 科技进步与对策, 2015, 10: 40-44.

[95] 彭志胜. 工业的空间分布及产业转移影响因素的实证分析[J]. 统计与决策, 2014, (6): 138-141.

[96] 李存芳, 杨保华, 王世进. 基于产业转移的可耗竭资源型企业区位选择行为影响因素的实证分析[J]. 管理评论, 2013, 12: 112-124.

[97] 陈飞. 西部地区承接产业转移的影响因素及效应研究[D]. 北京: 中国农业大学, 2013.

[98] Markusen J R, Venables J. Foreign direct investment as a catalyst for industrial development[J]. European Economic Review, 1997, 43(2): 335-356.

[99] Ozawa T. Foreign direct investment and economic evelopment[J]. Transnational Corporations, 1992, 1: 24-31.

[100] Mckeon H, Johnston K, Henry C. Multinational companies as a source of entrepreneurial learning[J]. Education&Training, 2004, 46(8-9): 433-443.

[101] 曾琦. 湖南省承接产业转移的城镇化效应实证研究[D]. 湘潭: 湖南科技大学, 2014.

[102] Aitken B J, Harrison A E. Do domestic firms benefit from direct foreign investment, evidence from venezuela[J]. American Economic Review, 1999, 89(3): 605-618.

[103] 成学真, 王超. 东业西移对西部就业的效应分析[J]. 开发研究, 2005, (4): 24-26.

[104] 关爱萍, 陈超. 区际产业转移对承接地行业内技术溢出效应的联动研究——以甘肃省为例[J]. 软科学, 2015, (1): 87-91.

[105] 常静, 赵凌云. 中部地区承接产业转移的环境效应的实证检验[J]. 统计与决策, 2015, 18: 139-141.

[106] Savona M, Schiattarella R. International relocation of production and the growth of services: the case of the "Made in Italy" industries[J]. Transnational Corporations, 2004, 13: 902-908.

[107] 张公嵬. 我国产业集聚的变迁与产业转移的可行性研究[J]. 经济地理, 2010, 30(10): 1670-1674, 1687.

[108] 刘红光, 范晓梅. 区域间投入产出技术在碳足迹空间分布中的应用[J]. 统计与信息论坛, 2014, 29(3): 59-64.

[109] 唐根年, 沈沁, 管志伟. 中国东南沿海产业空间集聚适度与生产要素优化配置研究[J]. 地理科学, 2010, 30(2): 168-174.

[110] Freeman C. Networks of innovators: a synthesis of research issues[J]. Research policy, 1991, 20(5): 499-514.

[111] Cooke P, Uranga M G, Etxebarria G. Regional innovation systems: institutional and organisational dimensions[J]. Research policy, 1997, 26(4): 475-491.

[112] Braczyk H J, Cooke P N, Heidenreich M. Regional innovation systems: the role of governances in a globalized world[M]. Psychology Press, 1998.

[113] 盖文启, 王缉慈. 论区域创新网络对我国高新技术中小企业发展的作用[J]. 中国软科学, 1999, 9(10): 102-106.

[114] 王德禄, 张丰超. 关于区域创新问题的若干思考[J]. 经济研究参考, 2000, 49: 7-23.

[115] Kauffeld-Monz M. Knowledge spillovers within regional networks of innovation and the contribution made by public research[C]. Amsterdam, 45th Congress of the European Regional Studies Association, 2005.

[116] 张玉明, 刘德胜. 区域创新网络与中小型科技企业技术创新关系实证[J]. 科技管理研究, 2009, 29(11): 47-49.

[117] 周立军. 区域创新网络的系统结构与创新能力研究[J]. 科技管理研究, 2010, (2): 10-12.

[118] 陈悦, 刘则渊, 苏立新. 基于互联网的国家/区域 "发现—创新" 体系的理论构建[J]. 科学学研究, 2014, 32(2): 170-177.

[119] 胡祖光, 章丹. 网络嵌入性对技术创新网络形成结构的影响——基于中国企业的分析[J]. 科学学研究, 2010, 28(8): 1254-1258.

[120] 高霞, 陈凯华. 合作创新网络结构演化特征的复杂网络分析[J]. 科研管理, 2015, 36(6): 4.

[121] 林秋月, 王文平, 王娇俐. 产业集群创新网络结构特征的仿真分析——基于March利用式-探索式创新分析框架[J]. 管理学报, 2010, (7): 1015-1020.

[122] Krätke S. "Creative Cities" and the rise of the dealer class: a critique of Richard Florida's approach to urban theory[J]. International Journal of Urban and Regional Research, 2010, 34(4): 835-853.

[123] Eisingerich A B, Bell S J, Tracey P. How can clusters sustain performance? The role of network strength, network openness, and environmental uncertainty[J]. Research Policy, 2010, 39(2): 239-253.

[124] 花磊, 王文平. 产业生命周期不同阶段的最优集体创新网络结构[J]. 中国管理科学, 2013, 21(5): 129-140.

[125] Cowan R, Jonard N, Zimmermann J B. Bilateral collaboration and the emergence of innovation networks[J]. Management Science, 2007, 53(7): 1051-1067.

[126] Broekel T, Fornahl D, Morrison A. Another cluster premium: Innovation subsidies and R&D collaboration networks[J]. Researcn Policy, 2015, 44(8): 1431-1444.

[127] Landart C I, Amonarriz C A, Cantin L N. How to foster shared innovation within SMEs' networks: social capital and the role of intermediaries[J]. European Management Journal, 2015, 33(2): 104-115.

[128] van Rijnsoever F J, van den Berg J, Koch J, et al. Smart innovation policy: how network position and project composition affect the diversity of an emerging technology[J]. Research Policy, 2015, 44(5): 1094-1107.

[129] 单海燕, 王文平. 跨组织知识整合下的创新网络结构分析[J]. 中国管理科学, 2012, 20(6): 176-184.

[130] 蔡猷花, 陈国宏, 刘虹, 等. 产业集群创新网络与知识整合交互影响模型及仿真分析[J]. 中国管理科学, 2013, (S2): 771-776.

[131] 于明洁, 郭鹏, 张果. 区域创新网络结构对区域创新效率的影响研究[J]. 科学学与科学技术管理, 2013, 34(8): 56-63.

[132] 王月琴, 许治. 产业创新网络中企业技术学习研究[J]. 中国软科学, 2012, (6): 120-128.

[133] Choi J, Sang-Hyun A, Cha M S. The effects of network characteristics on performance of innovation clusters[J]. Expert Systems with Applications, 2013, 40(11): 4511-4518.

[134] 曹霞, 刘国巍. 产学研合作创新网络规模、连接机制与创新绩效的关系研究——基于多主体仿真和动态系统论视角[J]. 运筹与管理, 2015, (2): 246-254.

[135] McFadyen M A, Cannella A A. Social capital and knowledge creation: diminishing returns of the number and strength of exchange relationships[J]. Academy of Management Journal, 2004, 47(5): 735-746.

[136] 王松, 盛亚. 不确定环境下集群创新网络合作度、开放度与集群增长绩效研究[J]. 科研管理, 2013, 34(2): 52-61.

[137] 张古鹏. 小世界创新网络动态演化及其效应研究[J]. 管理科学学报, 2015, 6: 2.

[138] 李玲. 技术创新网络中企业间依赖、企业开放度对合作绩效的影响[J]. 南开管理评论, 2011, (4): 16-24.

[139] Ginting G. Open innovation model: empowering entrepreneurial orientation and utilizing network resources as determinant for internationalization performance of small medium agroindustry[J]. Agriculture and Agricultural Science Procedia, 2015, 3: 56-61.

[140] Kastella K, Conti R S, Augustyn K A. Secure quantum key distribution using entangled photons: U.S. Patent 7 831 048[P]. 2010-11-09.

[141] Egbetokun A A. The more the merrier? Network portfolio size and innovation performance in Nigerian firms[J]. Technovation, 2015, 43: 17-28.

[142] 赵炎, 王冰, 郑向杰. 联盟创新网络中企业的地理邻近性、区域位置与网络结构特征对创新绩效的影响——基于中国通讯设备行业的实证分析[J]. 研究与发展管理, 2015, 27(1): 124-131.

[143] 范群林, 邵云飞, 唐小我, 等. 结构嵌入性对集群企业创新绩效影响的实证研究[J]. 科学学研究, 2010, (12): 1891-1900.

[144] Graf H, Krüger J J. The performance of gatekeepers in innovator networks[J]. Industry and Innovation, 2011, 18(1): 69-88.

[145] Corsaro D, Cantù C, Tunisini A. Actors' heterogeneity in innovation networks[J]. Industrial Marketing Management, 2012, 41(5): 780-789.

[146] Jönsson H, Frykfors C O, Knutsson H. Facilitating Innovations in a Mature Industry-Learnings from the Skane Food Innovation Network[M]. London: INTECH Open Access Publisher, 2012.

[147] 陈伟, 张永超, 马一博, 等. 区域装备制造业产学研创新网络的实证研究——基于网络结构和网络聚类的视角[J]. 科学学研究, 2012, 30(4): 600-607.

[148] 张红宇, 蒋玉石, 杨力, 等. 区域创新网络中的交互学习与信任演化研究[J]. 管理世界, 2016, (3): 170-171.

[149] Fleming L, Frenken K. The evolution of inventor networks in the Silicon Valley and Boston regions[J]. Advances in Complex Systems, 2007, 10(1): 53-71.

[150] 田钢, 张永安. 集群创新网络演化的动力模型及其仿真研究[J]. 科研管理, 2010, (1): 104-115.

[151] 刘锦英. 核心企业自主创新网络演化机理研究——以鸽瑞公司"冷轧钢带"自主创新为例[J]. 管理评论, 2014, 26(2): 157-164.

[152] Woo T. Dynamical assessment for evolutions of Atomic-Multinology (AM) in technology innovation using social network theory[J]. Annals of Nuclear Energy, 2012, 41: 12-16.

[153] Ebadi A, Schiffauerova A. On the relation between the small world structure and scientific activities[J]. Public library of Science one, 2015, 10(3): e0121129.

[154] 汪良兵. 区域创新网络结构与协同演化研究[D]. 合肥: 中国科学技术大学, 2014.

[155] 刘云, 蒋海军, 樊威, 等. 纳米科技国际合作创新网络结构与演化特征研究[J]. 科研管理, 2015, 2: 6.

[156] 刘国巍. 产学研合作创新网络时空演化模型及实证研究——基于广西 2000—2013 年的专利数据分析[J]. 科学学与科学技术管理, 2015, 36(4): 64-74.

[157] 陈文婕, 曾德明, 邹思明. 全球低碳汽车技术合作创新网络演化路径研究[J]. 科研管理, 2016, 37(8): 28-36.

[158] Balland P A. Proximity and the evolution of collaboration networks: evidence from research and development projects within the global navigation satellite system (GNSS) industry[J]. Regional Studies, 2012, 46(6): 741-756.

[159] 程跃, 银路, 李天柱. 不确定环境下企业创新网络演化研究[J]. 科研管理, 2011, 32(1): 29-34.

[160] 吕一博, 程露, 苏敬勤. 组织惯性对集群网络演化的影响研究——基于多主体建模的仿真分析[J]. 管理科学学报, 2015, 6: 3.

[161] 喻科. 产学研合作创新网络特性及动态创新能力培养研究[J]. 科研管理, 2011, 32(2): 82-87.

[162] 党兴华, 贾卫峰. GS 匹配算法在企业技术创新网络结构形成中的应用[J]. 系统工程, 2009, (4): 31-36.

[163] 吕一博, 程露, 苏敬勤. 知识搜索行为与区域创新网络演化[J]. 系统工程学报, 2014, 6: 1.

[164] 曹霞, 刘国巍. 基于博弈论和多主体仿真的产学研合作创新网络演化[J]. 系统管理学报, 2014, 23(1): 21-29.

[165] Apicella C L, Marlowe F W, Fowler J H, et al. Social networks and cooperation in hunter-gatherers[J]. Nature, 2012, 481(7382): 497-501.

[166] Alvarez-Martínez R, Cocho G, Rodríguez R F, et al. Birth and death master equation for the evolution of complex networks[J]. Physica A: Statistical Mechanics and its Applications, 2014, 402: 198-208.

[167] 叶斌, 陈丽玉. 区域创新网络的共生演化仿真研究[J]. 中国软科学, 2015, (4): 86-94.

[168] 曹霞, 张路蓬. 基于利益分配的创新网络合作密度演化研究[J]. 系统工程学报, 2016, (1): 1-12.

[169] 黄坡良. 产业转移与欠发达地区创新体系构建研究[D]. 广州: 华南理工大学, 2011.

[170] 马子红. 基于成本视角的区际产业转移动因分析[J]. 财贸经济, 2006, (8): 46-50, 97.

[171] 易鸣, 张伟. 区际产业转移的动因分析和政府的工作定位——以广东珠三角为例[J]. 科技管理研究, 2009, (4): 208-210.

[172] 黄蓉, 汤康, 余前广. 我国纺织业内迁的特征及动因研究[J]. 现代商贸工业, 2014, (2): 8-10.

[173] Krugman P. Increasing returns and economic geography[J]. Journal of Politics, 1991, 99(3): 483-499.

[174] 许德友. 当前中国区际产业转移及其特征——基于三个维度的分析[J]. 城市与环境研究, 2015, (3): 67-81.

[175] 肖雁飞, 万子捷, 廖双红. 沿海外向型产业区际转移定量测评及空间特征分析——基于 2002、2007 年区域间投入产出表[J]. 经济地理, 2014, (6): 124-129.

[176] 韩艳红. 我国欠发达地区承接发达地区产业转移问题研究[D]. 长春: 吉林大学, 2013.

[177] Giuliani E, Bell M. The micro-determinants of meso-level learning and innovation: evidence from a Chilean wine cluster[J]. Research policy, 2005, 34(1): 47-68.

[178] 王红领, 李稻葵, 冯俊新. FDI 与自主研发: 基于行业数据的经验研究[J]. 经济研究, 2006, 2(41): 44-56.

[179] 王辉. 产业集群网络创新机制与能力培育研究[D]. 天津: 天津大学, 2008: 33-34.

[180] 张庆滨. 欠发达地区区域创新能力评价与培育研究[D]. 哈尔滨: 哈尔滨工程大学, 2012.

[181] 张勤虎. 欠发达地区企业从模仿到创新的转型研究[D]. 徐州: 中国矿业大学, 2014.

[182] 梁中. 基于耗散理论的欠发达地区低碳产业创新系统研究[J]. 科技进步与对策, 2012, 11: 34-39.

[183] Imai I K, Baba Y. Systemic innovation and cross-border networks: transcending markets and hierarchies to create a new techno-economic system[C]. International Seminar on Science, Technology and Economic Growth, 1991.

[184] Guckelberger O, Imai M, Michael M D, et al. Impaired hepatic regeneration inliver-specific insulin receptor knockout mice: abstract poster board-session[J]. Transplantation, 2000, 69: S200.

[185] Philip R, Felicia M T. The nature of SME co-operation and innovation: a multi-scalar and multi-dimensional analysis[J]. International Journal of Production Economics, 2013, 1: 316-326.

[186] Aranguren M J, Larrea M, Wilson J R. Learning from the local: governance of networks for innovation in the Basque Country[J].European Planning Studies, 2010, 18 (1): 47-65.

[187] 范剑勇. 长三角一体化、地区专业化与制造业空间转移[J]. 管理世界, 2004, (11): 77-84.

[188] 冯根福, 刘志勇, 蒋文定. 我国东中西部地区间工业产业转移的趋势、特征及形成原因分析[J]. 当代经济科学, 2010, (2): 1-10.

[189] 魏博通. 江西承接沿海产业转移的识别与分析[J]. 特区经济, 2012, (3): 197-199.

[190] Hasenauer R, Aigner W, Meinhard D, et al. Institutional framework requirements for effective distributed innovation systems in European space research[C]. Academic and Industrial Cooperation in Space Research, 2000: 175.

[191] Meeusen W. Economic Policy in the European Union[M]. Palgrave Macmillan, 1999.

[192] Helvoigt T L, Adams D M. A stochastic frontier analysis of technical progress, efficiency change and productivity growth in the Pacific Northwest sawmill industry[J]. Forest Policy & Economics, 2009, 11 (4): 280-287.

[193] Griliches Z. Patent statistics as economic indicators: a survey[J]. Journal of Economic Literature, 1990, 28 (28): 1661-1707.

[194] 王锐淇, 彭良涛, 蒋宁. 基于 SFA 与 Malmquist 方法的区域技术创新效率测度与影响因素分析[J]. 科学学与科学技术管理, 2010, 31 (9): 121-128.

[195] 朱承亮, 安立仁, 师萍, 等. 节能减排约束下我国经济增长效率及其影响因素——基于西部地区和非期望产出模型的分析[J]. 中国软科学, 2012, (4): 106-116.

[196] 张信东, 董孝伍, 郝丽芳. 结构调整中的行业创新效率研究——基于 DEA 和 SFA 方法的分析[J]. 经济管理, 2012, (6): 149-159.

[197] 曹霞, 于娟.绿色低碳视角下中国区域创新效率研究[J]. 中国人口·资源与环境, 2015, (5): 10-19.

[198] 张永安, 耿喆. 区域科技创新政策对企业创新绩效的影响效率研究[J]. 科学学与科学技术管理, 2016, 37 (8): 62-62.

[199] Battese G E, Coelli T J. A model for technical inefficiency effects in a stochastic frontier production function for panel data[J]. Empirical Economics, 1995, 20 (2): 325-332.

[200] 杨青峰. 高技术产业地区研发创新效率的决定因素——基于随机前沿模型的实证分析[J]. 管理评论, 2013, (6): 47-58.

[201] 方大春, 张凡, 芮明杰. 我国高新技术产业创新效率及其影响因素实证研究——基于面板数据随机前沿模型[J]. 科技管理研究, 2016, (7): 66-70.

[202] 刘恩初, 李健英. 技术标准与技术创新效率关系实证研究——基于随机前沿模型[J]. 研究与发展管理, 2014, (4): 56-66.

[203] 张永安, 邬龙. 战略性新兴产业发展三阶段划分及评价研究: 基于技术效率的视角[J]. 科技管理研究, 2015, 19: 57-63.

[204] 周姣, 赵敏. 我国高新技术产业开发区创新效率及其影响因素的实证研究[J]. 科技管理研究, 2014, 10: 1-6.

[205] 刘和东. 中国区域研发效率及其影响因素研究——基于随机前沿函数的实证分析[J]. 科学学研究, 2011, (4): 548-556.

[206] Czarnitzki D, Licht G. Additionality of public R&D grants in a transition economy: the case of Eastern Germany[J]. Economics of Transition, 2006, 14(1): 101-131.

[207] 余泳泽. 创新要素集聚、政府支持与科技创新效率——基于省域数据的空间面板计量分析[J]. 经济评论, 2011, (2): 93-101.

[208] 原毅军, 刘浩, 白楠. 中国生产性服务业全要素生产率测度——基于非参数 Malmquist 指数方法的研究[J]. 中国软科学, 2009, (1): 159-167.

[209] 郑照宁, 刘德顺. 考虑资本-能源-劳动投入的中国超越对数生产函数[J]. 系统工程理论与实践, 2004, (5): 51-54, 115.

[210] 郝枫. 超越对数函数要素替代弹性公式修正与估计方法比较[J]. 数量经济技术经济研究, 2015, (4): 88-105.

[211] 李伟庆. 区际产业转移与承接地自主创新: 机理分析与实证研究[J]. 科技管理研究, 2012, 10: 20-24.

[212] 李伟庆. 中国区际产业转移的自主创新效应研究[D]. 杭州: 浙江大学, 2011.

[213] Cheung K Y, Lin P. Spillover effects of FDI on innovation in China: evidence from the provincial data[J]. China Economic Review, 2004, 15: 25-44.

[214] Imbriani C, Reganati F. International efficiency spillovers into the Italian manufacturing sector[J]. Economia Internazionale, 1997, 50: 583-595.

[215] Sjoholm E. Productivity growth in indonesia: the role of regional characteristics and direct foreign investment[J]. Economic Development and Cultural Change, 1999, 47: 559-584.

[216] 鲁钊阳, 廖杉杉. FDI 技术溢出与区域创新能力差异的双门槛效应[J]. 数量经济技术经济研究, 2012, (5): 75-88.

[217] 原毅军, 孙大明. FDI 技术溢出、自主研发与合作研发的比较——基于制造业技术升级的视角[J]. 科学学研究, 2017, 35(9): 1334-1347.

[218] 陈伟, 张旭梅. 供应链伙伴特性、知识交易与创新绩效关系的实证研究[J]. 科研管理, 2011, 11: 7-17.

[219] 闫春, 蔡宁. 创新开放度对开放式创新绩效的作用机理[J]. 科研管理, 2014, (3): 18-24.

[220] Abuja G. Collaboration network, structural holes, and innovation: a longitudinal study[J]. Administrative Science Quarterly, 2000, 45(3): 425-455.

[221] Nooteboom B. Institutions and forms of coordination in innovation systems[J]. Organization Studies, 2000, 23(1): 49-56.

[222] 陈伟, 杨早立, 张永超. 网络结构与企业核心能力关系实证研究: 基于知识共享与知识整合中介效应视角[J]. 管理评论, 2014, (6): 74-82.

[223] 张仁枫. 欠发达地区跨越式发展路径创新的系统性分析[J]. 系统科学学报, 2013, 21(4): 65-68.

[224] Paruchuri S. Interorganizational networks, and the impact of central inventors: a longitudinal study of pharmaceutical firms[J]. Organization Science, 2010, 21(1): 63-80.

[225] 李随成, 高攀. 战略采购对制造企业知识获取的影响研究: 供应商网络视角[J]. 管理评论, 2012, (6): 114-123.

[226] Gulati R. Network location and learning: the influence of network resources and firm capabilities on alliance formation[J]. Strategic Management Journal, 1999, 20(3): 397-420.

[227] Thompson E R. Clustering of foreign direct investment and enhanced technology transfer: evidence from Hong Kong garment firms in China[J]. World Development, 2002(39): 873-889.

[228] Lan P, Young S. Foreign direct investment and technology transfer: a case study of foreign direct investment in Northeast China[J]. Transnational Corporations, 1996, 5: 57-83.

[229] 郑慕强, 杨程玲, 黎贝贝. FDI 外溢与企业自主创新: 一个基于产业集群与企业能力交互作用的整合框架[J]. 创新, 2014, (5): 24-27.

[230] Burt R S. Structural Holes: The Social Structure of Competition[M]. London: Harvard University Press, 1992.

[231] Caner T. Geographical clusters, alliance network structure and innovation in the US biopharmaceutical industry[D]. Pittsburgh: Unpublished Doctoral Dissertation Paper of University of Pittsburgh, 2007.

[232] He Z L, Wong P K. Exploration vs. exploitation: an empirical test of the ambidexterity hypothesis[J]. Catonsville Organization Science, 2004, 15(4): 481-494.

[233] 蔡宁, 闫春. 开放式创新绩效的测度: 理论模型与实证检验[J]. 科学学研究, 2013, (3): 469-480.

[234] Dunning J H. The Multinational Enterprise[M]. London: The multinational enterprise, Praeger, 1971: 608-618.

[235] Müller T. The multinational enterprise[J]. Southern Economic Journal, 2003, 27(4): 608-618.

[236] 梁柱, 陈继勇. 中国地区间收入差距分析: 基于贸易开放视角的度量[J]. 国际商务(对外经济贸易大学学报), 2014, (1): 71-81.

[237] 王瑞卿. 中部地区承接产业转移的实现机制及其调控研究[D]. 湘潭: 湘潭大学, 2013.

[238] 叶茂升, 肖德. 我国东部地区纺织业转移的区位选择——基于超效率 DEA 模型的解析[J]. 国际贸易问题, 2013, (8): 83-94.

[239] 汤明, 周德志, 高培军, 等. 环境伦理视阈下的中部地区政府关于承接产业转移政策的缺失分析[J]. 经济地理, 2014, (9): 118-123.

[240] Chen K H, Guan J C. Mapping the functionality of China's regional innovation systems: a structural approach[J]. China Economic Review, 2011, (1): 11-27.

[241] 许芳. 基于群落演替理论的产业集群进化路径初探[J]. 自然辩证法研究, 2011, 10: 76-81.

[242] 王其藩. 系统动力学[M]. 上海: 上海财经大学出版社, 2009.

[243] 喻春娇, 李旷达. 台资 PC 制造业生产网络在大陆的嵌入特征分析[J]. 管理世界, 2011, (8): 179-181.

[244] 亚当·斯密. 国富论[M]. 北京: 华夏出版社, 2006.

[245] 汪戎, 顾江洪. 信任及其经济意义: 研究现状与趋势[J]. 思想战线, 2011, (6): 129-130.

[246] 韩敬稳, 彭正银. 基于关系传递的企业网络嵌入的动态过程研究——考虑"互惠性偏好"的序贯博弈分析[J]. 预测, 2015, 34(5): 55-60.

[247] Glaser B G, Strauss A L, Strutzel E. The discovery of grounded theory: strategies for qualitative research[J]. Nursing Research, 1968, 17(4): 364.

[248] Pandit N. The creation of theory: a recent application of the grounded theory methods[J]. The Qualitative Report, 1996, 2(4): 1-15.

[249] 唐国华, 孟丁. 环境不确定性对开放式技术创新战略的影响[J]. 科研管理, 2015, (5): 21-28.

[250] Duncan R B. Characteristics of organizational environments and perceived environmental uncertainty[J]. Administrative science quarterly, 1972, 17(3): 313-327.

[251] Lang J R, Lockhart D E. Increased environmental uncertainty and changes in board linkage patterns[J]. Academy of Management Journal, 1990, 33(1): 106-128.

[252] 胡保亮, 方刚. 网络位置, 知识搜索与创新绩效的关系研究——基于全球制造网络与本地集群网络集成的观点[J]. 科研管理, 2013, 34(11): 18-26.

[253] 吴福象, 蒋天颖, 孙伟. 网络位置、知识转移对集群企业竞争优势的影响——项基于对温州乐清低压电器产业集群的实证研究[J]. 科研管理, 2013, 34(12): 481-494.

[254] Burt R S. Structural holes and good ideas1[J]. American journal of sociology, 2004, 110(2): 349-399.

[255] Nooteboom B, van Haverbeke W, Duysters G, et al. Optimal cognitive distance and absorptive capacity[J]. Research policy, 2007, 36(7): 1016-1034.

[256] Malhotra A, Gosain S, El Sawy O A. Leveraging standard electronic business interfaces to enable adaptive supply chain partnerships[J]. Information Systems Research, 2007, 18(3): 260-279.

[257] 吴冰, 刘仲英. 供应链协同知识创新的决策研究[J]. 同济大学学报: 自然科学版, 2009, (9): 1276-1280.

[258] 黄中伟. 基于网络结构的产业集群创新机制和绩效分析[J]. 宁波大学学报: 人文科学版, 2004, 17(3): 94-97.

[259] 郭艳丽, 易树平, 易茜. 基于知识位势的研发团队合作创新博弈分析[J]. 系统工程, 2012, 30(12): 70-76.

[260] 孙冰, 姚洪涛. 环境不确定性视角下创新网络阶段性演化研究[J]. 科学学与科学技术管理, 2014, 35(12): 71-79.

[261] Cowan R, Jonard N, Özman M. Knowledge dynamics in a network industry[J]. Technological Forecasting and Social Change, 2004, 71(5): 469-484.

[262] 花磊, 王文平. 不同创新类型下的有效创新网络结构[J]. 管理工程学报, 2014, 28(3): 110-119, 90.

[263] 单子丹, 高长元, 李小雯. 高技术知识转移的耦合体系与网络变迁: 基于虚拟产业集群的仿真分析[J]. 管理评论, 2015, 27(9): 29-39.

[264] 禹献云, 曾德明, 陈艳丽, 等. 技术创新网络知识增长过程建模与仿真研究[J]. 科研管理, 2013, 10: 35-40.

[265] 吴俊杰, 盛亚, 姜文杰. 企业家社会网络、双元性创新与技术创新绩效研究[J]. 科研管理, 2014, (2): 43-53.

[266] Keller W. International technology diffusion[J]. Journal of economic literature, 2004, 42(3): 752-782.

[267] 陈旭. 基于产业集群的技术创新扩散研究[J]. 管理学报, 2005, (3): 333-336.

[268] 耿新, 张体勤. 企业家社会资本对组织动态能力的影响[J]. 管理世界, 2010, (6): 121-142.

[269] 赵晶, 关鑫. 大企业集群治理合约选择的制度基础及演进机理研究[J]. 南开管理评论, 2008, (3): 58-64.

[270] Barabási A L, Albert R, Jeong H. Mean-field theory for scale-free random networks[J]. Physica A: Statistical Mechanics and its Applications, 1999, 272(1): 173-187.

[271] Albert R, Jeong H, Barabasi A L. Error and Attack tolerance of complex network [J]. Nature, 2000, 406: 387-482.

[272] 何铮, 张晓军. 集群创新扩散的鲁棒性和脆弱性[J]. 系统管理学报, 2011, 20(6): 682-689.

[273] Mahajan V, Schoeman M E F. Generalized model for the time pattern of the diffusion process[J]. IEEE Transactions on Engineering Management, 1977, 24(1): 12-18.

[274] 黄玮强, 姚爽, 庄新田. 基于复杂社会网络的创新扩散多智能体仿真研究[J]. 科学学研究, 2013, (2): 310-320.

[275] Watts D J. Networks, dynamics, and the small-world phenomenon[J]. American Journal of Sociology, 1999, (105): 493-527.

[276] Ziman J. Evolutionary models for technological change[J]. Technological innovation as an evolutionary process, 2000, 6: 3-12.

[277] 陈浩然, 李垣, 谢恩. 不同技术差异条件下组织间学习过程的模型分析[J]. 系统工程, 2007, 25(4): 53-58.

[278] Cohen W M, Levinthal D A. Absorptive capacity: a new perspective on learning and innovation[J]. Administrative science quarterly, 1990, 35(1): 128-152.

[279] 王兆祥, 蔡晨. 基于知识生命周期的企业知识流模型[J]. 中国管理科学, 2007, 15(2): 126-133.

后　记

　　本书的主要内容来源于我们承担的国家自然科学基金资助项目(71373060)。该项目在立项、研究和结题验收过程中得到了许多评审专家、同行评议人和有关管理人员的悉心指导与无私帮助，对于本书的构思和撰写工作具有重要的启发作用，在此对他们表示衷心的感谢！

　　特别感谢我的导师——教育部新世纪优秀人才、龙江学者特聘教授李柏洲教授在百忙之中为本书写序！

　　在本书的撰写过程中，马永红和王展昭组织了本书和上述国家自然科学基金报告的撰写、补充和修改工作。马永红、李欢和张帆撰写了本书的第 1 章、第 2 章、第 12 章和第 13 章，李英霞和张景明撰写了本书第 3 章和第 4 章，李欢撰写了本书第 5～第 7 章，张帆撰写了本书第 8 章～第 11 章。本书最终定稿是由马永红、李欢和张帆负责完成的。

　　本书从酝酿、策划、整理加工到编辑排版，均得到了科学出版社的热情鼓励和支持，他们的辛勤工作和高度的敬业精神给我们提供了强有力的帮助，在此向他们表示深深的谢意！

　　衷心感谢李柏洲教授、毕克新教授、范德成教授、杨栩教授、杨洪涛教授、孟凡生教授、郭韬教授、苏屹教授、曹霞教授和艾明晔副教授的大力支持和帮助！衷心感谢尹航教授、朱建新教授、赵健宇副教授等及其团队成员的无私帮助和参与！此外，张景明、李英霞、姜琪等学生也为本书做了很多有益的工作，在此一并向他们表示感谢。

　　本书在撰写过程中参考了大量国内外同行专家的相关研究成果，这些成果不仅为本书的选题、研究思路的形成等起到了重要的启发作用，也是本书论证分析的理论支撑，在此向这些成果的研究者表示衷心的感谢。

　　相信本书对弥补区域创新系统研究领域的空缺具有一定的理论意义，并对指导欠发达地区区域创新系统的运行和区域创新网络构建活动的开展具有一定的现实意义，但由于研究视角的差异、研究能力的不足、研究资料与数据收集困难等主客观因素，本书也存在一些研究局限，部分研究观点难免会存在不足，诚然恳请同行专家学者和广大读者对我们的研究工作进行批评指正，你们的意见和建议将是促进我们进一步完善相关研究的最大动力。

马永红

2018 年 8 月